KB134494

몸에 밴 어린 시절의
심리세계탐구

몸에 밴 어린 시절의
심리세계탐구

김정수 지음

한언

우리에게 '시간'이라는 것은 무엇일까요?

먼저, 제 이야기를 짧게 해 보겠습니다. 원래 저는 한 곳에 오래 있지 못하는 사람입니다. 잡다한 호기심 역시 강하지요. 그런데 최근 20여 년간, 진료실이라는 좁은 공간에서 하루 10시간을 거의 움직임 없이 보내고 있습니다. 생각해 보면 신기한 일입니다.

긴 세월 동안 진료실이라는 공간과 심리치료라는 시간을 내담자들과 공유해 왔습니다. 그 안에서 생겨난 밀도 높은 에너지는 마음과 정신의 본질에 다가가게 하였고, 그것을 이해하도록 했습니다. 이 경험은 내담자들이 호소하는 현재의 심리적 고통과 정신적 증상의 많은 부분이 과거, 특히 어린 시절의 경험과 깊이 연결되어 있다는 사실에 확신을 주었습니다. 의식하든 그렇지 않든 한 사람의 과거는 끊임없이 현재에 재생되고, 현재는 과거라는 극장을 통해서만 볼 수 있는 영화 같은 것이었습니다. 그래서 이 책을 통해 '과거'를 다루어 보고자 합니다.

가장 처음에 했던 질문으로 돌아가 보겠습니다. 우리에게 시간이라는 것은 무엇일까요? 우리는 모두 시간과 공간이라는 물리적 조건하에 놓여있습니다. 실제 존재가 그렇다는 것이 아니라, 우리의 의식이 그렇게 느낄 수밖에 없다는 의미입니다. 과거를 기억하고 이해하는 일은 현재의 문제를 새롭게 바라볼 기회를 선물합니다. 그 기회를 통해 우리는 새로운 관점과 통찰을 갖게 되고, 문제를 풀 수 있는 에너지를 얻게 됩니다.

과거, 그러니까 어린 시절에 대한 경험과 느낌은 사람마다 다를 겁니다. 누군가에겐 너무나 그립고 다시 돌아가고 싶은 좋은 추억이기도 하고, 또 다른 이에겐 결코 떠올리고 싶지 않은 괴로운 기억일 수도 있습니다. 어떤 이들은 과거에 대해 별로 기억나는 것이 없다고 말하기도 합니다. 다양한 감상을 떠올릴 수밖에 없는 어떤 '연유'가 모두에게 있습니다. 물론, 대부분은 조금씩 섞여 있지요.

내담자들과의 대화에서, 또 이 책을 써 가면서 자연스럽게 저의 과거도 떠오르고 스쳐 갔습니다. 내담자들이 말하는 것과 비슷한 어린 시절을 겪었고, 과거의 기억과 감정이 있었기에 그들을 이해하고 공명할 수 있었습니다.

생각해 보면 고등학생 시절 이과를 선택했을 때나 이후 의대에 진학했을 때 사실 특별한 목표나 계획이 있었던 것은 아니었습니다. 의과대학 시절은 엄청난 지식이 주는 압력과 불안을 느끼면서, 반대로 상반된 자유로운 에너지를 자랑하고 발산하고 싶었던 혼란스러운 시간으로 기억합니다. 동시에 시대적인 분위기와 권위에 대한 저항 의식도 상당했습니다. 그럼에도 대학이라는 틀에서 벗어나지 않고 무사히 졸업할 수 있었던 건 드러내지 못했던 소심함과 내면의 불안이 브레이크 역할을 했기 때문이었습니다.

세상에 대한 무지, 그로 인해 느끼는 답답함과 불안감, 뭔가 확실한 것을 알고 싶은 열망, 본능적인 호기심은 많은 경험으로 이어졌고 또 다양한 책들을 기웃거리며 찾아다니게 했습니다. 돌이켜 보면 그때의 혼란스러웠던 시선이 현재까지도 정신의학을 공부하고 인간의 마음과 정신을 이해하는 데 많은 도움을 주고 있습니다.

의과대학 졸업 후 힘들던 인턴 시절을 뒤로 하고 전공의, 소위 레지던트가 될 때는 눈치도 보면서 여러 고민을 했지만, 이 역시도 딱히 깊이 있는 고민은 아니었습니다. 그러다 알 수 없는 어떤 끌림에 의해 정신과를 지원했는데, 뒤늦게 그 선택이 무의식의 선택이었음을 알게 되었습니다.

정신의학 안에 많은 영역이 있지만, 그중에서 특히 한 사람과 깊은 대화를 나누는 심리치료와 정신치료의 영역으로 들어간 것도 어떤 에너지의 끌림이 없었다면 불가능했을 겁니다. 그렇게 한 인간을 이해하고, 인간의 마음과 정신을 이해하기 위한 여정이 자신도 모르게 시작되어 지금에 이르렀습니다. 깊은 곳에서 솟아나는 그 에너지는 긴 여정에 기쁨과 보람을 주었고 쉽게 식지 않는 열정을 주고 있습니다.

개인적인 경험을 통해, 쉽게 의식하기 힘든 어떤 에너지가 삶의 방향과 속도를 결정한다는 사실을 깨닫게 되었습니다. 이 사실은 그동안 만났던 내담자들의 삶을 통해서도 반복되었고, 마침내 확신으로 진화하였습니다. 이로 인해 칼 구스타프 융Carl Gustav Jung의 '나의 생애는 무의식의 자기실현의 역사이다'라는 고백도 어느 정도 이해할 수 있게 되었습니다.

오랜 시간 동안 내담자들을 만나고 삶의 이야기를 들으면서 느끼고, 생각이 떠오르면 그것들을 정리해 가는 시간을 차곡차곡 쌓아왔습니다. 그 시간 동안 몇 권의 저서를 통해서 조금씩 표현하기 시작한 것도 벌써 10여 년이 되어 갑니다. 지금으로부터 3년 전 가장 최근 저서가 출간된 이후 새롭게 쌓인 느낌, 생각, 경험, 공부한 것들을 엮어 새로운 책을 쓰게 되었습니다.

이번 책의 내용을 미리 설명하는 것이 읽는 데 도움이 될 것입니다. 이 책은 크게 네 가지 기둥으로 지어졌으며, 세 개의 공간이 있는 집과 같습니다.

먼저, 첫 번째 기둥은 지그문트 프로이트Sigmund Freud의 유명한 정신분석학입니다. 그는 이성理性이 정신을 지배하는 존재라고 믿었던 인간에게, 무의식이라는 생소하면서도 강력한 또 다른 정신세계가 있음을 밝혀냈습니다. 프로이트는 인간을 동물 수준으로 격하시켰다는 비난도 받았지만 알고 보면 인간의 영역을 확장한 사람입니다. 프로이트의 대담한 발견은 현재에도 여전히 유효한데, 정신분석학이 단순한 이론이 아니라 정신생활의 실재로서 끊임없이 경험되고 확인되고 있기 때문입니다.

두 번째 기둥은 칼 구스타프 융Carl Gustav Jung의 분석심리학입니다. 한때 프로이트의 후계자이자 동료였던 융은 프로이트와 결별하면서 자신만의 독특한 이론을 전개하였습니다. 잘 모르는 사람들은 융을 신비주의자, 관념론자로 비판하기도 합니다. 하지만 융은 프로이트에 의해 발견된 무의식을 집단무의식과 원형으로 확장시켰고, 부정적인 에너지라는 느낌이 강했던 무의식에 긍정성을 부여함으로써 정신세계의 지평을 더욱 넓힌 사람입니다. 또한 융의 이론은 양자역학, 천체물리학과 같은 현대과학과도 잘 어울릴 수 있는 매력적인 면을 갖고 있습니다.

프로이트의 대표적인 개념은 오이디푸스 콤플렉스와 억압입니다. 그만큼 그는 아버지와 부성의 관점에서 인간을 이해했다고 볼 수 있습니다. 아마도 유대인이지만 무신론자라는 그의 배경과 무관하지 않았을 겁니다. 반면 융은 오이디푸스 시기보다 좀 더 어린 나이의 경험을 중시했는데, 융이 본 환자들의 정신병리가 프로이트의 환자들과 차이가 있었던 영향도 있을 것입니다. 또한 융은 성인이 된 후의 삶이 어떻게, 또 어디를 향해야 하는지에도 깊은 관심을 가졌습니다.

두 사람 모두 무의식을 강조하기는 했지만, 개인적 기질과 성장 배경의 차이는 경험의 차이를 만들었습니다. 이에 따라 인간에 대한 관점과 이론에서도 상당한 차이를 보였습니다. 두 사람은 갈등을 겪었고 결국 결별하게 되었지만, 덕분에 우리는 인간을 다양하고 깊은 관점으로 바라볼 수 있게 되었습니다. 실제 임상에서도 정신분석학의 설명이 더 나은 사례도 있고, 분석심리학으로 이해할 때 더 도움이 되는 경우가 있습니다.

세 번째 기둥은 뇌과학Neuroscience입니다. 프로이트와 융의 탁월한 통찰력과 시선도 과학과 객관성이 없으면 지속될 수 없습니다. 아직도 갈 길이 멀지만, 다행히 현대의 뇌과학은 마음과 뇌의 관계, 감정이 어떻게 생겨나고 인식되는지, 의식의 실체는 무엇인지, 그리고 마음의 성장과 알아차림 등에 대한 수수께끼를 하나씩 풀어가고 있습니다.

특히 에릭 캔델Eric R. Kandel, 제럴드 에델만Gerald Edelman, 안토니오 다마지오Antonio Damasio, 대니얼 J. 시겔Daniel J. Siegel, 조지프 르두Joseph LeDoux, 자크 판크세프Jaak Panksepp 등과 같이 뇌과학을 기반으로 하는 정신의학자들의 저작들로부터 많이 배울 수 있었고, 필요한 부분들은 책에 인용하기도 했습니다.

네 번째 기둥은 개인적인 임상 경험과 사례들입니다. 현대 인류는 호모 사피엔스이자 호모 픽투스Homo Fictus입니다. 구체적인 사실과 이야기로서 사례는 과학과 일상이 만나고 또 이론과 현실이 조우하는 무대입니다. 사례들을 통하면 보다 생생하고 살아있는 이야기이자 에너지인 인간의 정신과 마음을 마주하게 됩니다. 그래서 가능한 한 다양한 사례들을 소개하였고, 일부 사례에는 구체적인 대화 내용도 포함해 독자들의 이해를 돕고자 하였습니다. 또 무의식을 향하는 소중한 통로가 되는 꿈과 꿈의 분석 사례도 소개하였습니다.

사례를 소개하기로 결정하면서 가장 고민했던 부분은 내담자들을 보호하는 것이었습니다. 사례에 나오는 대화는 실제로 나누었던 대화이지만, 등장하는 주인공들의 나이와 배경 등은 실제와 다르다는 것을 밝힙니다.

이번에는 공간에 대해 소개해 보겠습니다. 이 책의 첫 공간은 과거와 어린 시절의 경험에 대한 총론적이고 이론적인 내용이 많은 부분을 차지합니다. 존 보울비John Bowlby의 애착이론과 발달심리학에서 많은 도움을 받았으며, 개인적인 견해와 주장도 많은 부분을 차지하고 있습니다.

읽으면서 새로운 시각이 생겨나고 또 재미를 느끼는 지적 경험이 되기를 바라지만, 딱딱하고 지루할까 염려도 됩니다. 그렇지만 마음과 정신이라는 추상적이고 고차적高次的인 영역을 다루고 이해하기 위해선 불가피한 과정이라고 생각합니다. 시간을 두고 천천히 거듭해서 읽다 보면 이해가 될 것이며, 각자에게 필요한 통찰을 주는 자극이 되기를 희망합니다.

두 번째 공간의 주인은 실제 사례들입니다. 임상 사례와 더불어 어린 시절의 경험 중 핵심이라고 할 수 있는 어머니와 아버지의 관계, 애착과 동일시가 실제 개인에게 어떤 식으로 영향을 주는지 고찰하며 설명하였습니다. 그리고 완벽주의, 나르시시즘, 자기비하와 낮은 자존감, 인간관계의 문제들, 다이어트와 식이장애 등 요즘 많은 사람이 겪는 문제들이 어떻게 어린 시절의 경험과 연관이 되는지에 대해서도 사례와 더불어 설명하였습니다.

세 번째 공간은 좀 더 실천적으로 마음의 문제를 해결하는 데 도움이 되기를 바라는 마음으로 사용되었습니다. 이론과 사례들을 통해서 자신의 어린 시절과 현재의 문제를 이해했다면 자신을 성장시켜야 합니다. 이럴 때 필요한 용기와 지혜라는 마음의 근육을 키워 줄 세 가지 태도와 에너지를 설명했습니다. 홀딩, 바라보기, 그리고 알아차림이 그것입니다.

이 책은 어린 시절과 과거의 경험, 애착과 동일시, 모성과 부성, 자기이해와 성장에 대한 이야기입니다. 그러나 좀 더 깊이 들여다보면 무의식, 대극성, 간극과 공백, 관계라는 개념들이 핵심입니다. 독자에 따라서는 생소한 용어이고 낯선 개념일 수 있습니다. 하지만 마음, 정신세계, 의식, 그리고 우리를 둘러싼 환경들과 세상을 제대로 바라보고 이해하기 위해선 꼭 필요한 것들입니다.

무의식과 대극성은 복잡계라는 마음과 뇌의 작동 방

식의 기저에 있는 핵심 개념입니다. 우리의 의식은 이 부분을 이해하지 못할 때 정신적 문제들로 나타납니다. 간극과 공백, 그리고 관계는 은유적이며 철학적인 개념이기도 하지만, 마음의 작용을 깊이 이해하기 위해선 반드시 다가가 느낄 수밖에 없는 상징적 실재입니다.

무의식, 대극성, 간극과 공백, 그리고 관계를 이해하게 되면 자신과 세상을 바라보는 새로운 관점이 생겨나고 그로 인한 사고의 대전환이 일어날 것입니다. 그리고 우리를 움직이는 감정이라는 에너지에 대해서도 좀 더 깊이 이해하게 될 것입니다. 하지만 정신과 마음, 그리고 의식의 많은 부분은 여전히 미지의 영역이기에, 그에 대한 이론과 과학은 계속 변화하며 발전할 것입니다. 우리는 겸허하고 열린 태도로 이를 바라보고 따라가야 합니다.

이 책이 독자에게 자신의 과거와 어린 시절에 대해 보다 넓게, 또 깊게 이해하고 받아들이는 기회가 되기를 바랍니다. 현재와 미래가 어떻게 과거와 연결되어 있는지 바라보고 깨닫게 될 때, 무겁게 발목을 죄는 족쇄 같던 과거는 점차 마음을 풍요롭게 하고 자신에게 에너지를 주는 경험과 자원으로 진화하게 될 것입니다.

김정수

목 차

III 과거의 나를 마주하는 용기와 지혜

I

우리는 모두 과거의 포로다

정신과를 찾는 사람이 늘어나고 있다. 과거에 비하면 정신과의 문턱이 많이 낮아진 덕도 있지만, 물질과 정보가 넘쳐나는 풍요의 시대에 오히려 정신적으론 빈곤함이나 혼란스러움을 호소하는 사람들이 많아지고 있다는 사실은 아이러니하기도 하다.

타인의 삶과 생각을 각종 매체와 SNS로 확인하는 것은 일상이 된 지 오래다. 정보를 얻고 들여다보는 재미가 있지만, 자신의 삶에 대한 기준과 만족을 찾아야 하는 심리적 과제 역시 점점 높아지고 있다. 나이로는 성인이 되었어도 자신의 삶에 책임지는 것을 어려워하는, 소위 '성인아이'라고 부르는 사람들도 과거보다 많아지고 있다.

또한, 개인주의와 자기애가 만연하면서 자신의 생각에 대한 믿음을 넘어 고집스러운 주관이 넘쳐나고 있다. 이런 경향과 필연적으로 동행하는 것이 있는데, 바로 내면의 허기와 불안이다. 이 허기와 불안을 자신과 비슷한 생각을 가

몸에 밴 어린 시절의 심리세계탐구

진 사람들에게 의지하고, 위안을 얻고, 소속감을 얻는 걸로 방어하고 있다. 한 마디로 개인화와 집단화가 동시에 일어나고 있는 것이다.

집단화 속에서 생각과 세계관은 더욱 양극화하는 양상을 보이며 극명한 차이를 나타낸다. 공존과 다양성의 수용이라는 방향보다는 대립과 갈등으로 나아가며 격한 싸움으로 분출하고 있다. 이로 인해 촉발한 사회적 문제들의 해결 역시 쉽지는 않아 보이는 게 현실이다. 이러한 환경에서 우리는 어떻게 살아야 할까? 무엇을 위해 살아야 할까? 그리고 삶의 과제는 과연 무엇일까?

진료실에서 환자들에게 듣는 주된 이야기는 '불안하다, 우울하다, 화가 조절이 안 된다, 공황장애 같다, 무섭다, 자신이 싫다'와 같은 감정과 정서의 문제들이다. 직접적으로 그러한 감정들을 호소하는 경우가 더 많긴 하지만, 때로는 인간관계의 어려움이나 일하면서 받는 스트레스 때문이라고 말하기도 한다.

인간관계에서 자꾸 어려움을 겪다 보면 에너지가 소진되고 의욕이 줄어들기 쉽다. 이런 상태로 시간이 지나가면 자존감도 떨어지는데, 여차하면 만성화되기가 십상이다. 자존감의 저하, 자신에 대한 믿음의 상실, 열패감, 세상에 대한 분노, 나아가 자기비하와 자학 경향까지. '자기애의 시대'에서 적응에 실패했을 때 나타나는 이러한 문제들은 이 시대를 살아가는 수많은 사람의 주된 고민거리 중 하나인 것은 분명해 보인다.

감정에 이런 문제들이 생겼을 때, 이보다 먼저 나타나는 현상은 신체적인 증상들이다. 만성피로, 의욕저하, 식욕부진, 소화불량, 과식, 폭식, 비만, 두통, 심계항진[1], 불면 등이 대표적인 증상이다. 이런 증상들이 나타나면 보통은 정신과에 내원하기 전에 내과나 신경과 등을 먼저 방문해서 진찰과 여러 검사를 받게 된다. 그러나 대부분 뚜렷한 병명이 발견되지 않을 때가 많다 보니, 의사들이 일반적으로 "스트레스인 것 같다" "신경성인 것 같다"라고 얘기할 확률도 크다.

평소와 달리 집중력이나 기억력이 떨어지는 증상이 나타나는 경우도 있다. 인지장애 증상이 심해져 아예 책을 읽지 못하겠다는 문제로 내원하는 사람도 있었다. 물론, 이미 안과나 신경과, 이비인후과 등에서 여러 검사를 받았으나 진단이 되지 않아서 답답하고 불안한 상태일 때가 많다.

이와 같은 문제들의 중심에는 마음의 문제, 그중에서도 감정과 정서의 문제가 있다. 힘들고 괴롭다는 것 자체가

---

1 불규칙하거나 정상보다 빠른 심장 박동이 느껴져 불편감을 느끼는 증상

하나의 정서이며 감정 상태이다. 감정이야말로 마음과 뇌를 움직이는 본질적인 실체이며 에너지이다. 누구에게나 의지나 생각만으로 마음이 조절되지 않고, 오히려 의식과 행동이 생각과 반대로 움직였던 경험이 있을 것이다.

여러 가지 요인으로 불안정할 때 감정조절이 어려워지는 게 힘들어하는 사람들이 느끼는 현상이자 증상이다. 불안정과 조절의 어려움은 그 자체로도 불편하지만, 자신의 감정을 넘어 자기 자신을 매우 불편하게 느끼게 한다. 이 불편감이 개인에 따라 혹은 상황에 따라 우울, 불안, 분노, 짜증, 슬픔, 공황, 혼란스러움 등 다양한 감정을 겪도록 한다.

감정에 휘둘리는 사람들 이성·감정

"느껴지지 않는 삶에는 치료가 필요 없다. 느껴지지만 진찰되지 않은 삶은 치료가 불가능하다. 지성이라는 이름의 수많은 배들을 출항시키고 항해시켜 온 것은 느낌이다."[2]

감정이 받쳐 주지 않는 생각은 아무리 좋은 생각이라

2　『느낌의 진화』, 안토니오 다마지오, 임지원·고현석 옮김, 아르테, 2019, p307

도 힘을 갖지 못한다. 새해의 결심, 작심삼일, 새로운 목표, 새 출발, 좋은 아이디어 등. 분명히 좋은 생각이었음에도 그냥 스치고 지나간 결심이 얼마나 많았는가? 현실이 되는 의지와 실행하는 열정 아래에는 살아 숨 쉬는 감정과 욕망이 숨어 있다. 마음을 하나의 에너지 덩어리라고 봤을 때, 감정과 욕망이 그 에너지의 본질이기 때문이다.

"생명 유지라는 생명 활동에는 항상성homeostasis이 핵심인데, 느낌은 항상성 활동이 제대로 작동하는지를 알려주는 가장 중요한 신호이다. 느낌은 항상성의 대리인이자 전달 신호의 역할을 한다. 항상성을 전달하는 느낌에서 발전된 우리의 감정과 정서는 예술, 철학, 종교적 신념, 도덕적 규칙, 정의, 정치 체계와 경제제도, 나아가 기술과 과학으로 이어진 지적 발명을 촉발했다."[3]

우울증, 조울증, 불안장애, 강박증, 공황장애, 불면증, 충동조절장애, 식이장애 등 현대인이 겪고 있는 정신질환의 많은 부분이 감정과 정서의 문제에서 비롯된다. 근본적으로는 감정 에너지의 사용, 조절, 조율에 실패할 때 생기

---

3 『느낌의 진화』, 안토니오 다마지오, 임지원·고현석 옮김, 아르테, 2019, p41

는 문제들이다. 감정의 가장 극적인 형태인 욕망은 끊임없이 현실과 대립한다. 사람의 감정과 정서만이 정신의 에너지로서 힘을 갖지만, 본질적으로 감정이란 것은 '허구'이다. 그렇기에 감정이나 욕망이 느껴진다는 것은 이미 현실과 거리가 있다는 뜻이 된다. 이러한 감정의 이중성은 정신세계를 혼란스럽게 하고 갈등을 일으키는 중요한 이유가 된다.

군이 원효대사의 일체유심조一切唯心造[4]까지 언급하지 않더라도 알고 있다. 감정은 사실이 아닌 것도 사실로 바꿀 수 있고, 심지어 믿게 만들 수도 있다는 것을 말이다. 그래서 엉뚱한 것을 사실로 믿기도 하고, 불행한 사건이 생겨도 부정하면서 방어하기도 한다. 감정이 우리를 속이는 것이다. 이것이 감정의 힘이다.

사람은 이를 통해서 감정적으로 행동하지 말고 이성적으로 생각하라고 배운다. 맞는 말이다. 그런데 이성에겐 한계가 있다. 이 또한 모두가 이미 알고 있다. 이성적으로 사고하고 그에 따라 행동하는 것은 잘 안 될 때가 더 많다. 이성적인 행동을 요구하고 너무 압박하면 오히려 위선이 되기 쉽다. 여기서 위선이란 감정을 배제하고 감추는 것, 욕

---

4 모든 것은 마음에 달렸음을 뜻하는 불교 용어

망을 부정하고 전혀 다른 세계에 숨는 것이다.

본질적인 에너지는 이성이 아니라 감정에 있다. 그래서 감정을 이해하고 수용해야 한다. 비록 어떤 감정은 나쁘고 악하게 느껴질지라도, 감정 자체를 나의 일부로 받아들이는 것이다. 이것은 감정적으로 행동하는 것과는 전혀 다른 의미이다. 또, 감정과 이성의 단순한 균형을 뜻하는 것만도 아니다. 감정의 거대함과 강력한 에너지를 인정하고 가끔은 감정에 압도되기도 하지만, 그만큼 적절하게 사용하기도 하는 것이다. 감정에 압도되고 마는 것과는 또 다른 '어떤 상태'를 느끼는 것이다. 감정을 인정하고, 감정에 영향을 받고, 어느 정도는 감정적이지만, 압도되거나 지배당하지는 않는 상태. 이 상태는 의외로 고요한 상태이며, 마음이 **충만**mindfulness하다 혹은 마음챙김이라고 표현하기도 한다.

무엇인가를 잘 사용하려면 그것에 대해 잘 알고 있어야 한다. 감정도 마찬가지이다. 이러한 상태가 어떤 상태인지를 고민하고 연습할 필요가 있기 때문에 **명상**meditation은 마음 훈련의 대표적인 연습법으로 알려져 있다. 그런데 감정에 대해서 알고 연습하려는 과정에는 또 다른 근본적인 문제가 있다. 알려고 하는 의식적 태도와 달리 감정의 어떤 부분, 특히 중요하고 본질적인 감정은 의식으로부터 멀리

몸에 밴 어린 시절의 심리세계탐구

떨어져 있는 경우가 많기 때문이다. 그래서 감정, 무의식을 이해하고 받아들일 수 있는 의식의 태도, 즉 마음의 그릇과 능력이 중요하다.

필자는 **심리치료**psychotherapy[5]라는 환경에서 20여 년 동안 많은 내담자와 깊은 대화를 나누어 왔다. 몇 차례의 면담만으로 문제가 풀린 사람들부터, 수년간의 지속적이고 깊은 대화가 필요했던 사람들까지 다양했다. 또 그만큼 다양한 문제들을 대하면서 정신이 가진 복잡성을 직면했고, 개인마다 고유하고 독특한 감정과 정신세계가 있음을 경험했다. 그중에서도 겉으론 잘 보이지 않지만 내면에서 일어나는 극렬한 충돌과 대립, 그리고 그 파열음이 만들어 내는 마음의 문제들에 자연스럽게 더 관심을 두게 되었다.

특별하게 스트레스를 주는 어떤 사건이 일어나면 갑자기 정신적 문제들이 생길 수 있다. 이때 평소에 정신적으로 건강했다면 비교적 쉽게 호전되고 건강한 정신 상태를 회복하곤 한다. 성격이 유연한 사람들, 기본적인 태도가 긍정적인 사람들 역시 회복이 빠른 편이다. 자신의 경험을 통해서 객관적인 교훈을 얻고 배우는 사람들도 문제를 잘 이겨 내곤 한다. 이런 경우를 두고 **회복탄력성**resilience**이 좋다**

5　약속을 잡아서 1회 50분 정도의 면담을 정기적으로 진행하는 치료

고 표현한다.

　반면 정신적인 문제가 쉽게 해결되지 않는 사람도 있다. 수개월에서 수년간 증상이 조금씩 변해가면서 지속되는 사람들의 경우, 일시적으로 회복된 것 같다가도 얼마 후 재발하기도 한다. 좀 더 길게 보면 어떠한 문제들이 주기적으로 반복되는 사람도 있다. 시발점이 된 문제와 연관된 어떤 스트레스가 너무 커서 그럴 수도 있고, 유전적으로 취약성을 타고나서 그럴 수도 있다. 혹은 주어진 상황이 너무 열악해서 한 개인이 도저히 견디기 힘든 것일 수도 있다.

　하지만 더욱 중요하고 근본적인 이유가 다른 곳에서 발견될 때도 있다. 문제의 출발, 즉 증상의 뿌리가 사실은 과거 어린 시절에 겪었던 경험과 감정에 있는 경우가 의외로 많다. 내담자들의 이야기를 듣다 보면, 현재 겪고 있는 문제가 자신들이 겪었던 과거의 어떤 사건이나 경험들과 정서적인 맥락과 관계에서 매우 유사함을 발견하게 된다. 마치 평행이론처럼 과거와 현재가 나란히 달리고 있는 것이다. 사람은 쉽게 변하지 않는다는 말처럼, 한 사람의 과거는 묘하게 반복되는 경향을 보이는 게 사실이다. 핵심은 자신도 모르게 과거, 과거의 행동양식, 과거의 핵심적 감정과 정서가 반복되는 것이다.

　정신분석psychoanalysis을 창시한 지그문트 프로이트

Sigmund Freud는 많은 환자를 분석하면서, 그들이 어린 시절에 겪었던 불편한 사건이나 고통스러운 트라우마를 자신도 모르게 반복하려는 경향이 있음을 알게 되었다. 그리고 그 경향을 **반복강박**repetition compulsion[6]이라고 했다.

인간관계에서 생기는 갈등이나 적개심이 반드시 그 사람과의 관계 혹은 그 사람에게 있는 어떤 문제 때문만은 아니라는 깨달음이 오는 순간이 있다. 20대 중반의 대학생인 A의 사례가 이를 잘 보여준다.

내향적인 성격의 A는 중·고등학생 때 사춘기를 힘들게 지냈다. 학교에 적응하는 걸 힘겨워했고, 그로 인해 결국 고등학교를 중퇴했다. 이후 자신의 방식대로 공부해 오다가 대학에 진학하였다. 그런데 기대를 품고 들어간 대학에 실망했고, 또다시 휴학했다. 휴학 이후의 생활은 녹록하지 않았다. 시간이 지나면서 우울감과 무력감이 심해져 치료를 받게 되었고, 심리치료를 병행하다 복학하기로 마음을 먹었다.

복학을 앞둔 면담에서 A는 대학 생활 중 사람들과 갈등이 많았는데, 특히 생각의 차이가 큰 한 사람과의 충돌이 잦았다고 말했다. 사회적 문제에 대한 견해가 너무 달라서

---

6 불편하고 역기능적인 행동인데도 무의식적으로 반복하려는 경향

자주 부딪히곤 했는데, 한번은 그 사람이 사회적 약자의 문제를 너무 쉽게 내뱉는 것을 보면서 격분하여 크게 소리를 질렀고 갈등이 격화되었다고 한다. 자신이 무엇을 하고 있는지 알 수 없었고, 진흙탕에서 싸우고 있다는 느낌도 들었으며, 그로 인해 점차 무력감과 절망감을 느꼈다.

A는 자신도 과거엔 싸웠던 그 사람과 비슷한 입장을 가진 적이 있었다고 한다. 말하자면 자신은 전향轉向한 사람이며, 그 사람에게 화를 낸 게 어쩌면 과거의 자신에게 화를 낸 건 아닌가 하는 생각이 든다고 하였다. 자신에게 마음에 들지 않는 어떤 부분이 있었고 생각을 변화시켜 그것을 해결했다고 믿었지만, 심리적 잔재가 남아 있었다. 무의식 속 잔재가 탈출구를 찾다가 타인에게 투사投射되었음을 깨닫게 된 것이다.

요약한 사례이지만 여기서 두 가지 중요한 질문을 하게 된다. 첫째, 인간의 정체성이란 무엇인가? 과연 나는 균일한 정체성으로 이루어진 하나의 존재인가? 둘째, 왜 과거는 반복되는 경향을 보일까?

일단 첫 번째 질문부터 생각해 보자. 인간의 정체성이란 무엇일까? 과연 나는 동일한 정체성으로 이루어진 하나의 존재인가? 신학자이자 철학자인 토마스 아퀴나스Thomas

Aquinas는 "인간은 복합적인 단일체이다"라고 하였다. 비록 중세의 종교적 관점이라는 한계를 갖고 있지만, 인간에 대해 깊은 통찰을 가진 표현이다.

지금 '자신'이라고 여겨지는 마음을 들여다보면, 그 안에는 현재의 자신과는 꽤 다른 과거의 자신이 숨어 있음을 보게 된다. 과거의 자신뿐만 아니라 내면에는 또 다른 이질적인 존재, 나이면서 내가 아닌 또 다른 존재들도 있다. 고전 『지킬박사와 하이드씨』에서부터 많은 영화와 소설이 정체성의 혼란이나 다중인격을 다루어 왔다. 사람들은 자신에게 그런 문제가 없다고 생각하면서도 계속 관심과 흥미를 보인다. 실제로 '자기'는 하나가 아니다. 하나라는 것은 자아가 원하는 순진한 희망이며 환상이다.

"자기는 단수형 명사가 아니라 복수형 동사이다."[7]

인간의 정신은 본질적으로 어떠한 '에너지'이다. 에너지는 고유한 흐름과 상태를 만드는데, 그 흐름과 상태가 우리가 느끼는 마음의 상태이다. 그런데 에너지의 흐름은 단순한 직선 모형이 아니라 **비선형적 복잡계**nonlinear complex

---

7 『마음의 발달』, 대니얼 J. 시겔, 방희정 옮김, 하나의학사, 2018, p255

system의 모형을 따른다. 아퀴나스의 표현처럼 마음과 정신은 이질성의 복합체라고 보는 게 타당할 것이다.

복잡계는 한쪽에 혼란과 모순을, 다른 쪽에는 다양성과 창의성이라는 두 얼굴을 갖고 있다. 우리가 인간으로서 존재하기 위해선 최대한 복잡해야 하고, 또 최대한 통합되어야 한다. 일견 모순적으로 보이는 두 상태를 해결하는 것이 가장 큰 과제일 것이다. 마음이라는 복잡계를 제대로 이해하지 못하면 현실의 수많은 문제를 푸는 데 심각한 오류들이 발생할 수밖에 없다.

우리 안에 여러 정체성과 다양한 인격적 특성이 있다는 주장은 오래전부터 있었다. 이 인격들은 자아ego, 자기self, 슈퍼에고superego 혹은 초자아, 페르소나persona, 이드id, 그림자shadow, 창조적 리비도libido, 백만 살의 동거인, 내면의 유령, 원형archetypes[8] 등 많은 이름으로 불려 왔다. 내 안의 또 다른 나, 자기이면서 자기가 아닌 또 다른 존재는 어디에서 오는 걸까?

이 존재들은 복잡계에서 자발적으로 창발되는 뇌와

8　인간의 정신에 존재하는 보편적이며 근원적인 핵으로, 태어날 때 이미 부여된 인간의 선험적 조건. 시공을 넘어 항상 재생할 수 있는 인간 속의 가능성이며 그런 가능성을 지닌 틀이다. 『분석심리학』, 이부영, 일조각, 2011, p100~101

마음의 특성이며, 상당 부분은 선대로부터 유전적으로 내려오는 집단무의식collective unconsciousness[9]에서 온다. 또한, 문화와 사회에서도 온다. 많은 부분에서 개인의 의지나 통제를 벗어나 있으며, 개인의 의식이 다가가기 어려운 영역도 있다. 이 중에서 중요하고, 접근이 가능하며, 개인이 관심을 가질 만한 부분은 부모와의 관계로부터 기인한 '또 다른 나'이다.

정신을 이루는 두 가지 축 복잡계 · 대극성

복잡계에서 기인하는 마음의 여러 측면은 서로 충돌하는 이질적 느낌을 만들어 낸다. 복잡계에서 나오는 다양성과 이질성은 **대극성**dualism or polarity이라는 마음과 뇌의 또 다른 본질적인 구조를 형성한다. 내향성과 외향성, 남성성과 여성성, 주관성과 객관성, 사실과 허구, 감정과 이성, 고유성과 사회성, 규칙성과 랜덤성, 미숙함과 성숙함, 우월감과 열등감, 이타심과 이기심, 이상과 일상, 본성과 도덕, 육체와 정신, 사랑과 힘, 과거와 현재, 미시계와 거시계 등은 대극성의 대표적인 축들이다. 개념적 용어로서 여러 대

---

9 칼 구스타프 융이 주창主唱한 용어로서. 인류의 마음 깊은 곳에는 개인의 의지나 경험과 무관하게 선조들로부터 전해 내려오는 집합적이고 집단적인 무의식의 에너지가 내재되어 있다는 분석심리학의 개념

극성을 간단하게 나열하긴 했지만, 깊이 생각해 보면 각자의 마음속에서 양쪽이 대립하거나 요동치면서 생겨난 내면 에너지의 흐름을 생생하게 느낄 수 있다.

대극성은 상반된 에너지들 사이의 대립을 만들지만 본질적으로 '관계'라는 에너지 생성과 흐름의 토대가 된다. 생물학적으로는 좌뇌와 우뇌의 역할 차이가 있고, 신피질에 해당하는 위쪽 뇌와 구피질에 해당하는 아래쪽 뇌 사이의 뚜렷한 기능 차이, 그리고 자율신경계 내에서 교감 신경계와 부교감신경계의 역할 차이 등이 있다. 이를 바탕으로 생각할 때, 마음에 다양한 에너지가 있고 대극성이 있는 것역시 너무나 당연한 현상이다.

복잡계는 복잡하고 다양한 에너지를 만들어 낸다. 아직 이 에너지들을 정확하게 측정하고 평가하는 것은 불가능하다. 하지만 그 에너지들이 여러 층위^{層位}를 갖고 있고, 출렁거리며 커졌다 작아졌다 하는 파동을 갖고 있다는 사실은 분명하다. 외부의 자극에 반응하여 시간에 따른 여러 변화가 일어나기도 한다. 그 밖에도 우리가 알지 못하는 많은 변수가 마음이라는 에너지의 작동에 영향을 주고 있다.

정보 처리와 에너지의 흐름이라는 관점에서 복잡계가 적절하게 작동하기 위해 요구되는 것들이 있다. **연속성**continuity, **일관성**coherence, **응집성**cohesion이 대표적이다.

연속성이란 복잡하게 변화하는 가운데 에너지의 흐름이 어느 정도 연속적이어야 한다는 것이며, 일관성이란 에너지의 내용과 방향이 시간의 흐름에도 유사한 방식으로 재현되어야 한다는 것이다. 응집성은 어떠한 상황에서 한쪽으로 에너지를 모아야 할 때 에너지가 집중될 수 있어야 한다는 의미이다.

에너지의 연속성, 일관성, 응집성을 위해선 최소한의 질서, 구심점, 그리고 축이 필요하다. 긴 세월 동안 유전적, 사회적, 문화적, 후성적後成的 요소들에 의해 형성된 상징, 이미지, 개념들은 마음의 뿌리를 이루는 기본적 에너지들로 자리를 만들기 시작했을 것이다. 그 가운데에서 마치 양극과 음극처럼 많은 **대립적 응집소**가 생겨났다. 이 대립적 응집소가 에너지를 모으는 하나의 구심점이자 축으로, 또 한편으론 패턴 파악과 범주화를 위한 기준으로 기능하기 시작했을 것이다. 이게 바로 대극성이 생겨난 이유이자 필요한 이유가 아닐까?

대극성을 이루는 각각의 에너지는 끌어당김attraction과 반발repulsion의 에너지를 만들어 낸다. 마치 작용과 반작용처럼 끌어당김과 반발은 다양하면서 상반된 에너지를 만들어 내는데, 욕망, 충동, 갈등, 그리고 압력으로 경험된다. 이 경험은 다시 불편함과 고통으로 변환되곤 한다. 동시에 대극성에 의한 끌어당김과 반발은 에너지의 흐름과 파동을 만들고, 운동과 순환 그리고 다양성을 창발시킨다.

복잡계와 대극성은 마음과 정신의 본질적인 체계이며 구조이다. 그러므로 **균형**balance과 **통합**integration은 인간 존재에 절실히 요구되는 필요조건이다. 대극성에서 오는 압력, 운동, 변화는 인간의 숙명인데, 그 가운데에 정신의 뿌리를 확인해야 하는 운명적 과제가 있다. 이 과제는 대극성 사이에서의 균형을 잡고 양쪽을 바라보는 것이며, 의식의 중심을 인지하면서 통합을 향하여 조금씩 움직이는 것이다. 여기서 문제는 중간에 있는 의식의 역할, 의식의 태도이다. 대극성 사이의 지나친 괴리가 해결되지 않은 채 일방적으로 **투사**projection[10]되면 외부 존재와의 접촉, 만남, 연결 자체에 어려움이 생길 수 있다.

---

10 내면에 존재하는 어떤 것을 외부에만 존재하는 것으로 던져버리는 마음의 기제

몸에 밴 어린 시절의 심리세계탐구

1

왜 어린 시절의 문제인가?

이제 '왜 과거는 반복되는 경향을 보일까?'라는 두 번째 질문으로 돌아가 보자. 과거 없이 현재에 존재할 수 있는 사람은 없다. 누구에게나 어린 시절이 있다. 그런데 과거는 시간이라는 관점에서 보자면 이미 지나가 버린 것이며, 존재하지 않는 것이다. 사실 시간의 흐름은 인간의 의식이 만들어 낸 착각이라는 주장도 있지만 적어도 현상계에선 사라져 버린 것이다. 존재하지 않는 과거, 기억 속에만 남아 있는 과거가 어떻게 현재의 나, 어른이 되어 버린 한 개인에게 영향을 줄 수 있는 걸까? 그리고 그 영향력은 어느 정도이며 얼마나 강력한 것일까?

과거는 기억으로만 존재한다. 현재 그리고 현실에는 과거의 사건이나 사실은 존재하지 않으며 과거의 생명력은 기억이라는 세계 안에서만 살아있다. 그럼에도 과거는 현재에 영향을 주고, 과거를 갖고 있는 존재에게도 강력한 영향력을 행사한다. 왜 그런 것일까? 역사는 반복된다는데 개인의 과거도 정말 반복되는 걸까?

실제 임상에서 내담자가 과거에 경험했던 핵심 에너지는 치료자에게 향하고, 치료자와의 관계에서 다시 반복되는 경향을 보인다. 이 독특한 현상을 처음 발견하고 개념화한 프로이트는 그것을 **전이**transference라고 하였다. 이후 많은 정신분석가와 정신과 의사들을 중심으로 개념이 다듬어졌고, 현재에도 통용하고 있다. 핵심 에너지, 즉 중심 감정core emotion은 한 개인의 고유한 관점이자 마음의 에너지가 작동하는 방식이므로 중요한 상황이나 관계에선 또다시 그 방식이 나올 수밖에 없다. 치료가 성공하기 위해선 핵심 감정과 경험이 다시 나타나야 한다. 그래야 변화하고 수정할 가능성이 생긴다. 그래서 프로이트는 '전이'와 '전이의 해소'를 정신치료의 핵심으로 보았다.

트라우마를 겪은 사람들은 외상후 스트레스장애 PTSD, post-traumatic stress disorder로 오랫동안 고통을 겪는다. PTSD의 대표적인 증상 중 하나는 과거를 재경험 reexperience하는 것이다. 갑자기 트라우마 장면이 떠오르는 플래시백flashback과 트라우마와 연관된 악몽이 재경험의 대표적인 현상이다. 전이와 PTSD에서 나타나는 재경험은

몸에 밴 어린 시절의 심리세계탐구

과거, 특히 강렬하고 해결되지 않는 과거의 경험이 현재에 침투하고 반복됨을 알려 준다.

과거가 반복되는 문제에 다가가기 위해선 우선 마음과 뇌가 어떻게 작동하는지 어느 정도는 이해할 필요가 있다. 매일, 매 순간 우리는 현실이라는 경험을 한다. 하지만 엄밀한 의미에서 보면 느끼고 지각知覺하는 것들이 모두 현실 그 자체는 아니다. 사물의 색깔이 실체가 아닌 것과 같다. 각각의 사물마다 빛이 반사하는 파장이 따로 있고, 그 파장에 뇌가 특정한 색깔을 입혀 재구성한다는 것이 객관적 사실에 가깝다. 밤하늘에 떠 있는 별도 사실은 별 자체가 아니라 별에서 반사된 과거의 빛이 우리 눈에 도달한 것이다.

우리는 몸에서 생겨나는 자극들, 즉 기본모드신경망 DMN, default mode network[11]**과 외부에서 들어온 자극들을 뇌에서 걸러내고 지각하면서, 자의적으로 해석하고 새롭게 구성한 현실감을 느끼고 경험한다.** 소위 데카르트Descartes의 오

---

11 수행할 작업이 생기지 않을 때 활성화된 뇌 기능이 일반적인 휴식 상태가 되는 것. 대부분 뇌의 앞과 뒤를 잇는 중간 영역이 이 역할을 하므로 '중심' 혹은 '중앙선 허브'라고도 한다. DMN은 마음 방황에서 자전적 성찰에 이르기까지 다양한 기능에 관여하고, 통찰력을 위한 개인의 마음과 공감을 위한 다른 사람의 마음 지도를 만든다.

류[12]라고 하는 **극장의 착각**이 있는 것이다. 간단히 말하자면 실제를 보고 경험하는 것이 아니라 극장에서 영화를 보는 것처럼 투영된 현실을 인지할 뿐이라는 것이 골자다. 섭섭하게 들리겠지만, 한마디로 얘기하자면 우리가 경험하는 현실감은 일종의 '착각'이다.

극장의 오류가 생기는 데는 몇 가지 근원적인 이유가 있다. 우선 실제 자극이 뇌에 도달하는 데 시간이 필요하다. 그리고 모든 것을 있는 그대로 자각하지 못하는 뇌의 한계가 있다. 뇌는 여러 자극 중 필요한 것만 받아들이기 때문이다. 또 현실 감각의 기반이 되는 감각 능력 자체의 한계가 있다. 가시광선을 벗어난 자외선이나 적외선을 보지 못하고, 가청주파수 범위를 벗어난 소리는 듣지 못하는 것이 이에 속한다. 마지막으로 새롭게 뇌에 들어온 자극은 기존의 정보와 뒤섞여서 다시 가공되는데, 그 과정에서 실제 자극과 무관한 결과물이 산출될 수도 있다.

이런 이유들로 우리가 지각하는 현실은 **객관적 현실** objective reality이 아니라 뇌에서 구성된 **주관적 현실** subjective reality일 수밖에 없다. 가령 해를 볼 때 해를 보고

---

12 안토니오 다마지오의 주장으로. 이성과 사고를 강조하며 정신과 신체를 이원론적으로 이해한 데카르트의 인간 이해에 오류가 있었다는 주장이다. 이 주장을 담은 동명의 책이 있다.

몸에 밴 어린 시절의 심리세계탐구

있는 것이 현실이라고 믿지만, 객관적인 현실은 8분 전의 해에서 나온 빛을 보는 것이다.

내가 보지 못하고 듣지 못하는 것들은 얼마든지 있기 마련이다. 이러한 오류 혹은 착각이 생기는 근본적인 원인은 감각과 의식이 철저히 거시적 관점에서만 작동하는 데 반해, 실제 일어나는 일들은 의식의 접근이 불가능한 미시적 차원에서 시작되는 데 있다. 그럼에도 우리의 마음과 뇌는 이러한 사실을 외면하는 데 익숙하다.

앞서 '데카르트의 오류'를 말할 때 언급한 데카르트의 '극장'은 독특한 특성을 가진 재미있는 극장이다. 첫째, 이 극장은 배우와 관객이 동일하다. 행동하는 자도, 그것을 보는 자도 '나'인 것이다. 둘째, 이 극장은 멀티플렉스 상영관이다. 동시에 여러 영상이 상영되고 있지만, 관심을 받고 의식할 수 있는 것은 하나 혹은 둘 뿐이다. 셋째, 크게 두 가지 종류의 영화가 상영된다. 이미지와 상징이 주가 되는 무의식적인 영화와 구체적인 언어를 가진 의식적인 영화 두 가지다. 상징 영화와 언어 영화라고 할까. 쉽게 말하자면 예술 영화와 대중 영화라고 봐도 될 것 같다. 넷째, 영화가 상영되기 위한 영사기가 필요한데, 그게 바로 감정과 정서이다. 인간은 욕망하는 존재이므로 가장 대표적인 영화는 욕망 장르일 수 있으며, 검열 수위를 넘는 영화가 상영되어 제재당하기 일쑤일 수도 있다. 때로는 너무 폭력적이고 잔인한 영화가 상영되어 놀랄 수도 있을 것이다.

"뇌는 기저의 논리에 따라 우리의 경험을 해석하고, 기억을 암호화하고, 개인사를 기록한다. 무의식계는 우리의 인생을 담은 여러 스냅사진 사이에서 연관성을 만들어 내고 각 순간마다 우리의 감정을 관찰해 무엇을 강조할지 결정한다. 그리고 그 스냅사진들을 배열하고 정리해 통일되고 간명한, 그리고 가장 중요하게는 사적이고 내밀한 이야기를 들려준다. 그리고 그 이야기는 우리가 의식하는 인생이 된다."[13]

마음과 뇌가 느끼고 생각하는 현실과 실재는 객관적인 것이 아니라 뇌에서 느껴지고 구성되는 것이다. 우리는 느낌이 얼마나 강력한 사실감과 현실감을 갖는지 알고 있다. 어떤 것이라도, 설사 사실이 아니더라도 뇌에서 그렇게 느낀다면 주관적으로는 사실이 된다. 그러한 현상이 매

---

13 『뇌가 지어낸 모든 세계』, 엘리에저 스턴버그, 조성숙 옮김, 다산사이언스, 2019, p207

순간 일어나고 있다. 원효대사의 해골물 사건, 상상임신[14], 환청 혹은 환시, 시각장애인의 꿈, 유령사지증후군phantom limb syndrome[15], 외계인손증후군alien hand syndrome[16], 카그라스증후군Capgras syndrome[17] 등은 뇌의 착각을 알려 주는 실증적인 사례들이다. 어떠한 상황과 맥락에 놓였을 때 마음의 어떤 부분이 작동해서 무엇을 얼마나 믿느냐가 중요한 것이다.

"마음의 기본 단위는 이미지이다. 어떤 대상의 이미지, 그 대상이 하는 행동의 이미지, 그 대상이 우리 마음에 불러일으키는 느낌의 이미지, 우리가 그 사물에 관해 품은 생각의 이미지, 이 모든 것들을 번역하는 언어의 이미지 등이 마음의 단위이다. 우리 마음속에서 어떤 이미지를 끊임없이

---

14 실제로 임신하지 않았음에도 임신으로 인한 여러 변화가 일어나는 것. 임신했다고 믿을 뿐만 아니라 배도 불러오고 생리도 중단되는 신체의 변화까지 생긴다.

15 질병이나 사고로 팔이나 다리를 절단하는 치료를 받은 후에도 자신의 팔이나 다리가 있는 것처럼 느껴지는 증후군

16 전두엽의 기능 장애 때문에 자신이 손이 전혀 통제되지 않는 행동을 하는 증후군

17 다른 사람이 가까운 지인의 얼굴로 변장한 것이라고 주장하는 망상장애의 일종

언어로 번역하는 일은 우리의 마음을 풍요롭게 만드는 가장 놀라운 양식이다."[18]

생존하고 번성하기 위해선 뇌와 정신의 기능이 절대적인데, 적절한 뇌기능을 위해선 데이터와 정보가 필요하다. 과거는 기록과 정보로서, 또 종합적인 경험으로서 가치를 갖는다. 특히 부모와의 관계에서 축적된 경험과 정보는 수 대에 걸쳐 내려온 것이므로 그 가치가 클 수밖에 없다.

과거가 실재하지는 않지만 이미지와 느낌이라는 기억을 통해서 뇌에선 여전히 살아있다. 뇌에서 실재하는 것처럼 느껴지므로, 과거의 이미지와 느낌은 실재하는 것에 상응하는 에너지를 갖고 있다. 보이는 적보다 보이지 않는 적이 무섭다는 말처럼, 쉽게 보이지 않는 이미지와 느낌은 생각보다 강력한 영향력을 가질 수밖에 없다.

과거의 기억 중에서도 해소되지 않은 기억일수록 그 에너지는 응축되어 있다. 더욱 강력하고 경우에 따라선 파괴적일 수도 있다. 그러므로 어린 시절은 지나간 시간이 아니다. 단순한 기억으로서 마음과 뇌 어딘가에 남은 흔적도

---

18 『느낌의 진화』, 안토니오 다마지오, 임지원 · 고현석 옮김, 아르테, 2019, p126

아니다. 어린 시절은 현재에도 살아서 움직이며 한 개인에게 영향을 주고 소통하고 있는 실체적이고 강력한 에너지이다. 이렇게 과거는 현재의 나를 붙잡고 있고, 미래의 나까지 지배하려고 한다. 그러나 중요한 것은 스스로 붙잡혀 있는 걸 알지 못한다는 점이다.

과거의 기억과 이미지가 갖는 힘 에너지의 효율성

과거의 기억과 이미지가 갖는 힘은 뇌의 에너지 관리 및 효율성과도 밀접한 관계가 있다. 인간은 환경에 적응하며 생존해야 하는데, 한 개인이 가진 역량은 자연과 환경 혹은 사회에 비해 너무 초라하고 부족했을 것이다. 또 옛날의 주위 환경은 당연히 현대보다 훨씬 열악했을 것이다. 이런 배경에서 안팎의 부족한 에너지로 생존하기 위해선 에너지의 효율성이 아주 중요한 과제가 된다.

효율성을 위해서 유형과 패턴을 파악하는 능력과 이 능력을 통해 비슷한 것을 쉽게 반복하면서 문제를 풀어가는 방식이 고안되었다. 신경계가 생겨나고 뇌가 발달하면서 '기억'이라는 인간 고유의 능력이 생겨났고, '시간'에 대한 개념을 갖기 시작했을 것이다. 뇌는 자신의 과거를 이미지와 패턴으로 기억하고, 비슷한 상황에서 비슷한 해결책을 냄으로써 에너지 사용을 최소화하고, 그를 통해 생존확

률을 높이는 방법을 배워나갔을 것이다. 부모는 자신에 앞서 그러한 경험과 패턴을 가진 존재이고, 이런 부모와는 애착을 통해 긴밀한 관계를 맺게 된다. 오랫동안 보살핌을 받아야 하는 영장류의 특성상 부모와의 관계는 훨씬 더 돈독할 수밖에 없다. 때론 유전을 넘어설 정도로 부모의 그림자가 강할 수밖에 없는 이유다.

처음 운전할 때와 익숙해졌을 때를 비교해 보면 운전이 주는 느낌과 그에 따라 소모되는 에너지는 완전히 다르다. 같은 운전이지만 마음과 뇌의 입장에선 전혀 다른 행위인 것이다. 습관이 만들어지면 자동적이고 무의식적으로 재생되므로 그 과정이 익숙해서 편안하게 된다. 에너지를 아끼면서 실수를 최소화하기 위해선 중요한 과거를 기억하고 어떤 방식으로든 저장했다가 다시 사용하는 과정이 필요하다. 긴 진화의 시간 동안 과거의 사건들과 이야기들은 뇌에 차곡차곡 축적되었고, 언어와 소통을 통해 공유되고 전달되면서 각자의 뇌 안에 필요한 만큼의 정보로 남게 된 게 아닐까? 그래서 마음과 뇌는 과거가 반복되기 쉬운 시스템인 것이다.

어린 시절은 자신의 타고난 성향에 유년기의 경험이 주는 느낌이 더해지면서 자신만의 감정적 경험과 느낌이 생성되고 축적되는 시기이다. 유아기와 유년기에는 뇌와

몸에 밴 어린 시절의 심리세계탐구

신경계가 매우 빠르게 성장하므로, 아이들은 신기하고 매혹적인 자극들로 가득한 세상을 경험한다. 그러한 경험들은 뇌세포neuron 안의 특정한 단백질 형성과 뇌세포 사이의 연결과 배열, 즉 시냅스synapse를 통해서 자신만의 개성적인 뇌 회로와 연결 구조를 만들어 낸다.

뇌세포는 다른 뇌세포와 연결되면서 회로를 만들고, 회로는 네트워크와 신경세포망으로 빠르게 발전한다. 이 과정을 통해 인간의 뇌에는 대략 천억 개의 뇌세포와 수백조 개의 네트워크가 만들어졌다. 바로 이 순간에도 입자들의 전자기적 운동, 전기적 활동, 화학적 활동, 그리고 단백질의 합성과 분해 등의 엄청난 일들이 뇌 안에서 끊임없이 일어나고 있다.

"주의력이 가는 곳에 신경발화가 흐르고 신경 연결이 자란다."[19]

노벨의학상을 수상한 제럴드 에델만Gerald Edelman은 특정한 방식으로 선택된 신경세포들이 집단적으로 활성화됨으로써 마음과 뇌에 이미지라는 가장 기본적이면서도

---

19 『알아차림』, 대니얼 J. 시겔, 윤승서 · 이지안 옮김, 불광출판사, 2020, p38

강력한 에너지가 생겨나고, 그것이 의식의 기본 단위가 된다고 하였다. **뉴런 집단선택설**TNGS, theory of neuronal group selection이다.[20] 뇌세포와 회로는 특정한 방식으로 활성화되는데, 과거의 어떤 활성화 방식은 현재와 미래에도 같은 방식의 활성화 확률을 높이는 것으로 알려져 있다. 과거가 의미를 갖는 생물학적 이유이다.

정서적 경험이 만드는 태도 관점 · 시각

뇌세포의 연결과 활성화되는 방식과 패턴은 개인마다 다를 수밖에 없는데, 이것이 개인의 고유성, 인격의 특성, 자아를 형성한다. 무엇보다 정서적 경험들은 자신도 모르게 경험을 바라보는 고유한 **관점**perspective or position을 만들어 낸다. 출생 직후부터 5~6세까지가 기본적인 정서적 관점과 태도를 형성하는 데 결정적인 시기이다. 그리고 이 시기의 관점과 태도는 그 사람만의 가치 체계를 만들고, 세계관으로 발전하여 일생에 엄청난 영향을 주게 된다.

정신분석가 멜라니 클라인Melanie Klein이 개념화한

---

20 『신경과학과 마음의 세계』, 제럴드 에델만, 황희숙, 범양사, 2006, p128

21 생후 초기 유아가 자신의 타고난 공격성을 두려워하면서 이를 양육자에게 투사하여 위협감과 무서움을 느끼는 심리 상태

몸에 밴 어린 시절의 심리세계탐구

편집위상paranoid position[21], **분열위상**schizoid position[22], 우울위상depressive position[23]은 정서적 관점의 대표적인 개념들이다. 이 외에 또 다른 분열위상splitted position과 통합위상integrated position이라는 관점도 있다. 언급한 관점들은 개인의 경험 및 개성과 결합하면서 각자만의 독특한 관점을 만들고, 그것으로 각자만의 세계를 형성하도록 한다. 그러므로 이해받는다는 것은 자신의 관점이 수용된다는 의미다.

반대로 전반적으로 우울하게 느껴지는 세상, 자꾸 이별과 상실이 느껴지는 것, 세상이나 타인으로부터 피해를 받거나 공격받을 것 같은 느낌, 뭔가 안전하지 않다는 느낌feeling of insecurity, 뭔가 이랬다저랬다 하는 양가적 세계관feeling of ambivalence 등은 정신병리로 이어지기 쉬운 관점들이다.

가장 본질적인 관점은 대극성과 내면의 공백에 대한 관점이다. 대극성과 공백에 대한 관점과 태도는 대부분 무의식적인데, 이를 크게 두 가지로 나눌 수 있다. 첫째는 최

---

22   편집위상의 두려움이 심화되어 위축되고 모성과 분리되려는 유아의 심리 상태
23   유아가 두려움의 원인을 양육자가 아니라 자신에게 있음을 느낄 때 갖게 되는 심리 상태

대한 간극을 확대시키고 항상 공백을 만들어 내려는 태도이다. 히스테리적 관점이다. 이 관점은 간극과 경계에 대해 매우 민감하므로 관계를 나누는 경계를 항상 주시하게 되고, 유난히 시선과 응시에 민감하게 반응한다. 히스테리적 관점은 자기애성 인격, 경계선 인격, 히스테리성 인격으로 분화된다. 두 번째는 존재하는 간극을 소멸시키고 무조건 공백을 없애는 데 모든 에너지를 집중하며 골몰하는 태도이다. 강박적 관점이다. 이 관점은 복잡계로서의 마음을 부정하고 단순하고 규칙적인 하나의 상태를 지향한다. 에너지가 창발하는 토대인 관계를 부정하는 경향을 보인다. 경직된 이상주의에 집착하면서 쉽게 불안해한다.

우리를 움직이는 가장 강력한 에너지는 충동과 욕망이며, 그중에서도 **바라보기**와 **응시**는 가장 본질적이면서 그 자체로 강력한 에너지이다. 시선과 응시는 보는 자와 보는 대상 사이에 연결을 만들고 에너지의 흐름을 생성한다. 생존과 안전을 위해서, 욕망과 쾌락을 위해서 우리는 무언가를 바라봐야 한다. 인간이 처리하는 감각 정보의 80% 정도를 시각이 차지하고 있으며, 뇌신경 12쌍 중 5쌍이 시력과 안구 운동을 조절한다는 것도 '보는 것'이 얼마나 중요한지를 알려 준다. 의식하든 아니든 우리는 항상 무언가를 보는 존재이다. 또한, 보면서 동시에 응시의 대상이 된다. 그래서 만족하고, 그래서 불안하다.

그런데 바라보기와 응시는 관점의 지배를 받는다. 어디에서 어떻게 보는가에 따라 전혀 다른 것이 보이기 때문이다. **관점은 신경세포를 발화시키는 주의력과 관심이라는 에너지가 흘러가는 방향성**이고, 많은 부분이 무의식이다. 의식과 무관하게 주의력은 어디론가 먼저 움직이며, 우리는 무의식이 원하는 것을 보게 된다. 무의식의 기대를 충족시키기 위해서 뭔가를 보는 것이다.

타인이 어떤 생각을 요구하거나 강요하는 것은 그 사람의 관점과 세계관을 주입하려는 것이다. 그래서 압력이 느껴지고, 심하면 기분이 나빠지게 된다. 그만큼 관점은 중요하다. 개인의 현실은 개인의 관점이다. 현재에는 관점을 지배하고 있는 과거의 그림자와 예측하고 기대하는 미래의 욕망이 함께 한다. 그러므로 현재는 과거이자, 또한 미래이다.

어린 시절의 경험은 기억과 이미지로 마음의 깊은 곳에 남게 된다. 우리가 알고 충분히 의식할 수 있는 기억들, 즉 일상에서 금방 떠오르는 **명시적 기억**explicit memory[24]과 달리 어린 시절에 대한 기억들은 대부분 잘 떠오르지 않는

---

24 혹은 서술적 기억declarative memory이라고 부르기도 한다.

느낌과 이미지로서 **암묵적 기억**implicit memory[25]이라고 한다. 암묵적 기억은 뇌의 여러 영역에 저장되는데, 대뇌 피질이 아닌 기저핵basal ganglia[26], 중뇌midbrain, 소뇌 및 기타 피질하 영역subcortical region[27]이 대표적인 장소다.

암묵적 기억은 느낌이나 이미지는 있지만 의식으로 쉽게 떠오르지 않는 기억들이며, 프로이트가 말한 무의식unconsciousness의 많은 부분이 암묵적 기억들로 이루어져 있다. 명시적 기억보다 암묵적 기억이 주의력과 관심이 향하는 방향, 즉 관점에 더 큰 영향을 준다.

뇌 속의 대용량 저장장치 무의식

만약 무의식과 암묵적 기억이 없다면 모든 것을 다 기억하고 쉽게 떠올릴 수 있는 것이 가능할까? 이론적으론 그럴 수 있겠지만 그런 상황이 된다면 뇌는 엄청난 양의 정보와 자원을 처리해야 할 것이다. 그렇게 되면 지금보다 훨씬 큰 뇌용량을 필요로 하게 될 것이고, 현 인류가 가진 머리 크기보다도 훨씬 더 큰 머리를 요구하게 될 것이다.

그렇지만 여성의 신체 구조를 고려해 보면 지금보다

---

25 혹은 비서술적 기억nondeclarative memory이라고도 부른다.
26 뇌의 기저부에 많은 신경세포가 모여서 핵처럼 군집을 이루는 부위
27 대뇌의 가장 겉 부분인 피질의 아래쪽에 위치한 뇌의 영역들

몸에 밴 어린 시절의 심리세계탐구

더 큰 머리를 갖기는 어렵다. 또 정보와 자원을 처리할 때 생기는 에너지의 잔재를 해결해야 하는데, 특히 엄청난 열을 처리해야 하는 문제가 쉽지 않을 것이다. 뇌의 약 75%가 수분으로 되어있고, 500cc 정도의 뇌척수액cerebrospinal fluid이라는 수분으로 둘러싸인 환경에 있다는 것도 뇌에서 생산되는 많은 열을 처리하기 위한 것과 연관이 있다.

무의식과 암묵적 기억은 현실적 제한이 있는 상황에서 엄청난 정보를 저장하며, 자동으로 작동해서 에너지의 효율을 극대화하는 기능을 한다. 느낌과 이미지는 구체적인 개념이나 언어보다 훨씬 많은 정보를 담을 수 있다. 암묵적 기억과 무의식의 내용은 대부분 이미지와 느낌이므로 정보를 섞는 것, 즉 융합과 재편, 나아가 창조에도 훨씬 유리하다. 무의식에서 창조적인 것이 나오는 이유 중 하나이다.

또한 의식과 분리되어 있기 때문에 무의식은 의식의 약점을 보완하는 상보성相補性을 갖는다. 무의식은 여러 가지 속성과 특성을 갖는데, 그중에서 가장 중요하지만 우리가 모르는 것은 무의식의 자율성autonomy이다. 자율성, 즉 알아서 움직인다는 의미이고 의식이 통제하거나 조절하는 데 한계가 있다는 뜻이다. 의식과 무의식이라는 이중적인 분리 구조는 내면이 단절되기 쉽다는 약점과 함께 연결과 통합이라는 숙제를 남긴다.

암묵적 기억은 원초적이며 가장 강력한 에너지인 **상징**symbol 및 **집단무의식**과도 이어지기 쉽다. 뇌에서 저장된 위치나 작동 방식이 유사하기 때문이다. 암묵적 기억과 이미지는 상징이라는 원형적 에너지와 연합되기 쉬우므로, 기억과 상징이 합쳐질 때 그 에너지는 폭발적일 수 있다. 그럼 이쯤에서 마음과 뇌에서 상징이 얼마나 중요한지 알아보고 다음으로 넘어가도록 하자.

무의식이 인도하는 기억 상징

40대 후반의 여성인 B는 개인 사업을 하고 있다. 20대 후반에 외국에서 공부하면서 알게 된 남편과 결혼하였으나 신혼 초부터 뭔가 맞지 않고 다투는 상황이 많았다. 자식을 낳고도 부부관계는 회복되지 않았고, 아들의 나이가 5살이 되었을 무렵 별거가 시작되었다. 이후로도 긴 시간 동안 애매한 관계로 지내왔다. 아들이 성장하면서 아버지의 자리가 아쉬운 상황이 생기자 자식을 위해 몇 년 전 겨우 합쳤다. 그럼에도 여전히 부부관계는 회복하지 못하고 형식적인 관계로 생활하고 있다.

B는 일상 중에서 사소한 일이라는 것을 알면서도 어떤 거슬림과 싫음이 느껴졌고, 누군가 선을 넘은 느낌이 들 때

면 그냥 피하곤 했다. 남편과의 관계뿐만 아니라 또 다른 관계에서도 마찬가지였다.

얼마 전 아들이 간절히 원해서 키우고 있는 강아지가 자기 똥을 먹는 걸 봤는데, 그 장면이 이상하게 너무 큰 충격을 주었고 도저히 강아지를 볼 수 없어졌다. 사소한 문제임을 아는데도 왜 그렇게 심각하게 받아들이게 되는지 알 수 없다. 그리고 며칠 전 보았던 드라마의 한 장면이 떠올랐다. 주인공 여학생이 우산 없이 비를 맞는 장면을 보면서, 어렸을 때 우산이 없어 고스란히 비를 맞으며 하교했던 기억이 떠올랐다. 어렸을 적 비 오는 날의 우산은 단순한 우산이 아니라 상징이지만, 당시에는 섭섭함을 전혀 표현하지 못했다. 섭섭하다는 감정이 수용되지 않는 집안 분위기임을 알기 때문이었다.

이 경험들을 통해 B는 자신의 감정과 생각으로 납득되지 않는 것들에 대해 알고 싶다는 마음으로 심리치료를 시작하기로 했다.

생존하고 살아가기 위해선 많은 정보가 필요하다. 하지만 인간의 의식은 그 많은 정보를 의식하면서 처리할 수 있을 정도로 충분히 발달하지 않았다. 앞서 언급했던 것처럼 엄청난 저장 장치가 필요하고, 에너지가 소모되며, 그 과정에서 생기는 열도 처리해야 한다. 상징은 많은 정보를 효율적으로 저장하고 전달하기 위한 압축과 응축의 수단이다.

"상징은 외면적인 단어로는 표현할 수 없는 것, 부적절한 것, 초감각적인 모든 것을 암시와 경고의 내밀한 언어 속에 전달할 수 있다. 진정한 상징의 의미는 무궁하다."[28]

무의식은 의식의 구조와 전혀 다른 자신만의 시스템과 특성을 가진다. 그것은 자율적이고, 랜덤하게 움직이며, 밖으로 나오려고 하고, 창조적이면서 동시에 파괴적이기도 하다. 기괴하고 난해한 꿈을 꾼 적이 있다면, 그 꿈을 꾸게 한 게 바로 무의식이다. 의식의 입장에선 이러한 무의식을 이해하고 받아들이기가 어렵다.

그런데 무의식의 에너지가 특정하게 배열되면서 형상을 가질 때가 있다. 그것이 '상징'이다. 단순한 기호나 신호와 달리, 상징은 무의식 속에 그 자체로 살아있고 강렬한 에너지를 지녔으며 마치 마술 같은 실체이다. 상징은 의식에 에너지를 전달하고 삶의 가치를 제공하는 원천이다.

---

28 『세계관으로서의 상징주의 1』, 안드레이 벨르이, 이현숙 · 이명현 옮김, 나남출판, 2019, p37

직접적인 표현, 구체적인 묘사, 직설 화법은 선명하고 분명해서 의식을 자극하고 깨운다. 하지만 그 선명함과 분명함이 오히려 의식을 제한하고 가두기도 한다. 안다고 생각하는 순간이 깊은 통찰의 눈을 멀게 하는 것이다. 너무 강한 햇빛이 눈을 멀게 하거나 식물을 말려 죽이는 것과 같다. 그뿐만 아니라 직접적인 표현은 반발심을 자극할 수도 있다. 무엇보다 직설법과 구체적 묘사의 문제는 상상과 상징을 질식시켜 에너지를 고사枯死시키는 것이다.

"두 발로 일어설 때 비로소 우리는 인간이 된다. 두 발로 움직이면서 우리는 세상을 경험하고 배운다. 신발을 신으면서… 발은 땅과 분리되지만, 비로소 밖으로 나갈 수 있고 세상과 연결된다. 신발은 분리이면서 연결이다. 모순적이면서 통합적이다. 이렇게 신발을 신는 행위는 상징성을 가진다. 당신의 신발은 무엇입니까?"[29]

상징은 엄청난 응축으로 저장에 용이하고, 확장이 쉬우며, 변형으로 보호와 창조성이 생겨나고, 살아있음으로 에너지가 되며, 의식에 전달될 때 생겨나는 신비로움과 경

---

29 이어령 선생의 강의 중

외감으로 고차원적 기능이 생겨난다는 특징이 있다. 에너지의 효율성, 저장, 전달, 자기보호, 창조적 기능 등을 담당할 수 있는 에너지로 상징만 한 게 또 있을까? 상징은 계시와 환상을 통해서 신과 인간을 매개하기도 한다. 은총에 의해서든 진화의 산물이든 상징은 존재에 새겨졌고, 존재 내에서 자생하고 있다.

그럼 다시 초반의 사례로 돌아가 보자. B는 남편과 긴 불화를 겪고 있다. 사례를 정리해 보면 다음과 같다.

첫째, 현재의 불편함과 거슬림이다. 성격이 맞지 않는 남편과 오랜 불화와 갈등이 있었고 남편의 행동이 거슬리고 싫었다. 그래서 무심하고 냉담한 관계로 이어지고 있다.

둘째, 또 다른 현재이다. 반려견이 자신의 똥을 먹는 것을 보면서 견딜 수 없는 충격을 받았다. 깨끗하지 않은, 결벽증적인 거슬림이다. 강아지를 볼 수 없었다고 했다.

셋째, 우연히 떠오른 과거 기억이다. 비 오는 날 우산 없이 하교하면서 섭섭하고 쓸쓸해 했던 기억을 생생하게 떠올린다. 어머니와 소원했던 유년기의 느낌이자 어머니로부터 거절된 느낌인데, 이를 밖으로 표현할 수 없었다.

이제까지 살펴본 상징을 토대로 생각해 보면, 불화의 진짜 원인을 깨닫게 하는 상징적인 과거 기억이 있다. 남편에게, 그리고 강아지에게 표출되는 거슬림과 싫음은 강렬하고 원초적인 정서적 에너지이다. 그것은 자신을 방어하는 수단이 되고 있다.

방어해야 했던 것은 유아기와 유년기에 부모로부터 수용받지 못했던 기억과 느낌이었다. 드라마를 보면서 우연히 떠오른 비오는 날의 우산이라는 상징적 기억은 과거와 현재를 부모, 남편, 그리고 애완견과 연결시키면서 문제의 본질이 무엇인지를 알려 주고 있다.

이렇게 무의식은 상징의 옷을 입고 의식의 무대에 올라온다. 만약 그 순간 의식이 깨어 있다면, B처럼 상징을 통해 무의식의 신호를 알아차리고 '자신에 대한 깊은 이해'라는 선물을 받게 된다.

현재를 비추는 과거라는 거울 무의식의 인격성

C는 밝고 귀여운 인상의 20대 후반 미혼 여성이다. 자녀 중 첫째로 성장한 C는 언제부턴가 내면에서 알 수 없는 무겁고 어두운 에너지가 느껴졌지만 드러내지 않고 살아왔다. 초등학교 5학년 때 C는 부모에게 자신의 감정 일부를 표현했는데, 어머니가 너무 심각하게 생각하지 말고 긍정적인 것이 좋을 것 같다고 조언하며 딸의 고민을 깊게 받아들이지 않았다. 이후 C는 자신의 감정을 드러낼 필요가 없다고

느끼면서 성장했다.

20대가 되자 마음이 답답하고 뭔가 우울하다는 느낌이 들기 시작했다. C는 자신의 깊은 감정에 대해 "마음의 깊은 곳은 들어갈 수 없는 저수지 같은 느낌인데, 항상 무겁고 어두운 힘이 끌어당기지만 그걸 직접 볼 자신이 없어요."라고 표현했다. C가 자신에 대해 느끼는 혼란처럼, 듣는 이(치료자)도 뭔가 혼란스럽고 모순된 이야기를 듣고 있다는 느낌을 받았다. 겉은 꽤 밝아 보이지만 어두운 내면을 가진 것, 조용하게 행동하는데도 자꾸 사람들의 눈에 띈다는 것 등에서 오는 모순이다.

뿐만 아니라 C는 예민하고 섬세한 감각과 기억력을 가졌다. 사람들의 체취나 옷의 색깔을 잘 기억하며, 미각도 아주 섬세한 편이다. 그런데 의외로 면담에서 감정을 잘 드러내지 않았다. 꽤 오래 교제한 남자 친구와의 대화에서도 일상의 사소한 감정은 별로 표현되지 않았다. 감각과 감정은 에너지의 특성이 비슷하고 공유되는 면이 많다. 감각의 예민함에 비해 감정은 매우 억압되어 있는 인상이었다. 이 부분에 대해 C는 "감정을 표현하려면 항상 그만한 이유가 있어야 한다고 생각해요. 어머니는 항상 이 부분을 강조했어요."라고 했다.

그 외에도 C는 초등학교 입학 전쯤 30대로 보이는 알 수 없는 예쁜 여성에게 자신이 납치를 당하는 매우 독특하고 선명한 꿈을 꾸었는데, 아직도 잊히지 않고 기억이 또렷하다고 하였다. C는 왜 그런 꿈을 꾸었고, 또 왜 쉽게 잊히지 않는 걸까?

한 사람의 삶에서 과거에 대한 느낌과 과거와의 관계는 현재에도 살아서 작동하고 있는 중요한 문제이다. 어린 시절에 대한 기억과 느낌, 그리고 과거의 자신과 현재의 자신이 어떤 관계를 맺고 있는지 하는 것은 현재의 삶에 엄청난 영향을 준다.

한 개인이 과거와 관계를 갖는 방식은 매우 다양하다. '과거의 일방적인 지배를 받는가?' '과거와 완전히 단절되어 있는가?' '과거를 완전히 잊고 싶은가?' '자신의 과거를 부정하고 무시하는가?' '과거가 잘 떠오르진 않지만, 그 과거를 반복하고 있는가?' '과거가 이해되고 받아들여지면서 현재와 미래를 위한 경험과 배움의 기초가 되는가?' '부모 세대가 갖고 있는 증오나 두려움을 계속 이어갈 것인가?' '부모 세대의 받아들이기 힘든 가치는 어떻게 할 것인가?'

사람은 모두 두 개의 거울을 갖고 있다. 자신을 직접 보지 못하는 우리는, 타인의 거울과 과거의 거울을 통해 스스로 비춰보면서 자신을 확인한다. 다음 이야기를 조금 더

읽어보자.

"과거가 나를 놓아주지 않아요!"

고등학교를 졸업하고 집에서 주로 지내는 20대 초반의 여성이 있다. 주로 느끼는 감정은 깊은 슬픔과 강한 불안, 그리고 이따금 차오르는 분노이다. 강력한 감정들의 회오리에 빠지게 되므로 현실에 적응하는 것을 어려워하며, 대부분 시간을 고립된 채로 혼자 보내고 있다. 여러 이유가 있지만 유년기의 아픈 기억이 현재의 자신을 놓아주지 않는다고 했다. 그녀의 의식 공간 대부분은 과거의 기억과 정서가 점유하고 있어서, 현재를 느끼지만 현재가 들어갈 자리는 없었다.

어린 시절, 즉 과거의 경험과 느낌은 진실로 한 개인을 비추는 거울이다. 의식하진 못하지만 우리는 매일 그 거울에 자신을 비추어 보며 살아간다. 제대로 만들어진 편평한 거울은 있는 그대로의 자신을 비추고, 맑고 깨끗한 거울이라면 현재의 자신도 맑고 선명하게 비출 것이다. 하지만 만약 거울이 제대로 만들어지지 않아 표면이 울퉁불퉁하다면 거울에 비친 모습으로 자신을 제대로 이해하기는 어려울 것이다. 또 희미하거나 얼룩이 많은 거울이라면 자신의 모습도 희미하거나 얼룩덜룩하게 보일 것이며, 만약 깨진 거울이라면 자신의 일부만 보이거나 전혀 보이지 않게 된다.

어린 시절과 과거는 한 개인의 마음의 거울이다. 그 거울은 시간이 지나면 자연스럽게 퇴색되고 희미해진다. 어쩌면 그런 거울이 있었다는 것조차 잊어버릴 수도 있다. 하지만 만약 자신을 제대로 비춰줄 맑고 편평한 거울을 갖고 있다면, 삶을 살아가는 데 있어 선명한 중심을 잡아 줄 수 있을 것이다.

프로이트와 쌍벽을 이루는 정신의학 분야의 개척자 칼 구스타프 융Carl Gustav Jung은 이런 말을 했다. "나의 생애는 무의식이 그 자신을 실현한 역사이다. 무의식에 있는 모든 것은 사건이 되고 밖의 현상으로 나타나며, 인격 또한 그 무의식적인 여러 조건에 근거해 발전하며 스스로를 전체로서 체험하게 된다. 이러한 형성의 과정을 묘사함에 있어 나는 과학적인 언어를 사용할 수가 없다. 왜냐하면 나는 나 자신을 과학의 문제로서 경험할 수는 없기 때문이다."

그렇다. 삶을 결정하고 이끌어가는 것은 무의식의 에너지이다. 무의식의 깊은 곳, 즉 심층 무의식에는 **원형과 집단무의식**도 있긴 하지만, 개인 차원의 무의식을 결정하는 것은 대부분 유아기와 소아기에 경험한 정서적 기억들이다. 그래서 그 시절의 기억과 느낌이 중요하다. 나의 무의식을 알지 못하면 자신의 삶을 이해하기 어렵다. 자신을 끌어가는 근원적인 에너지와 멀리 있기 때문이다. 살아가면서 생길 수밖에 없는 여러 문제에 적절히 대처하는 것도 쉽지 않다. 그래서 인생이 힘들어지고 삶이 꼬이는 것이다.

사례를 보면, 마음의 깊은 곳에서 느껴지는 어떤 무거움과 어두운 에너지들을 느낄 수 있다. 이렇게 과거의 기억과 이미지, 암묵적 기억과 개인적 무의식, 그리고 그 아래에 있는 상징과 집단무의식은 자신도 모르게 합종연횡合從連橫하면서 마음의 독특한 비밀과 코드를 만든다. 마치 유전자코드처럼, 과거는 복잡하게 얽히고 암호화되어 한 개인의 삶에 지대한 영향을 미친다.

그렇다면 각자의 삶을 이끌어가는 핵심 감정의 뿌리가 있는 곳, 인생을 지배하는 태도와 관점을 결정하는 시간, 그리고 우리의 삶을 지배하는 무의식의 에너지가 시작되고 형성되어 온 그 시절로 돌아가 보자. 과연 그때의 우리는 어떤 것들을 경험하고 무엇을 느꼈을까?

물론 이에 반대되는, 무의식의 인격성을 부정하는 철저한 유물론적 주장도 있다. 프랑스 현대 철학이 그러한 사조의 대표적인 견해들인데, 필자는 동의하지 않지만 다양한 사고라는 장점이 있다. 대표주자라고 할 수 있는 질 들 뢰즈Gilles Deleuze의 『앙띠 오이디푸스』를 보면 이러한 견해가 잘 드러나 있다.

2
우리는 어떻게 살아야 하는가?
연결

    우리는 모두 시간과 공간이라는 한정된 조건하에 놓여있다. 시간은 한 방향으로만 자비 없이 흘러가며, 공간은 무한한 것처럼 보이지만 개인에겐 매우 제한적이다. 어디에서 와서 어디로 가는지도 알지 못한다. 시공간의 한계, 시작과 끝의 불확실성은 존재적 불안과 내면의 공백을 느끼게 하는 본질적인 조건이다.

    애매한 시작과 불확실한 끝 사이에서 누구나 중간에 떠 있는 존재일 수밖에 없다. 그것이 '존재'로서 운명적으로 겪어야 하는 근본적인 공백이며 결여이다. 그래서 우리는 모두 불안하다. 이렇게 불완전하며 불안정한 존재인 우리는 어떻게 살아야 하는가? 존재의 과제, 삶의 과제는 무엇인가? 누구도 모두에게 만족할 만한 답을 줄 수 없는 질

몸에 밴 어린 시절의 심리세계탐구

문이다. 그럼에도 불구하고 의식은 계속 묻는다. "너는 누구지?", 그리고 "어떻게 살아야 하지?"

"인간의 창조성은 생명과 너무나 매혹적인 사실에 뿌리를 내리고 있는데, 그 생명에는 매우 명확한 지시가 깃들어 있다. 바로 투쟁하고 미래로 뻗어 나가라는 것이다. 이것이 생명의 지상명령이다."[30]

비록 생물학적이고 진화론에 치우쳐 있긴 하지만, 생각해 볼 만하고 또 위로를 얻을 수 있는 견해이다. 개인에게 주어진 삶의 과제란 안토니오 다마지오Antonio Damasio의 주장처럼 진화론적, 생물학적으론 생존과 번식이지만, 정신적으론 의식을 확장하는 것이고, 사회적으론 삶의 지경을 넓히는 것이며, 좋은 에너지를 생산하고 나누는 것이 아닐까? 불완전함, 공백, 결여 가운데 자신만의 것을 찾아내는 것, 자신의 이야기를 만들고 그것이 하나의 서사가 된다면 충분한 의미가 있을 것이다. 그래서 인간은 필연적으로 이야기를 좋아할 수밖에 없는 존재이다.

제한된 시공에서 에너지를 생산하고 의식을 확장하는 방

---

30 『느낌의 진화』, 안토니오 다마지오, 임지원 · 고현석 옮김, 아르테, 2019, p47

법은 연결뿐이다. 마음과 뇌는 **관계**를 통해서만 성장하며, 관계는 연결되어야만 가능하기 때문이다. 사회적 환경이 더 복잡할수록 피질 구조도 더 복잡해지며, 그러한 복잡성은 복잡계로의 뇌가 자신의 기능을 잘 발휘할 수 있는 기본적인 조건이 된다. 그래서 사회적 뇌는 **후성적 구성**epigenetic construction[31]으로 이루어진다.

"인간은 연결될수록 똑똑해진다. 우리는 끊임없이 감정을 노출하는 동물이며 주위 사람들과 관계를 맺는 본능을 갖고 태어난다. 네안데르탈인은 우리보다 더 큰 뇌를 갖고 있었고 개인적으론 호모 사피엔스보다 더 똑똑했을지도 모른다. 그러나 연결되고 관계를 맺는 능력은 좋지 않았다. 우리는 더 느렸지만 더 잘 연결되었다. 우리의 몸이 음식을 갈망하듯이 우리의 영혼은 유대를 갈망한다."[32]

연결은 긍정적인 에너지를 생성한다. 연결되고 순환될 때 에너지의 흐름이 생겨나면서 생성과 변화, 그리고 창조가 일어난다. 세상의 많은 부분이 보이지 않는 여러 방식과

---

31 타고난 유전자. 염기서열의 변화 없이 후천적인 어떤 것에 의해 유전자 기능의 변화가 생기고 유전되는 현상
32 『휴먼카인드』, 뤼트허르 브레흐만, 조현욱 옮김, 인플루엔셜, 2021, p113~119

패턴으로 연결되면, 마치 나비효과처럼 생각지 못한 결과로 이어질 수 있다. 이는 마음과 뇌에서도 적용되는 원리이다. 마음과 뇌에서 연결의 핵심은 '감정과 정서의 연결'이다. 나 자신과 나의 내면과의 연결, 그리고 외부와 세상과의 연결이다. 그리고 연결에서 관계로 나아가야 한다.

"인간의 뇌는 대인관계의 연결interpersonal connection에 필수적인 시스템으로 진화되어 왔다. 공명회로resonance circuitry라고 불리는 모든 일련의 연결은 거울 뉴런에서 중전 전두 영역middle prefrontal region에 이르며, 연민과 공감을 가능하게 한다."[33]

그러므로 주된 질문들은 "과거와 현재는 어떻게 연결되는가?" "우리는 무엇으로 내면과 외부 세계를 연결시키는가?" "나는 나의 마음에 얼마나 또 어떻게 다가갈 수 있는가?" "정신세계는 어떻게 물질과 연결될 수 있는가?" "나는 타인과 어떻게 연결될 수 있는가?" "무엇보다 의식과 무의식은 어떻게 연결되는가?" "연결인가 단절인가?"와 같은 것들이 될 수 있다.

---

33 『마음의 발달』, 대니얼 J. 시겔, 방희정 옮김, 하나의학사, 2018, p366

3
첫 번째 연결
애착

　연결의 기본적 에너지는 욕망이지만, 두 가지 핵심 경험을 통해 일어나고 배우게 된다. 연결 경험의 시작은 부모와의 관계에서의 연결이다. 어린 시절이 중요한 의미를 갖는 이유이다. 첫 번째 연결은 주 양육자, 어머니와의 관계이다.

　태어나 어머니와 관계를 맺는 것을 **애착**attachment이라고 부르고, 어머니와 따뜻하고 편안하며 친밀한 관계를 갖게 되는 것을 안정적애착이라고 한다. 이 안정적애착을 통해서 아이는 공감과 신뢰라는 에너지를 선물로 받게 된다. 그리고 공감은 타인과의 연결을 위한 필수적인 에너지가 되고, 신뢰는 자존감의 기반이 된다.

　모성은 그 자체로도 의미가 있지만, 아이의 타고난 에너지를 대하는 의미 있는 첫 외부 대상으로서 더 큰 의미를 갖는다. 그리고 신경계의 발달과 마음의 발달을 촉진시키는 첫 자극자로서의 의미도 크다. '관계'라는 삶의 무대이자 긴 여정의 시작이 모성과의 애착이다. 모성과 아이가 서로에게 집중하며 상대의 정서적 에너지를 충분히 느끼는 상태가 **양자적 공명 상태**dyadic resonance state이며 좋은 관계의 원형이라고 할 수 있다. 이때 아이와 어머니의 눈과 눈이 만나며, 특히 아이의 우뇌와 어머니의 우뇌가 통하면서 에너지의 공명이 일어나는 것이 중요하다고 알려져 있다. 양자적 공명 상태에서 사람은 마음을 성장시키고 치유하는 관계의 힘을 이해할 수 있다.

모성과의 적절한 애착은 공감이라는 에너지를 만들어내고 느끼게 한다. 공감은 일단 외부에서 주어지는 것이다. 만약 영아기에 안정적애착을 제공하는 양육 환경이 없었다면 아이는 공감 능력을 쌓기 어렵다. 공감은 일차적으로 밖에서 안으로 좋은 에너지가 주어질 때 가장 잘 경험된다. 모성의 역할 중 하나가 여기에 있다. 아이의 요구에 민감하게 반응하고 유관적인 의사소통을 제공하려는 어머니의 역량은 아이의 신호를 감지하고, 그것을 이해하며, 시기적절하고 효과적인 방식으로 반응하는 모성 능력을 요구한다.[34]

---

34 『마음의 발달』, 대니얼 J. 시겔, 방희정 옮김, 하나의학사, 2018, p393

밖에서 주어져야 하는 것이 없어지는 걸 결핍이라고 한다.

모성은 유아의 충동, 그리고 욕망과 관계 맺는 첫 존재이며 에너지이다. 모성과의 관계 설정이 어떻게 되는가, 아이가 자신의 욕망과 충동을 모성으로부터 어떻게 피드백 받는가에 따라 엄청난 경험의 차이가 생겨난다. 모성은 따듯한 거울로서 아이의 욕망을 감싸고 비추어야 한다.

애착은 유아의 충동성과 공격성, 좋은 것과 나쁜 것이라는 분열된 에너지, 파편적이고 조각난 욕망이 모성에 의해 이해되고 수용되는 경험이다. 뇌신경의 발달전략은 부분에서 전체가 되는 것인데, 마음의 발달도 마찬가지로 부분에서 전체로 이동한다. 모성과의 애착은 이 발달의 여정에서 첫 단추가 되는 핵심적인 경험이다.

어린 시절에는 **모성식당**에서 충분한 식사를 맛있게 해야 한다. 그래야 원초적인 배고픔이 사라지고 식당에 대한 신뢰가 생긴다. 간혹 식당에 출입 자체가 금해지는 경우가 있는데, 애착 관계가 형성되지 않고 거부당하는 것이다. 그러면 식당에 가는 것을 두려워하며 주위를 서성거리게 된다. 다행히 식당에 들어간다 하더라도 충분한 메뉴를 시키면서 식사를 즐기지 못할 수도 있다.

만약 출입이 금해졌어도 이후에 식당에 들어가서, 혹은 식사 직후에 적절히 항의하고 표현하였다면 큰 문제가 남진 않는다. 하지만 그렇게 하지 못하고 시간이 흐르면 문제는 달라진다. 뭔가 덜 먹은 느낌, 식당에 중요한 것을 남겨둔 느낌, 뭔가 무시당하고 억울한 느낌이 계속 들어서 불편한 것이다. 그러면 나중에 다른 식당을 이용할 때도 편하지 않고 어색해진다. 어떤 식사를 얼마나 주문하고 먹어야 할지 잘 모르기 때문이다. 충분히 먹을 수 있는데도 단품 하나만 주문하거나, 혹은 이미 충분한 양을 먹었는데도 부족하다고 우기고 싸울 수도 있다.

어린 시절의 이런 경험은 좀 더 자란 후의 인간관계에서 그동안 배고파서 먹지 못했던 것을 자신도 모르게 요구할 수도 있다. 너무 깊은 이해를 원하기도 하고, 작은 섭섭함도 없는 관계를 바랄 수 있다. 그동안 잘 먹지 못해서 상황이 되지 않는데도 근사한 식사만을 원하는 것이다. 그런데 친구는 패스트푸드를 원하고 그런 식사엔 관심이 별로 없다.

친구에게 자신의 속마음을 제대로 표현하지 못하고 억지로 밝은 모습을 보이지만 그런 과정이 불편하고 힘이 든다. 또 서로가 친한 것 같은 느낌이 생기지 않는다. 그렇게 교제하고 집으로 돌아오면 너무 지치고 다음의 만남은 피하고 싶어진다. 이렇기에 모성과의 애착 여부가 중요한 것이다.

애착의 네 가지 유형

안정애착 · 회피애착 · 양가성애착 · 혼란형애착

임신을 하고 출산일이 다가올수록 산모의 뇌하수체에 증가하기 시작하여 출산 후까지 높은 수준으로 유지되는 호르몬이 있다. **옥시토신**oxytocin이라 불리는 이 호르몬은 애착 형성에 핵심 역할을 한다고 잘 알려져 있다.[35] 옥시토닌은 신체적으로는 자궁을 수축시켜 분만이 시작되도록 하고, 태아 뇌의 대사 요구량을 줄이고 모유가 유관乳管과 유두에 모이도록 한다. 정신적으로는 뇌의 보상 회로를 자극해 즐거움이라는 느낌을 준다. 애착을 유도하고 유지시키는 것이다.

영아에 대한 관찰과 여러 동물 실험을 통해 애착 이론을 만든 존 보울비John Bowlby는 애착이야말로 인간의 가장 기본적인 행동이며, 애착 그 자체로 목적이라고 하였다. 또한 애착 행동은 평생을 통해 지속된다고 하였다. 애착은 에너지를 생성하고 순환시키는 '연결'을 만드는 출발로서 가장 큰 의미를 가진다.

아이와 어머니가 애착 관계를 맺는 방식은 매우 다양하다. 크게 4가지 유형의 애착 행동이 있다고 알려져 있

---

35 『정상과 비정상의 과학』, 조던 스몰러, 오공훈 옮김, 시공사, 2015. p139

다. 첫 번째 형태는 **안정애착**secure attachment이다. 전체의 50~60%가 안정애착 형태라고 한다. 나머지 3가지는 불안정애착 유형인데, **회피애착**avoidant attachment이 20% 정도이고, **양가성애착**ambivalent attachment이 10~15% 정도이며, **혼란형애착**disorganized attachment이 10~15% 정도로 알려져 있다.

안정애착은 아이와 모성 사이에 편안하고 안정적인 관계를 특징으로 한다. 그 속에서 아이는 충분하고 적절한 정서적 활력을 경험한다. 교감신경과 부교감신경이 모두 활성화되면서도 적절한 균형과 조화를 이룬다. 물론 안정애착에서도 얼마든지 관계의 파열이 일어날 수 있지만, 곧바로 회복된다는 면에서 다른 애착과 차이를 보인다.

회피애착은 거리를 두는 것이다. 아이는 모성의 반응이 무관심인지 아니면 거부인지 제대로 알지 못한다. 아이와 모성이 공유하는 정서는 매우 낮은 수준이며 아이의 감정 발달도 늦어진다. 아이와 모성 사이에 에너지 교환이 아주 적은 관계이다. 회피애착을 겪은 아이는 내면에서도, 또 인간관계에서도 단절감을 갖게 된다.

양가애착은 부모와 아이 사이에 많은 교류가 있지만 양극단의 에너지가 함께 있는 것이 특징이다. 아이들은 부모의 표정과 시선, 그리고 언어를 통해서 부정적인 반응을 모두 느낀다. 가끔은 적절하게 공감되고 조율되기도 한다. 아이의 자율신경계는 불안정한 편인데, 과도하게 예민해지기도 하고 때론 부교감신경계의 과도한 흥분에 의해 절망감을 느낄 수도 있다.

혼란애착은 부모의 불안정한 정서와 양육 태도가 아이를 완전히 압도할 때 경험되는 관계이다. 아이는 극심한 공포를 느끼는데, 특히 모성으로부터 안전에 대한 공포를 느끼게 된다. 아이는 교감신경계와 부교감신경계 모두 활성화되어 매우 혼란스러운 상황에 놓이게 된다. 자아의 붕괴나 해리dissociation와 같은 반응이 생기기 쉽다. 부모가 쉽게 격분하고 불안해하며 자신을 잃게 되면, 아동 역시 공포 속에서 길을 잃게 된다.

"안정적애착 경험을 가진 사람들은 불안정애착을 겪은 사람들에 비하여 더 큰 자기 주도성을 가지고 있고, 정서적으로 더 잘 조절되어 있으며, 더 높은 자아 존중감을 가지고 있다. 안정애착을 가진 사람들은 사회적으로 더 유능하며, 더 쉽게 또래의 리더가 된다. 불안정애착이 나중에 만나게 되는 두려움의 직접적인 원인인 것은 아니지만, 이후에 적절한 복구 경험이 없다면 불안정애착은 정신병리 가능성이 증가되는 발달 경로의 시작이 될 수 있다. 불안/저항애착,

즉 양가적애착은 불안 장애 가능성을 증가시키고, 회피애착은 품행 문제 가능성을 증가시킨다. 해리를 포함한 병리적 결과에 대한 가장 강력한 예측 요인은 '혼란애착'이다."[36]

이 지점에서 **부분적이고 조각나 있는 아이의 욕망**에 대해서 이해할 필요가 있겠다. 유아의 욕망과 충동은 부분적일 수밖에 없다. 신체적 충동의 대상도 구강, 항문, 시각, 청각, 후각 등으로 조각나 있다. 유아기부터 유년기를 통과할 때 구강기oral stage, 항문기anal stage, 잠재기latency period 등 리비도가 순서를 갖고 발달한다는 프로이트의 정신성적발달이론psychosexual development도 아이의 욕망과 충동이 통합되어 있지 않다는 전제를 담고 있다.

신체적 충동과 달리 자아 충동이라고 부르는 정신적 충동은 어머니 한 사람을 향하지만, 어머니에 대해서도 좋은 엄마good mother와 나쁜 엄마bad mother로 분열된 인식을 가진다. 신경계의 발달과 인지 발달이 충분하지 않은 상태이므로 당연한 인식이다. 발달 전략에서 보아도 분열된 인식을 다루는 것이 신경계와 마음의 발달에 훨씬 효율적이다.

---

36 『마음의 발달』, 대니얼 J. 시겔, 방희정 옮김, 하나의학사, 2018, p367

모성은 **부분 충동과 조각나 있는 욕망**을 수용하고 이해함으로써 적절한 발달 경로가 유지되고 전체적인 조망을 갖도록 돕는 역할을 한다. 그런데 어머니가 갖고 있는 인격적 약점이나 상황적 어려움 등은 아이의 부분성을 오히려 강화하여, 욕망을 더욱 조각내고 파편화할 수도 있다. 분열이 작동하는 것이다. 이런 어머니는 아이의 행동을 착한 행동과 나쁜 행동으로 지나치게 양분兩分하고, 그에 따라 착한 아이와 나쁜 아이로 나누어 인식한다.

불안정애착도 유아의 부분적 욕망을 더욱 조각내고 파편화한다. 그런데 유아기와 초기 유년기에는 이러한 분열 경험이 의외로 잘 드러나지 않는 경우가 많다. 많은 경우에서 억압되어 수면 아래에 있다가 청소년기나 성인이 될 무렵에 강력하게 나타나곤 한다.

모성의 수용과 적절하고 지혜로운 칭찬은 아이에게 좋은 에너지를 준다. 이 에너지는 따뜻함, 믿음, 사랑의 느낌이다. 사랑의 에너지는 내면의 에로스 원형을 자극하고 사랑을 경험하게 돕는다. 아이는 자신에 대해 긍정적인 느낌과 이미지를 갖게 되고, 자존감의 뿌리이자 기초가 된다.

반면 그렇지 못한 상황에서는 좌절을 겪게 되는데, 그 아이들 중 일부는 유아적 자기애를 부풀려서 모성의 칭찬을 자신의 칭찬으로 대체하는 현상을 보이곤 한다. 현실의

몸에 밴 어린 시절의 심리세계탐구

부모 대신에 내면의 **자아이상**ego ideal이 그 역할을 하는 것이다. 의식이 '이상과 완벽'을 최고의 가치로 받아들이기 때문에, 소위 이상주의와 완벽주의가 최고의 가치를 갖는 것이다. 그런데 자아이상이 하는 칭찬에는 결핍에 따른 분노가 감춰져 있다. 분노에 의해 감염되고 오염된, 가면을 쓴 칭찬이다. 자아이상이 하는 칭찬은 아이에게 기쁨을 주지 못한다. 그뿐만 아니라 숨겨져 있는 분노는 아이로 하여금 쉽게 자책감을 느끼게 만든다.

상상과 환상이 너무 강해지는 환경 애착의 실패

D는 외국에서 대학원에 재학 중인 20대 중반의 여학생이다. 자매 중 둘째인 D에게 가족들과 자꾸 부딪히면서 감정이 폭발하는 일이 반복되었다. D는 중학교 2학년 때 당시 유학 중이던 언니를 돌보기 위해 가족들이 출국하자 심한 공황발작을 겪었으며, 이후에도 간헐적으로 공황발작이 반복되었으나 증상과 마음의 고통을 어머니에게 말하지 않았다. 세 살 위 언니는 상대적으로 가족들과 원만한 관계를 맺고 있었다.

초기 면담의 주된 내용은 아버지와의 잦은 충돌이었다. 딸을 어리게만 보면서, 딸이 듣기 싫어하는 말을 기어이 하는 것이 아버지와 싸우게 되는 가장 큰 이유였다. 초기에는 아버지와의 관계에 집중되었으나, 문제의 뿌리는 어머니와 충분한 애착관계가 형성되지 않은 것에 있었다.

　D는 어머니를 좋아하고 또 어머니로부터 인정받고 싶었지만, 어려서부터 어머니는 뭔가 어려운 존재로 느껴졌다. 자신도 모르게 심리적으로 어머니로부터 조금씩 멀어지게 되었다. 그럼에도 어머니에 대한 애정은 여전하므로 좋은 면, 잘하고 있는 면, 책임지려는 태도를 보이려고 했다.

　그렇지만 뭔가 자꾸 눈치를 보게 되고, 속마음을 잘 표현하지 못한다. 그러다 보니 자신도 모르게 어리광을 부리는 면이 튀어나오곤 했다. 어머니의 문제는 딸의 어리광 부리는 면만을 선택적으로 잘 보는 데 있었다. 서로에게 보여주고 싶은 것은 숨기고, 보여주고 싶지 않은 것은 오히려 잘 전달되면서 모녀관계가 왜곡되었다.

　회피애착, 양가적애착, 혼란애착은 대표적인 애착 실패 유형이다. 물론 이후 상황에 따라 얼마든지 보상이나 회복이 일어날 수는 있지만, 이런 현상이 없거나 적은 상태로 오랫동안 지속되면 애착은 실패로 귀결된다. 애착의 실패는 공감의 실패이며, 안정감과 믿음이라는 에너지와 멀어지는 것이다.

　아이는 외부의 중요한 대상과 거리가 생기므로 고립

되고 위축된 정서가 성격의 주된 부분을 형성할 가능성이 커진다. 앞서 언급한 것처럼 자아이상이 강해지면서 이상주의와 완벽주의 성격으로 성장할 수도 있다. 애착의 실패는 외부 대상 대신 내면의 상상과 환상을 지나치게 발달시키는 결과를 만들기도 하기 때문이다.

유아기와 아동기는 원래 상상과 환상이 활발한 시기이므로 어느 정도는 정상적이지만 부모라는 현실 관계와 균형을 이루어야 한다. 애착의 실패는 상상과 환상이 너무 강해지는 환경을 만든다. 자아가 상상과 환상이 가득한 편집위상이나 분열위상에 머무는 것이다. 그러므로 애착의 실패는 이후에 편집성 인격이나 분열성 인격 혹은 자기애성 인격으로 성장하게 만드는 중요한 단초端初가 된다. 반면 어느 정도 애착이 되었다가 트라우마로 인해 갑작스럽게 생기는 단절은 경계선 인격이 형성되는 주된 요인이 된다.

D의 사례는 어머니의 애정을 원하지만 자꾸 싸우게 되는 모녀, 즉 불안정애착, 양가적애착관계를 나타내고 있다. D는 어머니와의 양가적관계, 양가적애착에서 비롯된 양가감정이 자신이 삶을 지배하고 있음을 느끼게 되었다. 어머니─와 언니─에 대한 애정과 미움, 의존과 독립, 정신적인 약함과 강함 등이었다. 해결되지 않은 양가감정은 '어리광을 부리는 독립적인 딸'이라는 묘한 정체성으로 드러

났고, 딸의 어리광만을 주로 보는 어머니의 태도는 양가감정을 강화시켰다. 다른 면에서는 생각해 보자면, 어머니와의 싸움은 어머니를 독점하고자 하는 '아이'의 감정이 어머니를 자신에게 집중시키는 역할을 하고 있는 것이다.

이런 경우에는 자신의 감정을 지배하는 주된 에너지가 나의 생각과 판단이 아니라, 나의 행동을 평가하는 친한 사람들의 태도임을 깨닫는 것이 문제 해결의 출발점이다. 그리고 어머니에 대한 애증, 의존과 독립이라는 양쪽의 느낌을 충분히 이해하고, 어느 한쪽에 치우치지 않는 지점이 있음을 느끼려고 노력할 필요가 있다. 그리고 바로 중간 지점에 서서 양쪽을 바라보는 과제를 기꺼이 수행해야 한다.

양쪽을 바라보면서 느끼고 받아들이는 것, 자신에게 모성의 공백이 있었음을 받아들이고 이해하는 것이다. 물론 쉽지 않은 과제이다. D는 심리적인 약점에도 불구하고 자신을 이해하는 힘을 가졌기 때문에 솔직한 태도로 문제를 넘어서는 경험을 향해 조금씩 움직이게 될 거라는 희망을 품을 수 있었다.

4

두 번째 연결

동일시

두 번째 연결은 아버지와의 연결이다. 이것은 어머니와의 애착과 공감을 경험한 자아가 성장하여 **마음추론**theory of mind이 가능해질 때 시작된다. 마음추론이란 타인의 마음을 알아차리고 이해할 수 있는 마음의 능력을 말하는데, 출생 직후부터 몇 년간은 이 능력이 없으나 5~6세경이 되면서 생겨나는 것으로 알려져 있다. 마음추론이 가능할 때 아버지라는 타인의 에너지를 이해하고 받아들이는 과정, 즉 **동일시**identification할 수 있는 힘이 생겨난다.

동일시는 자아의 생존과 성장을 위한 마법의 능력이다. 동일시는 외부에 있는 어떠한 에너지를 보고 느끼다가, 내부로 끌어들여 자신의 것으로 만들어내는 능력이다. 이 과정을 통해 자신을 성장시키고 확장하는 대단한 기술이다. 자아는 동일시라는 현상을 통해 외부와 관계하며 성장하고 생존한다. 애착 행동이 평생 지속되듯이 동일시도 일생을 통해 계속된다.

동일시에는 크게 두 가지 과정이 있다. 첫째는 에너지의 외향화, 즉 에너지가 밖으로 나가는 것이며, 둘째는 알아차림, 즉 외부의 패턴, 외부 대상의 인격을 알아차리는 것이다. 이 과정에 마음추론 능력이 필요하다. 사실 진짜 동일시는 무의식적으로 일어난다. 대상에 대한 끌림과 대상이 가진 에너지를 이해하고 받아들이는 과정은 스스로 충분히 의식하지 못한 상태에서 생긴다는 뜻이다. 그래서 상징과 기호가 작동한다.

무의식의 에너지가 밖에 있는 어떤 대상을 향하는 것이 동일시의 시작이다. 그러므로 나의 무의식에 어떤 에너지가 있는가가 동일시의 핵심인데, 동일시를 위해선 내면의 중심에 호기심과 사랑이라는 에너지가 있어야 한다. 먼저 어머니와의 적절한 애착이 있을 때 건강한 동일시가 가능하다. 또 모성과 어느 정도 분리가 되어야 에너지가 밖으로 향할 수 있다. 모성과의 관계가 느슨해져야 원심력이 작동될 수 있기 때문이다.

동일시는 아버지, 부성에 대해선 최소한의 이해를 요구한다. 아이가 처한 상황에 따라 아버지가 얼마든지 이상하고 낯선 존재로 보일 수 있기 때문이다. 부성 콤플렉스가 심해서 10대 후반부터 수년간 세상으로 나가지 못하고, 주로 자신의 방에서만 시간을 보내면서 고립된 생활을 하는 20살 남성이 있었다. 그 남성의 과거에 중요한 장면이 있었다.

> **내담자** 초등학교 2학년 때 엘리베이터에서 장난을 쳤어요. 그때 아버지에게 크게 혼났는데, 당시 아버지의 눈빛을 잊을 수 없어요.
>
> **치료자** 어떤 눈빛으로 기억하나요?
>
> **내담자** 아버지가 저를 죽일 수도 있다고 느꼈어요.

물론 아버지의 기억에는 남아 있지도 않은 사건이었다. 그러나 어렸던 아이의 눈에 아버지는 그렇게 보였던 것이다.

아버지와의 문제인 오이디푸스 콤플렉스가 생기는 시기가 5~6세라는 것은 우연이 아니다. 5~6세가 되어야 마음추론이라는 인지능력이 가능해지기 때문이다. 오이디푸스 시기는 아이의 불안이 상당히 증가하는 불안정한 시기이다. 그나마 다행인 부분은 어느 정도 인지적 준비가 되었을 때 어려운 수수께끼가 주어지는 것이다.

동일시는 내면에서 외부로 향하는 에너지이며 외부에 아버지 혹은 아버지와 비슷한 부성 대상이 있어야 한다. 동일시는 부성과의 관계 설정인데, 아이와 어머니라는 양자 관계에서 아버지가 개입되는 다자관계로 확장되는 것을 의미한다. 그래서 동일시는 사회성과 밀접한 관계가 있다.

공감을 통해 에너지를 얻는 자아는 밖을 향하게 되며 동일시할 힘을 갖게 된다. 자신과 비슷하면서도 좀 더 나은 대상을 찾는다. 이런 특징 때문에 자아는 동일시를 통해 보다 넓은 세상과 교류할 수 있게 된다.

나는 아버지를 몰라요 동일시의 실패

아버지와 동일시하지 못하는 것, 즉 동일시의 실패는 아버지를 모르는 것이다. 아버지가 있고 아버지라는 호칭은 알지만, 아버지가 어떤 사람이며 어떤 인격을 가진 사람인지 모른다는 뜻이다. 자신이 아버지와 얼마나 가까우며, 어떤 부분이 아버지를 닮았고, 또 어떤 부분이 아버지와 다른지 모르는 것이다. 동일시는 5~6세부터 초등학교 저학년 시기에 경험하게 되는데 이때 동일시에 성공하지 못하면 아버지를 모르는 것에서 끝나지 않고 불편함과 두려움, 심하면 공포로까지 이어질 수 있다.

동일시 실패는 주로 아버지와의 문제이지만, 어머니와

의 관계에서도 얼마든지 생길 수 있다. 동일시의 표면적인 대상은 아버지이지만, 본질적으론 아버지가 가진 부성과 남성의 에너지를 뜻한다. 남성적 에너지, **아니무스**animus[37]가 강한 어머니는 동일시 실패의 대상이 되기 쉽다.

어머니와의 동일시가 더욱 필요한 딸의 경우에 아니무스가 강한 어머니는 딸과 필요 이상의 갈등을 만들 수 있다. 아니무스가 강한 여성은 남성적 가치인 성취, 목표, 결과에 대한 의미 부여가 아주 강하다. 그에 따라 당연히 자녀를 강하고 엄격한 규칙으로 양육하려고 한다.

강하고 경직된 아니무스를 가진 여성은 자신도 모르게 당위적 목적과 성취를 최선으로 여기며 그에 집착한다. 그 요구에 따라가기 벅찬 아이는 당연히 야단맞고 혼나는 일을 자주 겪을 것이다. 그럼에도 불구하고 겉은 사랑으로 포장되어 있다.

아버지의 인격을 잘 모르는 것, 부성의 에너지를 이해하지 못하는 이유나 상황은 여러 가지이다. 아이의 타고난 유아적인 면이 강하거나, 자기애에 빠져 있을 때, 혹은 욕구가 내면세계 안에 완전히 갇혀 있을 때는 외부 대상에 대한 관심이 생기지 않는다. 아이에 의해서든 어머니에 의해

---

37 분석심리학의 용어로서 여성의 내면에 있는 남성적 인격을 말한다.

서든 애착이 너무 강해서 집착 수준일 때, 어머니와 분리가 안 될 때도 외부로 나갈 에너지가 부족해진다.

동일시 대상이 아예 없거나 갑작스러운 상실을 겪으면 동일시는 시작되지 않거나 중단된다. 아무리 바쁘더라도 아버지들이 아이와 함께 놀고 뒹구는 시간을 가져야 하는 이유이다. 만약 초기 동일시 과정에서 굴욕감을 느끼거나 심한 두려움을 경험한다면 아이의 내면은 모성 안으로 움츠러든다. 동일시 전후로 분노를 느낀다면 동일시가 원활히 일어나지 않을 수 있다. 아이를 양육할 때 부모로서의 목표도 중요하지만, 아이가 무엇을 느끼고 경험하고 있는지가 훨씬 중요한 이유이다.

전혀 동일시가 일어나지 않을 때도 있지만, 엉뚱한 대상 혹은 부정적인 대상과 동일시가 일어날 수도 있다. 아이가 청개구리처럼 반대로 행동할 때도 동일시의 실패로 볼 수 있다. 잘 드러나진 않지만, 외부의 아버지 대신 자신이 만든 목표나 이상과 동일시하는 경우가 있다. 이렇게 되면 자존심이 너무 강해지면서 완벽주의로 무장하게 되는데, 정신분석에선 '자아이상' 혹은 '슈퍼에고와의 동일시'라고 표현한다.

어떤 면에서 동일시 실패란 애매한 개념이다. 정신의 본성을 고려해 본다면 어쨌거나 내면의 에너지는 어디로든

몸에 밴 어린 시절의 심리세계탐구

지 움직일 수밖에 없다. 물론 이때도 상징이 작동한다. 동일시 실패는 부적합한 상황에서 상징이라는 에너지가 적절히 이동하지 못하는 것이다. 병적인 대상이나 부적절한 대상으로 상징이 이동하는 것이다. 쉽게 표현해 보자면, 상징의 배달 사고라고 할 수 있다.

앞서 얘기했던 상황이나 조건들은 에너지의 이동을 어렵게 한다. 동일시의 실패는 에너지의 외향화에 실패한 것이며, 당연히 외부 세계와의 거리두기가 따라온다. 거리두기가 심해지면 단절로 이어지므로 에너지의 생성이 감소하고 인격 성장은 정체된다. 남은 에너지가 나아갈 길은 과거로 돌아가 유아적인 생각과 느낌에 더 몰두하거나 자신의 내부에서 대안을 찾는 쪽일 것이다. 어느 쪽이나 결과는 만만치 않다.

5
마음을 움직이는 근본적 에너지
사랑 · 힘

"믿음, 소망, 사랑, 이 세 가지는 항상 있을 것인데 그
중의 제일은 사랑이라."[38]

결핍이 있으며 불완전한 현상계에서 살아남기 위해선
에너지가 필요하다. 마음을 움직이는 근본적인 에너지 두
가지는 **사랑과 힘**love and power이다. 사랑과 힘은 살아가야
하는 이유이며 살아갈 수 있게 만드는 원천이다. 이 두 에
너지는 **성애**eros와 **공격성**aggression이란 보다 구체적인 에
너지로 표현할 수 있다.

사랑은 공존하고 나누며, 힘은 권위를 만들고 지배한

---

38   고린도전서 13장 13절

다. 사랑은 **수평적인 관계**를 만들고, 힘은 **수직적인 질서**를 만든다. 사랑은 느끼고 수용하지만, 힘은 판단하고 주장한다. 사랑은 경계를 허물지만, 힘은 경계를 나눈다. 사랑은 정신적 영역을 공유하지만, 힘은 물리적 영역을 확장한다. 사랑은 전체를 보지만, 힘은 부분에 집중한다. 사랑은 질적이며, 힘은 양적으로 작동한다. 사랑은 조건을 달지 않지만, 힘은 조건을 강조한다. 사랑은 곡선이며, 힘은 직선이다. 사랑을 추구하는 자는 이상주의자이며 로맨티스트이고 관념론자일 수도 있다. 반면 힘을 추구하는 자는 실용주의자이고 현실주의자이며 권력주의자이다.

에너지와 자신과의 동질성이나 해당 에너지에 대한 결핍은 오히려 그 에너지로 의식이 향하게 한다. 그럼에도 자기가 무엇을 추구하는지 제대로 아는 일은 쉽지 않다. 사랑은 태도와 과정, 그리고 경험을 중시하지만 힘은 목표와 성취, 그리고 결과를 추구한다.

두 에너지는 모두 본질적인 가치와 중요성, 그리고 당위성을 가진다. 한 에너지로 몰입하거나 그 에너지를 추구하게 하는데, 여기에 함정이 있다. 한쪽 에너지에 대한 극도의 몰입은 오히려 그것으로부터 멀어지는 결과를 만들기 때문이다. 한쪽으로의 쏠림은 불균형과 소외라는 또 다른 문제를 만든다.

융은 "사랑이 지배하는 곳에는 권력 의지가 없고, 권력이 우선하는 곳에는 사랑이 없다."라고 했다. **사랑이 없는 힘**은 잔인하며 폭력으로 변하는 반면, **힘이 없는 사랑**은 관념적이며 공허할 뿐이다. 사랑이 힘을 이해하지 못할 때, 힘이 사랑을 버릴 때와 같이 두 에너지 사이의 대립은 격화되고 불균형은 심해진다. 전체로서의 완전성과 멀어질 수밖에 없고 문제가 생겨난다.

사랑과 힘이 대립할 때 우리는 갈등을 겪게 된다. 사랑을 전면에 내세우고 사랑을 준다고 주장하지만, 사실은 사랑이 아니라 힘을 행사하고 있는 경우를 흔히 보게 된다. 사랑과 힘이 정면충돌하는 것이 비극이며, 사랑과 힘이 만나서 섞이는 것을 이상 혹은 예술이라고 부른다.

사랑과 힘은 대립하지만 견제와 균형을 통해 공존한다. 삶은 사랑과 힘을 느끼고 사용하며 균형을 잡아가는 과정의 연속이다. 사랑과 힘은 날줄과 씨줄처럼 엮이고 교차하면서 삶이라는 직물을 만들어 낸다. 현실에서 두 에너지가 실제로 발현될 경우 따로 분리하는 것은 어려운 일이다.

프로이트가 알버트 아인슈타인Albert Einstein에게 쓴 편지를 보면, 사랑이 목적을 달성하기 위해선 공격성을 사용할 줄 알아야 하며, 사랑의 대상에 대한 소유권을 얻으려면 어느 정도 지배 본능의 도움이 필요하다는 내용이 있다.

몸에 밴 어린 시절의 심리세계탐구

'권력에 대한 의지는 아름다움에 대한 의지'라고 한 프리드리히 니체Friedrich Nietzsche의 말도 힘과 사랑의 만남을 말하고 있다.

노자老子의 말 중에 "누군가에 의해 깊은 사랑을 받는 것은 당신에게 힘을 주는 반면, 누군가를 깊이 사랑하는 것은 당신에게 용기를 준다."라는 말이 있다. 영유아기와 유년기에 건강한 사랑을 경험해야 내면에 힘이 생겨난다. 내면의 힘을 느끼지 못하면 외부의 힘은 너무 거대하고 또 두렵게 느껴지는데, 이럴 때는 '나는 힘이 없다'라는 느낌에 사로잡히게 되고 때로는 특정한 원형의 힘에 지배당할 수도 있다.

사랑의 부재는 **무관심**이며, 힘의 부재는 **무기력**이다. 한쪽 에너지가 부족한 상태가 지속되면 콤플렉스가 된다. 이는 부족한 에너지에 집착하거나 혹은 반대편 에너지로 대신 채우려는 보상작용을 만든다. 물론 이는 또 다른 문제의 시작이 된다. 사랑이 왜곡되어 나타난 미움이 힘과 결합하면 폭력과 잔혹성이 되고, 왜곡된 힘의 에너지인 폭력성이 사랑과 결합하면 가학증 혹은 피학증으로 나타난다. 두 에너지의 본질과 속성을 잘 알지 못하고 다루는 법을 배우지 못하면 살아가는 데 많은 곤란과 어려움을 겪게 된다.

사랑은 흔히 모성에 잘 투영되고 힘은 흔히 부성의 모

습으로 나타난다. 일은 힘의 세계이며, 우리는 일을 통해서 힘을 가지게 된다. 자주 쓰는 표현 중에 "일이니까~"라는 표현이 있는데, 일의 세계에선 일시적인 사랑의 부재가 허용되곤 한다.

사랑과 힘의 에너지는 **놀이와 일**의 세계, **성과 노동**의 세계에서 구체적으로 잘 드러난다. 고대 그리스에선 사랑은 **에로스**로, 힘은 **로고스**logos로 표현되었다. 관념과 이상의 철학자 플라톤Plato은 에로스에서 정신적 추진력이 발원하며, 영혼은 에로스에서 동력을 얻는다고 하였다. 반면 아리스토텔레스Aristotle는 경험과 관찰에 근거해 자연과학과 로고스를 추구했던 철학자로 볼 수 있다. 여성의 심리는 에로스의 원리에 바탕을 두는 반면 남성의 심리는 로고스의 원리에 기초한다. 융은 심리학적으로 보자면 에로스는 **심적 관계**로, 로고스는 **객관적 관심과 이성**으로 표현할 수 있다고 하였다.

인간을 살아가게 만드는 에너지는 힘이다. 생존은 항상 최우선이며, 전적으로 힘에 달려 있다. 그러므로 우리는 일을 해야 한다. 일은 에너지를 사용하게 하며 순환시키고, 일을 하는 수고는 힘이라는 보상을 통해 충족된다. 또한 일은 규칙성을 통해 생명을 단련시키고, 건강하게 한다.

그러나 힘이 진정한 행복을 주는 건 아니다. 모든 것은 지나가게 마련이며 어떤 개체나 생명도 결국 소멸한다. 힘이 사라질 때가 오는 것이다. 생명의 촛불이 꺼질 때가 되어서야 비로소 사랑의 가치를 깨닫고 뒤늦게 후회하기도 한다. 사랑의 에너지로 일을 하는 것이 위대함의 근본일 것이다. 사랑은 모든 것을 참으며 모든 것을 견디는 것이기 때문이다.[39]

그렇다면 과연 우리의 삶에선 무엇이 사랑의 실현을 방해했을까? 사랑은 관심이며 관계이다. 관계는 본질적으로 다자적이다. 사랑의 에너지는 밖을 향해야 하는데, 타인의 이질성을 부정하는 나르시시즘이 횡행하는 현시대는 사랑의 경험을 점점 어렵게 한다. 안으로만 에너지가 들어가는 나르시시즘이 사랑의 적敵인 것은 분명하다. 이 때문에 사회에서 에로스는 점점 질식되고 있다.

다양하고 강한 감각의 자극이 많아진 세상은 주관적 느낌을 더욱 강화시킨다. 이상에 대한 집착도 역설적으로 사랑을 방해하는 힘으로 작동한다. 힘에 대한 집착도 에로스와의 만남을 방해한다. 평생을 철학을 통해 삶을 탐구한 102세의 김형석 교수는 이런 말을 했다. "살아보니 사랑이 있는 고생이 행복이었다."

---

39 고린도전서 13장 7절

과연 사랑의 본질은 무엇일까? 그것은 어떻게 경험되고 실현될까? 부분적인 존재일 수밖에 없는 인간에겐 삶의 영원한 수수께끼이며 과제일 것이다.[40]

---

40 『나는 내 마음과 만나기로 했다』, 김정수, 소울메이트, 2017, p17~22

6

두 개의 터널

모성터널 · 부성터널

"내가 잘한 건가 불안했어요. 그런 것들이 공황장애를 일으키는 데 큰 영향을 준 것 같아요."

W는 10대 중반부터 시작된 불안증을 겪으면서 성장한 20대 후반의 여성이다. W는 외동으로 성장했는데, 어려서부터 성격과 종교 문제로 부모의 불화가 심했고 결국 초등학교 때 이혼했다. 이후 W는 어머니, 외할머니와 함께 살아왔다.

첫 증상은 주의력 부족으로 인한 학습장애였는데, 진짜 문제는 내면의 불안이었다. 불안은 매우 다양한 방식으로 W를 괴롭혔다. 그럼에도 잘 성장하였고, 좋은 대학에 진학하여 자신에게 살아갈 힘이 있음을 증명하였다. 그런데 대학 졸업 무렵부터 다시 불안증이 심해지기 시작했다. 건강에 대한 염려, 신변에 대한 위협, 부모의 신상에 대한 불안, 전쟁이나 지진 같은 안 좋은 일이 벌어질 것 같은 공포 등으로 확장되었고 공황발작도 일어났다.

다시 병원을 방문해야 했고 약물치료와 심리치료가 시작되면서 서서히 불안이 가라앉았다. 집과 학교로 제한되었던 생활 공간도 점차 확장되었다. 그런 가운데 대학원을 졸업했고 직장 생활도 시작했다.

그동안 시간 있을 때 소설, 영화 같은 것을 많이 본 경험이 도움이 된 것 같았다. 이야기의 힘이 아닐까 생각했다. 소설과 영화를 통한 간접 경험을 통해 자신은 그런 것이 필요한 사람이었구나 하는 걸 깨닫기도 했다.

최근「약속의 네버랜드」라는 애니메이션을 봤는데, 주인공의 사연이 자신과 비슷해서 재미있게 볼 수 있었다. W 자신도 특별한 종교적 분위기에서 오랫동안 성장하면서 힘들었다는 걸 깨닫게 되었다. 하지만 어머니와 할머니가 그 속에 있었기 때문에 새로운 선택을 한다는 자체가 W에게는 너무 어려웠다.

결국 탈출 선언을 하고 가족과 싸우면서까지 그 안에서 빠져나왔지만 잘한 건가 불안했고 그런 심리 상태가 공황장애를 일으키는 데 큰 영향을 준 것 같았다. 상담을 하고 남자 친구에게도 오픈하면서 타인의 시선에서 자신의 삶을 볼 수 있었고, 그로 인해 자신의 선택을 확신하게 되었다. 옛날에는 어머니와 할머니의 특별한 세계에서 나름 편안했지만, 행복하진 않았다는 기억이었다. 특히 W는 매우 개방적인 사람인데 억압적인 교리를 받아들이는 것이 힘들었다는 것을 많이 느낄 수 있었다.

어머니와 아버지, 모성과 부성은 세상에 태어난 아이가 만나고 또 자연스럽게 통과해야 하는 두 개의 터널이다. 태어나는 순간부터 아이는 세상과 접해있지만, 그렇다고 해서 곧바로 세상과 만나고 배우는 것은 아니다. 아이는 외부로부터 안전하게 보호되어야 하고 마음과 신체의 성장에 필요한 적절한 자극과 시간이 필요하다. 가장 안전한 보호막이자 적절한 자극자가 바로 어머니와 아버지이다.

아이는 어머니와의 관계에서 애착을 경험하며 자연스럽게 공감과 신뢰를 배운다. 사랑을 배우는 것이다. **모성터널**을 지나는 과정에서 사랑을 느끼고 경험하며, 걸음마를 통해서 어머니와 거리감을 두는, 즉 어느 정도의 분리와 약간의 독립을 맛본다. 애착 후에 적절한 분리가 일어나지 않으면, 겉으론 애착이 지속되는 것처럼 보이지만 이는 집착 혹은 의존 상태이며 애착이 변질된 것이다.

걸음마를 시작하며 아이가 어머니와 신체적 거리를

갖기 시작할 때 자연스럽게 모성과 어느 정도의 분리가 일어나는데, 발달 심리학자인 마가렛 말러Margaret Mahler는 이 과정을 **분리-개별화 과정**이라고 하였다. 이 과정이 순탄치 않을 때를 **분리불안**separation anxiety이라고 부른다. 유치원이나 초등학교에 갈 때 쉽게 적응하지 못하는 아이들에게 흔히 관찰되는 문제이다.

애착과 분리가 어느 정도 지나가면 5~6세경이 된다. 아버지와의 관계에서 동일시를 경험해야 하는 시기이다. **부성터널**에 진입하는 것이다. 아이는 동일시를 통해 더 넓은 세상이 있음을 느끼면서 이해하기 힘든 것에 다가가고 이해하는 힘을 기르게 된다. 부성은 현실적인 세계를 상징하며, 힘과 권력이라는 에너지를 배우게 하는 대상이다. 어머니와 아버지는 가장 중요한 두 가지 에너지인 사랑과 힘을 느끼면서 그것을 배양하는 경험의 그릇이며, 애정과 권력의 나무가 자라는 토양이다.

어머니와 아버지로 대표되는 두 존재와의 긴밀하고 적절한 관계를 경험하면서 아이는 성장한다. 모성과 부성이라는 길고 깊은 터널을 통과하면서, 아이는 한 존재로서 터널 밖의 넓은 세상을 만날 수 있는 준비 과정을 겪는다. 사랑을 느끼고 힘을 이해하는 과정에서 세상으로 향할 수 있는 갑옷이 생겨난다.

좋은 터널, 조명과 환기가 깔끔한 터널, 공기 정화기가 있는 터널, 위급할 때 사용할 수 있는 통신 시설이 갖춰진 터널, 너무 길지 않은 터널이라면 좋을 것이다. 다만 이것은 각 개인의 운에 달렸다. 터널의 통과는 그 자체가 하나의 과제이지만, 세상으로부터 자아를 보호하는 피난처이기도 하다.

터널에 있으면 소위 터널 비전tunnel vision이라는 현상이 생겨 시야가 좁아진다. 만약 터널을 통과하지 못하면 어딘가에 갇힌 답답한 느낌으로 삶을 살게 된다. 터널 밖의 세상을 보지 못하고 제한된 삶을 살게 된다. 그렇기 때문에 시간이 지나면 그 터널에서 나와야만 한다.

삶은 터널의 연속이다. 어린 시절 두 개의 터널을 잘 지나왔다고 해도 계속해서 새로운 터널이 나타난다. 새롭게 나타나는 터널들을 자세히 살펴보면 어디서 본 듯한 느낌을 준다. 모성터널과 부성터널에서 파생된 터널들이기 때문이다.

모성터널은 사랑터널이다. 관계, 특히 사적인 관계에서 생기는 문제들은 대부분 모성터널과 연관이 있다. 많은 감정의 문제들 역시 모성터널과 연관이 있다. 부성터널은 힘과 권력의 터널이며, 현실의 문제이고 일의 문제이다. 공부에서의 어려움, 일과 연관된 많은 문제들, 사회적으로 적응하면서 발생하는 문제의 많은 부분은 힘이라는 에너지를 다루는 과정에서 생겨난다. 부성터널을 제대로 통과하지 못했다는 증거다.

애착과 동일시는 자연스럽게 경험되는 경우도 많지만, 어머니의 건강이 좋지 않거나 환경이 너무 열악하거나 갑작스러운 어떤 사건이 생기거나 하는 이유 등으로 적절한 애착과 동일시가 일어나지 않을 때도 있다. 의지를 갖고 노력하는데도 애착과 사랑을 느끼지 못한 사람들도 있다. 애착은 잠들어 있는 사랑의 눈, 관계의 씨앗을 싹트게 하여 연결을 만든다.

애착 경험의 아래에는 사랑을 느끼게 하는 본성이 작동한다. 정신의 깊은 곳에 자리한 **에로스**가 움직이는 것이며, 아마 더 깊은 심연에서는 융이 얘기한 원형의 에너지 **아니마**anima[41]가 그것을 가능하게 도울 것이다. 추상적인 표현 같지만, 모성과 연관된 사랑과 에로스는 중력gravity과 같은 것이다. 이 땅에 발을 붙이고 설 수 있게 하는 원천이며 사람 사이를 끌어당기는 에너지이다.

동일시는 자신과 결이 너무나 다르게 느껴지는 존재를 이해할 수 있는 에너지를 준다. 이성적인 사고를 돕고,

---

41 분석심리학의 용어로서 여성 인격의 원형이며, 보통 남성에게 있는 여성적 인격을 말한다.

힘과 권력이 작동하는 세상의 질서를 느끼게 하고, 그것들을 수용하게 한다. 그런데 동일시 경험의 아래에는 그러한 것을 느낄 수 있게 하는 **로고스**가 움직인다. 그리고 아마 정신의 심연에는 원형의 또 다른 에너지인 **아니무스**가 그 과정이 일어나도록 돕고 있을 것이다. 추상적인 표현이지만 부성과 연관된 힘과 로고스는 빛light과 같은 것이다. 어둠의 세상을 비추고 분별할 수 있게 하는 에너지이다. 우주에서 유일하게 일정한 속도를 가진 빛의 속성처럼, 로고스는 일관성을 갖게 한다.

두 개의 터널은 사랑과 힘이라는 가장 본질적인 두 에너지를 느끼고 사용하는 경험의 도가니이자, 애착과 동일시를 통해 내면의 공백을 해결하려는 경험적 환경이다. 처음에는 모성의 에너지를 통해, 다음으로는 부성의 에너지를 통해 공백을 채우고자 하는 것이다.

두 개의 터널을 제대로 겪지 못했을 때 특히 문제가 잘 생기는 시기가 있다. 삶이라는 길고 커다란 무대는 어떤 전환기가 있기 마련인데, 전환기는 문제가 생기기 쉬운 대표적인 시기이다. 사춘기라고 하는 청소년기, 아이와 청소년에서 본격적으로 어른이 되어야 하는 초기 성인기 무렵, 본격적인 성인의 삶을 살아야 하는 결혼 전후의 시기, 한 인간으로서의 자신을 느끼고 제대로 한 개인이 되어야 하는 중년기가 그 대표적인 시기들이다.

사례로 돌아가 보면, W는 도덕과 당위를 지나치게 강조하는 어머니와 싸우는 딸이다. 어머니와 할머니가 계속 요구하는 규율과 통제는 사실 금지와 억압이었다. W에게는 무언가를 원한다는 자체가 죄를 짓는 느낌이었다. 내면에서 올라오는 욕망은 죄를 지은 것이므로 성인기 초반까지는 욕망을 금지해야만 죄에서 벗어날 수 있었다. W의 무의식에서는 자신도 모르게 욕망을 억압하는 기능을 하는 불안이 어머니의 금지와 억압을 대신하게 되었다. 유년 시절 아버지와 멀어지는 과정에서의 트라우마도 외부 세상에 대한 두려움에 일조하였다.

하지만 대학원을 졸업하고, 직장에 취직하고, 남자 친구를 사귀며, 상담치료를 받는 등 객관적인 현실을 살아가며 여러 생각을 하게 되었다. 이를 통해 자신에겐 **하고 싶은 마음, 즉 욕망**이 꽤 많은데, 어머니와 외할머니가 엄격한 교리를 내세우며 자신의 자연스러운 욕망을 억압해 왔다는 것을 깊이 느끼게 되었다. 그로 인해 어떤 사건이 생겨서 자신이 원하는 것을 하지 못하게 될 것 같은 내면의 느낌이 불안의 근원이었음도 자연스럽게 깨닫게 되었다.

W는 자신의 생각과 환경의 강요 사이에서 어떤 선택도 할 수 없었던, 뿐만 아니라 그런 상태에 놓여있었음을

알 수조차 없었던 어린 시절을 회고했다. 확실해 보이지만 통제로 인해 행복하지 않은 삶이냐, 불확실하지만 자유로운 선택이 가능한 삶이냐 하는 선택지 중에서 어머니의 세계라는 정신적 자궁에서 나오기 위해 탯줄을 자르는 선택을 했다.

W는 기꺼이 불확실함을 선택하였는데, 이는 내면의 어떤 공백과 결여를 받아들이는 것이다. W는 성장 과정에서 욕망의 억압과 부성의 결핍으로 인해 공백이 커질 수밖에 없었다. 과거의 공황발작은 그 공백이 심하게 자극되었을 때 생겼을 것이다.

W는 선택을 한 다음에도 수시로 어머니와 부딪히며 다투고 있지만 잘 지낸다고 했다. 어머니는 성실하고 솔직한 사람이지만 불안이 많고 자신의 원칙을 지켜야만 하는 사람이다. 그래서 계속해서 딸에게 잔소리를 한다. 모녀는 그렇게 싸우면서도 항상 평행선이고 해결되는 것은 별로 없었다. 여러 이유가 있겠지만 근본적으로 모녀가 완전히 다른 세상에 있기 때문이다. 어머니는 신앙적 관점이 강하고, 단절된 세계관을 갖고 있다. 불안함이 많아서 딸을 통제해야만 하는 사람이며, 삶에 재미가 없어서 그런 감정을 가족에게 여실히 드러내곤 한다.

세상에 대해 부정적이며 위험하다는 인식이 너무 강

한 어머니는 걱정이 끊이지 않는다. 어머니의 생각으로는 세상과 거리를 두고 최소한으로 접촉하는 것이 최선이다. 걱정이 너무 앞서는 모성의 입장에선 자녀에게 조심을 강조하는 것이 당연할 수도 있다. 하지만 이는 세상의 한 부분만을 강조하는, 다른 면을 부정하는 좁은 세계관을 자녀에게 주입하는 것이다. 자녀가 건강할수록 그런 모성의 일방적인 주장에 반감을 느낄 수밖에 없다.

어머니는 조심하라는 말이 왜 잘못이냐며 항변하고, 자신의 에너지가 어떤 상태이며 자녀에게 무엇을 주고 있는지를 알지 못한다. W는 힘들어하면서도 자신과 어머니의 차이가 어디에 있으며, 어머니와 함께 지내면서도 자신의 길을 따로 가야함을 충분히 이해하고 받아들이고 있기 때문에 앞으로 더 나아지리란 기대를 할 수 있었다.

7

부모를 닮는 아이들
내재화

애착과 동일시에서의 핵심은 적절하게 '연결되는가' 아니면 '단절되는가'이다. 연결은 에너지의 생산으로, 단절은 에너지의 쇠락으로 향하는 관문이다. 연결 경험의 시작은 부모와의 연결이다. 아이의 요구와 욕구, 그리고 다양한 행동들에 대해 부모는 그들의 방식으로 반응하게 되는데, 아이는 자연스럽게 그 방식을 보면서 맞춰가고 조율하게 된다. 이를 두고 부모의 반응을 **내재화**internalization**한다**고 말한다.

적절하고 충분한 연결을 통해 따뜻함, 편안함, 공감, 신뢰를 경험하고, 그 감정들과 에너지가 내재화되는 것이다. 공감이 되면 에너지의 **공명**resonance이 일어나면서 부모의 에너지가 아이에게 전달되고 들어간다. 안정애착과 적절한 공감의 중요성이 여기에 있다.

적절하고 긍정적인 반응이 일어나고 공명되기 위해선 어머니의 정서와 아이의 정서 모두 편안하고 안정적이어야 한다. 생물학적으로는 어머니의 우뇌와 아이의 우뇌가 서로 주파수를 맞추며 공명할 때 그러한 결과가 나타난다. 눈 맞춤, 얼굴 표정, 목소리의 톤이나 어조, 신체적 행동 같은 것이 우뇌의 상태를 알려주는 대표적인 신체적 신호들이다. 그중에서도 눈 맞춤이 중요하다.

이런 신호들을 잘 관찰하고 이해할 수 있다는 것은 우뇌가 적절하게 기능하고 있다는 의미다. 긍정적인 반응이 내재화되면 연결로 이어지며, 부정적인 반응이 내재화되면 '싫음'이라는 강력한 에너지를 통해 단절로 이어진다. 연결의 순간과 과정은 자연스럽고 순조로울 수도 있지만, 대립과 긴장이 극대화되는 순간일 수도 있다.

연결connection은 긍정적인 에너지를 만들어 내지만 한편으론 연결의 대상으로부터 지배당하거나 위협당할 가능성을 만든다. 힘의 문제이다. 그리고 대상을 잃어버릴 위험이 생길 수도 있다. 이건 사랑의 문제이다. 내면에 힘의 문제나 사랑의 문제가 있는 사람들의 마음에는 연결을 피하려는 어떤 에너지가 만들어진다. 회피 반응이다. 때로는

몸에 밴 어린 시절의 심리세계탐구

집착이나 관계사고idea of reference[42]처럼 병적인 연결이 생길 수도 있다. 억압, 결핍, 그리고 트라우마는 연결을 방해하고 단절로 이끄는 대표적인 경험들이다.

단절disconnection은 부정적인 에너지를 만들어 내지만 일시적으로 존재를 보호하는 기능이 있다. 일시적인 단절은 자기를 보호하고 에너지의 충전 기회를 주므로 유용하며 또 누구나 사용하는 방어기제이다. 그러나 지속적이고 반복적인 단절은 필연적으로 문제를 만들어 낸다. 단절이 야기하는 본질적인 두 가지 문제는 에너지가 감소되는 것low energy과 경험의 기회를 잃는 것less opportunity이다. 그러므로 스스로 단절된 상태에 있다는 것을 알아차린다면, 자신의 내면세계가 유지되고 있다는 안도감이 어쩌면 착각일 수도 있다는 고민을 해야 한다. 관계에 문제가 생길 때 해결 방법이 단절밖에 없는지도 깊이 생각해 보려는 노력이 필요하다.

의식과 무의식의 경계에서 연결

E는 20대 초반의 남성이며 대학생이다. 어린 시절에 대한 기억의 대부분은 가족 간의 갈등과 다툼이었다. 부모

---

42 주위에서 벌어지는 무관한 일들이 자신과 관계가 깊다고 생각하는 병적인 증상

끼리 격렬하게 싸웠고, 4살 위의 형과 어머니의 싸움까지 보면서 성장하였다. 부모는 결국 별거했고, 어머니에게 아버지의 대체자였던 형은 예민해진 어머니와 양가적 투쟁을 계속했다.

섭세하고 예민한 기질을 가진 E는 내면의 에너지를 밖으로 내보내는 것을 어려워하였다. 자신이 경험하는 안과 밖의 에너지가 너무 달랐고, 외부 에너지는 위협적으로 느껴졌기 때문이다. 부모의 심한 불화, 또 형과 어머니의 격렬한 충돌은 이런 느낌을 확신하게 하는 중요한 사건들이었다. 결국 E는 중학교를 자퇴하고 혼자 있기를 선택하였다. 이 선택이 치료 시작의 계기가 되었으나, 면담에서 자신의 진짜 속마음과 감정을 드러내기까진 긴 시간이 필요했다.

내담자 큰 문제는 없지만 뭔가 답답하고 힘들어요. 원인도 모르겠고…. 전 누구와도 안정적인 관계를 가져 본 적이 없는 것 같아요. 엄마와 형은 편하긴 해도… 뭔가 내밀한 애기는 할 수 없는 느낌입니다.

치료자 편안하지만 친밀함이나 깊은 공감, 믿음은 부족한 관계로 보이네요. 면담에서는 어느 정도 애기할 수 있을 것 같나요?

내담자 왠지 뭔가 다 말할 수는 없을 것 같은….

치료자 신뢰의 문제일까요?

내담자 그런 건 아닌데…. 뭔가 말을 하면 내 약점을 드
러내는 것 같은 느낌이에요. 나는 대신에 강해
지고 싶었던 것 같습니다. 권력과 돈을 가지면
내가 표준이 될 수 있으니까.

치료자 그동안의 시간을 아니까 공감이 되네요.

내담자 근데 궁금한 것은, '다른 사람들은 그런 얘기를
안 해도 잘살고 있지 않은가?' 하는 문제예요.
나는 어떻게 해야 할까요?

치료자 좀 더 깊은 관계를 경험하고 감정을 공유하는
것에 관심을 가지면 어떨까요. 밖에서 힘들다면
면담에서 그것을 노력해 봐도 좋겠네요.

내담자 나는 힘들었던 일이 정말 많았습니다. 집안 문
제, 부모님의 싸움 등. 그런데 이상하게도 항상
부유하게 자란 이미지로 비쳐졌어요. 나란 사람
은 항상 좋은 환경에서 자란 사람처럼 보이는
것 같아요. 실제 내 유년기는 힘든 일이 많았는
데…. 그래서 표현하기 힘들었습니다.

치료자 그랬겠네요. 드러나는 이미지와 경험한 것 사이
의 괴리가 아주 컸던 것 같습니다.

내담자 자살 충동도 많이 느꼈어요. 중·고등학생 때 정말 자주 생각했고, 실제로 시뮬레이션도 많이 했습니다. 그러다 보니 주인공이 자살하는 작품에 매료되곤 했어요. 『젊은 베르테르의 슬픔』 같은…. 작품에 나오는 사람들, 자살 행위에 대해 분석도 많이 했었습니다.

피부를 경계로 안과 밖은 구분되어 완전히 다른 것으로 느껴진다. 감각과 지각은 안과 밖이 만날 때 만들어지는 에너지로서, 안과 밖이라는 서로의 세계로 통하는 관문이다. 연결은 실제로 연결되는 것이 아니라 '연결되었다는 느낌과 경험'이 핵심이다. 두 물체 혹은 대상이 실제로 연결되었다고 해도, 미시적微視的으로는 거리가 있기 마련이다. 안과 밖 사이에서 에너지의 교환과 교류, 즉 공감과 동일시가 일어나야 연결이 된다.

안과의 연결, 즉 내면세계 및 무의식과의 연결도 그렇고, 무의식과 의식의 연결도 그렇다. 특히 강력한 에너지를 가진 무의식을 공감하기 위해선 의식의 힘과 지력이 상당해야 한다. 의식이 무의식을 만날 때 에너지는 무의식이 훨씬 강하지만 연결의 주체는 의식이어야 한다. 제대로 연결된다면 연결은 이해와 깨달음으로 진화한다.

사실 두 세계는 원래 연결되어 있다는 전혀 다른 견해도 있다. 서로 완전히 다르게 작동되는 것처럼 느껴지는 두 에너지가 있는 것 같지만, 그 둘은 사실 연결되어 있다는 것이다. 이질적이고 무서운 태풍도 사실은 지구라는 하나의 공간 안에서 어떤 기능을 한다는 것, 작은 것들이 의외의 결과 하나로 이어지는 나비효과, 완전히 다른 느낌을 주는 밤과 낮도 하루의 한 부분인 것과 같은 관점이라고 볼 수 있다.

　단절처럼 보이는 것들도 사실은 모두 보이지 않게 연결되어 있다. 우리의 의식이 그것을 알지 못할 뿐이다. 물리적인 경계는 자아의 의식에 의해 경계처럼 느껴지는 것뿐이고, 실제로는 경계가 없다는 것no boundary이다. 세상과 대상을 분리된 것으로 인식하는 우리의 의식은 생각과 느낌이 만들어 낸 환상이다.

　최근 양자물리학quantum physics의 관점을 통해 과학적으로 두 세계의 연결성을 이해하려는 시도들이 있다. 양자물리학은 우리가 느끼고 알고 있는 거시적巨視的 세계와 완전히 다르게 작동되는 미시적微視的 세계에 다가가게 하고, 그것을 조금씩 이해할 수 있게 하였다. 고전 물리학의 결정론적 세계관에서 벗어나면서, 불확정성과 확률적인 세계관이 더 객관적인 사실로서 주목받고 있다. 또 과학적 진실은 실재 혹은 존재가 아니라 관계가 본질이라는 것이다. 주목할 만한 시선이다.

이러한 관점으로 보면 연결은 연결하는 것이 아니라, 이미 연결되어 있음을 깨닫고 그것을 받아들이는 것이다. 정신의 실재인 무의식의 에너지를 이해하는 데도 양자물리학의 기여가 있기를 기대해 볼 수 있다.

E의 사례를 보면 관계의 단절감이 주는 만성적인 무기력증과 우울증이 있었음을 알 수 있다. 유아기와 유년기를 관통하는 긴 싸움의 시간은 E에게 있어서 감정의 표현, 특히 분노와 적개심에 대한 진절머리 나는 경험일 수밖에 없었다. E는 의식적으로 또 무의식적으로 감정을 억압하면서 차단하였고, 대신 이성을 강조하는 성향이 강해졌다. 화가 나는 일이 너무 많았으나 언어적 혹은 감정적으로 표현하는 일은 거의 없었다. 그 대신 말을 하지 않는 것과, 단절하며 자신을 고립시키는 고집스러운 행동으로 표출되었다. 그것이 최고조였을 때 학교를 거부하는 형태로 나타났다.

E는 힘들었던 유년기와 청소년기를 뒤로한 채 좋은 대학에 당당히 입학하였다. 대학 생활은 비교적 원만하였으나 만족하진 못했다. 특히 졸업이 다가올수록 인간관계에서 정서적이고 따뜻한 경험을 하지 못했다는 느낌은 깊

은 아쉬움으로 다가왔고, 그 마음이 더욱 짙어지면서 우울증으로 발전하였다.

상처받은 유년기, 상처로부터 자신을 지키고 또 보상받기 위한 강한 자존심, 외부에 대한 믿음의 부재, 감정에 대한 부정성이 E의 내면에 자리하고 있는 주된 에너지이다. 최근 E가 느끼는 주된 정서는 코로나 등으로 인해 현실에서 할 수 있는 일이 없다는 무력감이다. 그런데 진짜 문제는 현실이 아니라 **무의식의 에너지가 억압되어 있는 것**이다. 그래서 꿈의 흐름이 차단되어 있고, 현실에서의 느낌은 계속 사라지고, 면담에선 할 말이 없는 것 같은 게 아닐까. 할 수 없는 느낌과 할 것이 없다는 느낌이 E의 의식을 계속 지배했다.

근본적이고 최종적인 문제가 여기에 있다. 현실에서 느끼는 무력감은 원인이 아니라 무의식의 억압, 에너지의 억압에 따른 결과이다. 해결은 현실이 변하는 것이 아니라 무의식의 에너지가 살아나는 것이며, 꿈의 내용에 다채로워지고 진전이 생겨나는 것이다. 즉, 억압되었던 에너지를 알아차리고, 느끼며, 순환시키는 것이다. 그것은 일상을 이루는 순간을 느끼고 알아차리는 것이며, 관계에서 구체적으로 표현하고 공감함으로써 구체적인 경험으로 체화하는 것이다. 관계에서 연결과 공명이 생길 때, 마음과 뇌에서도 같은 연결과 공명이 일어난다.

물론 이 같은 '위대한 연결'과 '통합'은 쉽게 일어나지 않는다. E처럼 유년기에 반복된 트라우마와 결핍을 경험한 사람의 마음에선 특히 더 그렇다. 문자와 언어를 넘어서 에너지로서의 연결과 통합을 이해하고 받아들이는 것은 지난 持難한 사건이라고 볼 수 있다. 우선 '치료자와의 연결과 공감을 얼마나 어떻게 경험하는가?', 그리고 '실제 생활에서 지인들과는 어떻게 하는가?' 하는 부분에 면담의 에너지가 집중되었다.

그 가운데 극도의 우울감과 절망의 순간이 찾아왔지만 다행히도 함께 그 공백을 넘어갈 수 있었다. **꿈의 분석**과 **전이**는 E의 깊은 내면 속 감정에 한 발짝 더 다가서게 했으며, 보다 편안하고 풍부한 관계로의 발전은 E의 정서적 표현을 진전시켰다. 동시에 외부적으로 관계가 확장되는 국면이 생겨났다. E는 지인들과의 관계가 늘어나면서 모임과 만남이 눈에 띄게 많아지는 변화가 생겼고, 억압과 단절에서 벗어나는 경험 가운데에 서 있는 상황으로 발전하였다.

연결에서 이야기로 연결의 과정

영화 「컨택트」는 낯선 존재와의 만남이 주는 경외심과 두려움을 섬세하고 실감나게 그려낸 수작이다. 영화에선 갑자기 지구에 나타난 정체불명의 괴물체와, 외계인을 만나는 여러 인물의 다양한 입장과 시선을 다룬다. 영화를 보다 보면 낯선 존재, 즉 상대방의 인격이나 정체성을 전혀 모를 때 얼마나 큰 긴장감이 생겨나고 추측과 상상이 난무하게 되는지를 느낄 수 있다. 낯선 존재와의 만남은 서로 다른 문명의 조우이며 충돌이다. 당연히 엄청난 에너지가 소모될 수밖에 없다.

연결의 과정은 순탄치 않으며 보이지 않는 많은 단계가 있다. 이 단계는 영화의 제목처럼 접촉contact에서 어느 정도의 이어짐linkage, 그리고 연결connection에 이르기까지의 단계이다. 그리고 연결이 지속되면 소통communication이 일어나고, 관계relation가 만들어진다. 지속적인 소통과 관계는 마침내 둘 사이의 이야기와 내러티브story & narrative로 발전한다. 관계와 이야기라는 무대 위에서 에너지는 다시 순환하며 창조된다.

영화에선 외계인의 언어로 추정되는 신호를 이해하기 위한 주인공의 헌신적인 노력이 그려진다. 주인공은 상대를 받아들이며 이해하려는 태도와 자신이 가진 고대 언어학 지식, 그리고 무의식에서 느껴지는 직관과 상상력을 합쳐 타자와의 소통과 공감을 이끌어 낸다.

서로 다른 에너지가 만나서 융합되는 것은 많은 과정과 단계가 있다. 단지 그 과정을 모르고 있을 뿐이다. 다행인 것은 이 과정이 자동으로 일어나는 경우가 많다는 점이다. 그래서 우리는 세상과 타인에 적응하게 되는 것이다.

물론 이런 과정이 쉽지 않은 사람들도 많다. 접촉과 만남과 연결 자체가 어렵다는 것은 에너지들의 융합과 교류가 어렵다는 것이며, 이행이 잘 일어나지 않는다는 것이다. 그들은 내면의 대극성 사이의 괴리가 크고 투사되는 사람들이다. 그래서 연결에 대해 무의식적으로 강력한 저항을 보인다.

관계를 거부하는 원초적인 에너지 싫음

단절이 생기는 이유는 연결이 싫기 때문이다. 연결을 부정하는 것이다. 싫음은 관계를 거부하는 원초적인 에너지이다. 협력이 절실한데 상대가 싫다고 하면, 그것을 되돌리는 것이 상당히 난감한 일임을 우리는 잘 알고 있다. 아이가 '싫음'을 내세우며 고집을 피우면, 아이와 부모 모두 곤란한 상황이 된다. 사소한 싫음이야 잠시 있다가 사라지지만, 자주 지속되는 '싫음'은 연결을 방해한다. 그러한 병

몸에 밴 어린 시절의 심리세계탐구

적인 '싫음'은 애착과 공감에 어떤 문제가 생겼음을 알려주는 중요한 신호이다.

싫음이 생기는 구체적인 이유는 몇 가지가 있다. 첫째는 낯선 것에 대한 불안이다. 소위 낯가림이라고 하는 것은 보통 생후 7~8개월에 나타났다가 금방 사라지는데, 애착에 문제가 있으면 낯선 것에 대한 싫음이 지속된다. 둘째는 불편함에 대한 거부이다. 일종의 유아성인데, 편안한 상태에만 머물려는 고집이다. 셋째는 게으름nuisance이다. 이 또한 아이 같은 미숙함이 계속되는 것이다. 넷째는 어떤 이유로 화가 나 있는데, 표현하며 적절하게 해소하지 못해서 싫음을 통해서 수동적으로 분노를 표출하는 경우이다. 심리학적으론 수동공격성이라고 한다. 다섯째는 어려움이나 실패를 피하려는 회피의 수단이다. 자존심은 강하지만 자존감이 낮을 때 상처받지 않기 위해 싫음이 등장한다.

싫음은 '그냥 싫다'에서부터 '귀찮다, 보기 싫다, 마음에 안 든다, 모르겠다, 기분이 나쁘다, 더럽다' 등으로 표현된다. 사소한 싫음도 있지만 어떤 이유나 어떤 상황에서 뭔가 큰 불편이 느껴질 수 있다. 그것은 굉장한 이질성이며, 상황이나 대상이 주는 압력이 너무 강해서 자신이 부서지거나 삼켜질 것 같은 공포가 된다. 자신이 누리는 유아적 자아와 세계관이 무너질 것 같은 엄청난 위기감일 수도 있다.

이런 경험이 반복된다면 불편함과 싫음은 익숙한 경험으로 학습된다. 그런데 의식은 불편함이라는 에너지를 싫어한다. 불편함이 의식에 전달되었을 때 의식은 그것이 무엇이고 어떻게 생겨났는지를 살피기보다는 그냥 피하고 싶은 에너지를 만들어 내기 쉽다. 이러한 현상을 회피 에너지, 방어라고 부른다. 다르게 보면 단절과 고립이기도 한데, 반복된다면 신경세포에서도 연결이 끊어지는 패턴이 나타나고 단절 행동도 습관이 된다.

싫음이 반복되면 결국 단절되고 관계도 끊어지므로 인격의 성장은 더디고 정체될 수밖에 없다. 유아기에 경험하는 불편함 혹은 싫음이 어떻게 처리되고 해결되는지가 중요한 이유이다. 아동이나 청소년에게 혹은 성인에서 이러한 싫음이 자주 나타난다면, 그 아래에 어떤 문제들이 있는지 살펴보고 원인에 맞게 적절한 해결책을 모색해야 한다. 부모의 역할은 자녀가 표현하는 싫음을 잘 이해하는 것이다.

우리는 정말 자유로운가? 억압

연결을 위한 근본적인 에너지는 욕망이다. 무엇인가를 원하는 것은 자연스러운 본성이다. 우리는 욕망하므로 느낄 수 있고 살아갈 수 있다. 가장 기본적인 욕망은 생존과

몸에 밴 어린 시절의 심리세계탐구

편안함일 것이다. 다음으론 즐거움에 대한 욕망이다. 생존과 안전, 그리고 쾌락에 대한 욕망은 그것을 자극하고 만족시켜 주는 어떤 대상과의 관계에서 구체적으로 경험된다.

모성과 부성은 욕망을 주고받으며 아이의 욕망을 수용하고 또 자극하는 가장 중요한 존재이다. 연결의 실패는 중요한 대상에 대한 욕망이 일그러지고 희미해지는 것이고, 더 나아가 그 욕망이 의식에서 사라지는 것이다. 의식에서 욕망이 사라지는 것을 **억압**repression이라고 한다. 욕망이 억압되면 중요한 것을 회피하게 만들고, 연결에 저항이 생겨난다. 결국 단절이 생겨나고 결핍으로 이어진다.

억압은 받아들이기 어려운 느낌이나 생각, 즉 정신적 에너지를 자신도 모르게 무의식으로 밀어 넣은 자아의 방어기제이다. 가장 기본적이고 원초적인 방어기제로서 대부분의 사람들이 가장 빈번하게 사용하고 있다. 이해할 수 없는 느낌, 낯선 느낌은 피할 수 없는 경험이다. 특히 아이 입장에선 새롭고 낯선 자극은 너무나 빈번할 것이다.

새로운 것이 호기심을 일으키면 다행이지만, 받아들이기 힘들고 낯선 것도 있기 마련이다. 그럴 때 낯선 것을 자신이 쉽게 생각할 수 있는 틀 안에 집어넣으면서 더 이상의 생각을 중단하는 것도 일종의 방어이며 억압이다. 불편한 대상을 아예 외면하고 없는 것으로 치부하는 것도 억압의

한 형태이다. 이렇게 억압은 일상생활과 정신 활동에 자신도 모르게 광범위하게 사용되고 있다. 이해할 수 없거나 마음에 들지 않는 대상이나 상황을 자신만의 방식으로 규정하면서 결론 내리는 것도 억압의 일종이다.

비슷한 느낌과 어감을 가진 **억제**suppression라는 방어기제가 있다. 무의식적으로 작동되는 억압과 달리 억제는 철저하게 의식적이다. 자아가 충분히 느끼고 판단하여 어떤 느낌이나 생각을 적절하게 해결하면서 의식에서 밀어내는 방어기제이다. 억압보다는 성숙한 방어기제이며, 문제나 숙제를 남기는 억압과 달리 억제는 심리적 잔재나 후유증을 별로 남기지 않는다.

많은 것이 자유로워지고, 자유로워 보이는 표현들이 세상에 넘쳐나고 있지만, 우리는 정말 자유로워졌을까? 자유보다는 자유롭다는 느낌에 빠져 있거나, 자유로움을 억지로 강조하면서 스스로 억압되어 있음을 증명하고 있는 것은 아닐까? 자유의 의미를 잘 알고는 있는 것일까? 진정한 자유와 단순한 느낌으로서의 자유를 구별하지 못하는 것이 아닐까? 자유는 누리더라도 따르는 책임은 피하고 싶은 것이 아닐까?

여전히 억압은 진행 중이며 삶의 여러 장면에서 계속 일어나고 있다. 오히려 더욱 은밀하게 나도 속이고 세상도 속이면서 작동되고 있다. 과도한 억압은 정신병리와 이어지지만, 정신 현상에서 필수적일 수밖에 없는 억압을 이해하지 못하고 스스로 억압이 없다고 생각하는 것은 과도한 억압 이상으로 정신적 문제를 야기할 수 있다.

억압은 무의식적으로 은밀하게 일어난다. 그래서 알아차리기 쉽지 않다. 예를 들자면, 대개 이런 식이다. 어떤 상황에서 뭔가 아쉬운 느낌이 일어난다. 왠지 부족하거나 공허한 느낌이 들고 때로는 분노가 치미는 것 같기도 하다. 또 어떤 충동이 강하게 올라올 수도 있다. 갑자기 부끄럽고 수치스러운 느낌이 들 수도 있다. 그런데 그런 느낌들을 표현하는 것은 편하지 않고, 표현하면 안 될 것 같은 느낌이 나도 모르게 들기 시작한다. 억압되어야 하는 상황이 만들어지는 것이다. 그런 것을 느끼는 것조차 왠지 불편해지고, 자동적으로 그 느낌은 의식의 수면 아래로 내려가 버린다.

이런 경우, 부모의 태도와 부모에 대한 아이의 감정이 중요하다. 부모도 의식적으로든 은연 중이든 자녀에게 어떤 감정을 억압하라고 요구할 수 있다. 자신도 모르게 분위기나 표정으로 그 느낌을 전달할 수도 있다. 억압이 자주 반복되다 보면 하나의 패턴으로 자리를 잡고, 억압되어야 하는 어떤 에너지는 다시 떠올리기 어려운 의식의 심연으로 가라앉는다.

그런데 억압되었던 느낌이 가끔 의식의 표면으로 부상하기도 한다. 그럴 때 억압된 느낌을 자신의 것이 아닌 것처럼, 마치 사라진 것처럼 취급하는 경우가 생긴다. 충분히 이해할 만한 일이지만, 이는 자신의 진짜 감정을 스스로 소외시키는 것이다. 그러한 배경을 살펴보면 부모, 그중에서도 특히 어머니가 자녀의 감정을 제대로 이해하지 못하고 가볍게 여기거나 혹은 일방적으로 무시하는 태도를 보였던 과거가 많다.

억압은 면담 상황에서도 나타난다. 중요한 감정을 가볍게 얘기하거나, 슬픈 내용을 말하면서도 부적절한 유머를 사용하는 것이다. 또 다른 사람의 감정처럼 얘기하거나, 좀 더 얘기할 필요가 있는데 다른 이야기로 넘어가거나 하는 식이기도 하다. 중요한 문제는 대부분 억압에서 생기며, 문제가 해결되지 않는 것은 여전히 억압이 작동되고 있다는 의미다. 그만큼 억압이 있음을 알아차리기가 쉽지 않다.

자신에게 억압이 있었음을 깨닫는 것은 엄청난 진전이고, 그 자체로 치료인 경우가 많다. 그래서 상담치료 혹은 성장의 일차적인 목표는 억압을 깨닫고 빨리 알아차리는 것에 있다.

몸에 밴 어린 시절의 심리세계탐구

억압이 생기는 이유 수치심 · 부정적인 경험

S는 22세 여성으로 대학을 휴학한 상태이다. 대학 진학 후 생긴 심한 무기력증, 집중력 저하, 우울한 증상으로 휴학하였고, 모 대학병원 정신과에서 우울증을 진단받고 치료를 시작했다. 하지만 증상의 호전이 뚜렷하지 않은 상태에서 복학했다가 다시 휴학하길 반복했다. 상담치료도 병행했는데 진척이 없자 "더 이상 해 줄 것이 없다"라는 얘기를 들었다고 하였다.

현재는 약물치료와 더불어 주 1회의 심리치료를 병행하고 있다. 우울감과 무력감이 어느 정도 좋아졌으나 일상을 충분히 회복하지 못한 느낌은 계속되었다. 부모와 대학 상담실의 권유로 몇 개월 후 학교에 복학하였으나 한 학기를 다닌 후 다시 휴학하겠다고 하였다. 그리고 상담 횟수가 늘면서 20~30분씩 지각하는 일이 반복되었다.

에너지의 관리라는 면에서 억압의 모든 기능이 부정적인 것만은 아니다. 어찌 보면 제어되지 않고 날뛰는 욕망은 그 자체로 생존에 위협이 될 수 있으므로, 욕망의 제어와 통제를 위한 대책이 필요했을 것이다. 억압은 욕망이라는 이름의 전차를 세울 수 있는 브레이크라고 할 수 있다.

사람이라면 누구나 욕망과 억압을 기본적으로 갖고

태어날 것이다. 억압은 어떤 중요한 느낌이 받아들여지지 않을 것 같을 때 존재를 드러내기 시작한다. 더 나아가 부모나 양육자로부터 혼나거나 처벌될 것 같을 때 자라난다. 그리고 그런 방식은 하나의 패턴으로서 마음과 뇌에 각인되고 무의식에서 자동으로 작동한다.

억압하게 만드는 기본적인 느낌은 수치심과 부끄러움인 경우가 많다. 수치심과 부끄러움은 어느 정도 본능적이지만, 많은 부분이 환경이나 양육과정에서 학습된 것이며 일종의 사회적 감정이라 볼 수 있다. 수치심은 어떤 상황에서 아이의 고조되고 각성된 감정이 부모나 양육자에게 받아들여지지 않을 때 아이가 느끼는 정서이다.

아주 일찍부터 아이는 수치심을 느낄 수 있다. 어느 정도의 수치심은 충동 조절에 긍정적이지만, 필요 이상의 수치심은 발달에 지장을 준다. 수치심이 분노와 결합하고 부모와의 관계가 회복되지 않으면 굴욕감이 초래되는데, 굴욕감은 뇌 발달에 치명적이라고 알려져 있다. 자아가 성장하면서 느끼는 죄책감과 처벌의 두려움은 억압을 강화시키는 주된 정서적 에너지이다.

억압되는 것들은 대부분 날것의 감정, 본능적 느낌, 연관된 이미지들이다. 프로이트는 타고난 욕망 중에서 가장 원초적이며 강력한 욕망이 금지taboo될 수밖에 없다고 보았다. 남아의 어머니에 대한, 여아의 아버지에 대한 성애적 충동이 그것이다. 정신분석에서는 유아의 욕망이 더욱 강력해지고, 그래서 제어되어야만 하는 오이디푸스 시기와 그때의 정서적 경험들이 억압의 핵심이라고 본다. 개인적인 경험으로는 여전히 프로이트의 의견이 유효한 사례들이 꽤 많았는데, 물론 그렇지 않은 사례들도 있기는 했다.

억압되어야 하는 또 다른 것은 부정적인 경험들이다. 크게 강한 욕망과 부정적인 감정들이 억압되는 것 두 가지로 나눌 수 있다. 두 에너지는 합쳐지면서 자신의 욕망과 감정 자체를 부정적으로 느끼게 만든다. 욕망의 대상이 너무 무서워서, 자신의 욕망이 나쁜 것 같아서, 욕망의 실현이 불가능할 것 같아서, 욕망했다가 실망하는 것이 두려워서, 욕망하는 것이 잘못하는 것 같아서 억압되기 시작한다.

어떤 욕망이 강력하게 억압되면 동시에 다양한 감정들도 억압되기 쉽다. 내면에는, 즉 무의식에는 반드시 억압해야 할 만큼 강력한 욕망과 강력한 감정이 숨어 있다. 무의식과 언어는 억압되어 있지만 동시에 존재를 억압한다.

억압으로부터의 완전한 자유로움은 불가능하지만 억압되었던 에너지와 의식의 에너지가 공존과 융합을 이루는 것은 어느 정도 가능할 것이다. 그것은 두 에너지의 차이를 깊이 이해하고 받아들이는 것이다. 무의식적으로 작동되는 억압은 단절을 만드는 원인이지만, 억압에 다가가고 그것을 알게 된다면 오히려 억압은 연결을 향하는 시작점이 될 수 있다.

여러 차례에 걸쳐 오래 이어져 온 S의 자세한 상담 사례를 보며 심한 적응 장애와 만성 우울증의 회복을 힘들게 하는 억압 및 이중단절에 대해서 알아보자.

1) "네가 잘못한 거야" 억압과 이중단절

(1) 80번째 면담

내담자 지각하지 않아야 한다는 것을 잘 알고 있고, 지각하지 않으려고 했는데도 잘 안 되네요. 집 청소도 마찬가지예요. 자신에 대한 통제력을 잃은 느낌이에요. 엄마가 말을 안 듣는 아이를 다루는 것처럼 내가 분리된 것 같고, 깊은 곳에는 우울하다는 느낌도 있어요. 거의 집에서 혼자 지내고 있어요. 나는 친밀한 사람이 없어요. 부모님은 물론이고, 여기에서도 거짓을 말하진 않지만… 뭔가 속마음을 드러내지 않고 숨기고 있는 느낌이 들어요. 솔직하게 얘기하는 게 불가능한 느낌이라고 할까….

치료자 만약 그 얘기를 할 수 있다면 어떤 얘기일까요?

내담자 관심이나 호기심 같은 것일 수도 있겠지만….

치료자가 S를 처음 보았을 때 표정이 별로 없고 둔하고 멍해 보이는 인상이라 좋은 대학을 다니는 학생의 이미지와는 동떨어진 모습이었다. 질문에 대한 답변도 너무 느릴 뿐만 아니라 내용도 빈약해서 자폐증과 같은 발달장애가 의심될 정도였다.

1년 이상 상담을 가졌는데도 S는 자신을 표현하는 것을 어려워했다. 관계의 간극閒隙이 쉽게 줄지 않는 것이다. 가족은 물론이고 치료자를 포함해서 연결하고 관계 맺기 자체에 대한 저항이나 낯섦이 선명하다.

그래도 면담을 진행해 나가며 치료자와 거리감이 있음을 직접 드러낸 것은 긍정적이다. 표현한다는 것, 욕망을 드러낸다는 것이 개인에 따라서 얼마나 어려운 일인지를 다시 느낄 수 있는 지점이었다. 그리고 다음 상담에서는, 태어나서 처음이라며 자신의 상상을 표현하기도 했다.

(2) 85번째 면담

내담자 지난주엔 아버지와 통화를 했고, 대학교 상담
　　　　선생님하고도 면담했어요. 학교 행정실 직원과
　　　　도 얘기했구요. 생각해 보니까 모든 대화가 심

한 스트레스였어요. 제대로 대화가 되지 않고 일방적인 느낌이었어요. 아버지는 자신의 생각을 강의하듯이 얘기했고, 상담 선생님은 정신력이 중요하다면서 열심히 하라고 했어요. 얘기가 끝나면 항상 기분이 나빠요. 너무 스트레스받아서 피자 한 판을 다 먹고 게임을 10시간이나 했네요. 엄마에게 전화해서 불편했던 것을 얘기했더니 잘못된 습관을 지적하면서 타박을 줬어요. 안 한 것만 못 한 통화였어요.

S의 현재에 있어서 중요한 자리를 차지한 네 사람과의 대화에서, S는 압박과 강요만을 경험했다. 그들의 접근 방식도 나름의 이유가 있겠지만, S에게는 "네가 잘못하고 있고 이렇게 고쳐야 한다"라는 강요와 압박으로 느껴진다. 공감이 없고 간극이 극대화된 관계에서 타인의 의견은 폭력처럼 느껴질 수밖에 없다.

내면에 벌어져 있는 틈과 틈 사이를 좁혀야 한다는 압력 사이에서, S가 선택할 수 있는 유일한 방법은 자신의 감정을 죽이는 것이었다. 고등학교 시절 공부가 너무 싫은데도 공부를 해야 하므로, '하기 싫다'라는 감정을 없앴던 기억이 대표적이다. 실로 처절한 선택이었다. 감정을 죽이는

몸에 밴 어린 시절의 심리세계탐구

것은 욕망을 죽이는 것이며, 자신을 부정하는 것이 된다.

85번째 면담을 통해 S에 대한 치료 목표가 선명해졌다. 감정을 살려 내는 것, 그리고 간극을 좁히는 다른 방법을 찾는 것이다. 면담 중 S는 면담 횟수를 주 2회로 늘리고 싶다고 하였고 치료자 역시 동의하였다.

(3) 88번째 면담

내담자 선명한 꿈을 꿨어요. 그동안에도 꿈에 계단이 자주 나왔어요. 과거의 꿈에선 주로 계단을 올라가곤 했는데, 이번에 꾸었던 꿈에서는 내려가서 신기했죠. 오늘은 백화점과 호텔이 배경이었어요. 내려가야 하는데 엘리베이터가 고장 나서 거꾸로 40~50층으로 올라가게 되었어요. 뭔가 헤쳐 나가야 하는 난관이 펼쳐져 있는데, 주도권이 나에게 있는 느낌이 들었어요. 꿈에선 내가 리더였어요.

　　　　엘리베이터에서 내린 후에 여러 명이 함께 계단을 통해 내려가려고 하는데, 내려가다 보니 여러 관문이 있었어요. 계단이 음습한 느낌도 들었고…. 계단을 뛰어 내려가는 동안 뭔가 계속 방해가 있어서 완전히 끝난 게 아니라고 느꼈어요. 모험이 아주 많았는데… 결국 1층에는 도달했어요. 그러다 갑자기 탁 트인 공간이 나타났는데, 엄청 저렴하고 좋은 물건을 팔면서 사라고 하더라구요. 함정인 걸 알았어요. 몇 명은 그 유혹에 휘말려서 버려졌고요. 그렇게 끝난 줄 알았는데 총을 가진 외국인과 괴한이 쫓아왔고, 계속 도망갈 수밖에 없었어요. 결국 함께 도망가던 사람이 쓰러졌고 나는 살았어요. 이후에는 차를 타고 어디론가 이동하면서 꿈에서 깼어요. 그래도 계단을 내려왔으니까 가장 큰 것은 해결한 것 같아요.

꿈의 배경이 백화점이라는 것은 억압된 욕망이 화려할 수 있음을 짐작하게 한다. 또한, 내려와야 하는 상황 같은데 올라갔다는 것은 방향성에 혼동이 있음을 말하는 것 같다. **S는 감정과 욕망을 느끼는 것이 과제이다.** 그런데 그 감정에는 '정말로 하기 싫다'는 자신의 감정과, '해야 한다'는 아버지의 감정이 뒤섞여있다. 자신의 감정은 부정적이고, 아버지의 감정은 당위만 앞선다. 어느 쪽도 주도권을 잡지 못한다.

아버지는 자신의 가치를 딸로부터 확인하려고 한다.

아버지가 부담스러우면서도 아버지로부터 인정과 위로를 받고 싶은 욕망이 숨어 있다. 이렇게 저렇게 얽히고 꼬여있는 감정과 욕망은 쉽게 정리되지 않는다. 여기에서 오는 혼동이라고 볼 수 있을 것이다. S에게는 감정을 다루는 경험이 절실했다.

혼동스러움에도 불구하고 S는 내려오는 것을 선택했는데, 이로 미루어 보아 내려온다는 행동은 현실 세계로의 이동을 상징하지 않을까 짐작할 수 있다. 그런데 방법이 엘리베이터가 아니라 계단이라는 건, 변화는 차근차근 단계를 거칠 수밖에 없는 것을 안다는 뜻일 것이다. 꿈에 등장한 여러 명의 사람은 S의 내면에 있는 여러 측면을 상징하는 것으로 보인다.

S는 일찍이 어머니와의 사이에서 충분한 공감을 경험하지 못하였고, 자신의 생각과 목표만을 강조하는 아버지와의 연결도 끊어졌다. 청소년기를 거치면서 힘들게 대학에 진학하는 동안 자신의 내면과의 연결도 끊어졌다. S에게는 안팎의 단절과 엄청난 간극이 존재한다. 그럼에도 불구하고 아버지는 성취를 강요하고, 어머니는 자신의 고통과 힘듦을 강요한다.

S를 둘러싼 외부의 요구는 압력을 넘어서 폭력적으로 느껴진다. 그렇지만 S는 외부의 요구를 만족시키지 못하는

자신을 탓한다. 억압적이며 처벌적인 슈퍼에고의 에너지이다. 아버지는 딸에게 많은 것을 요구하지만, 딸의 치료와 회복에도 열심이며 높은 관심을 보이고 협력하고 있어서 그나마 다행스럽다.

⑷ 90번째 면담

내담자 어린 시절의 기억은 좋지 않아요. 부모님의 잦은 싸움, 폭력…. 늘 화가 나 있는 아버지, 우울해하는 엄마, 그 모습을 바라보면서 느끼는 무서움과 공포…. 엄마는 자신의 삶과 우리의 존재를 원망했고 하소연했어요. 나는 매번 그런 말들을 들어야 했어요.

치료자 너무 담담하게 얘기해서 남의 경험처럼 말하는 느낌이 드네요. 그런데 어머니의 감정에 대해 말할 때는 오히려 감정이 생생하게 표현되고 있어요.

내담자 나보다는 엄마에게 더 감정 이입을 한 것 같아요. 할머니도 나에게 엄마를 이해하라고 요구했어요. 나는 그 요구를 받아들였지만 따로 표현하지 않았지요.

치료자 나의 감정과 욕망이 사라지는 순간들이군요.

S는 담담한 어투로 자신의 어린 시절 얘기를 타자화해서 말했다. 감정에 대해, 인간의 욕망에 대해 부정적인 태도를 가질 수밖에 없었던 배경이다. 그런데 어머니의 감정을 표현할 때는 감정이 묻어 나오고 있다. 이 부분은 중요한 장면이다.

S에게 있어 부모의 영향은 여전하며, 어린 시절의 정서는 현재에도 작동하고 있었다. 즉, 부모와 분리되어 있지 않은 상태였다. 그런데 분리되지 않은 대상인 부모는 가깝지도 편하지도 않아, 이럴 수도 없고 저럴 수도 없다. 편하지 않으면 멀어지면 되는데 그것조차 여의치 않다. 이것이 S가 느껴온 모순되고 애매한 감정, 양가감정의 뿌리이다.

치료자는 주 2회의 면담에서 안전하면서도 보다 가까운 관계를 경험하기 위해 노력하였고, S는 내면의 감정과 깊은 생각들을 드러내는 편지를 보내왔다. 편지는 겉으로 빈약해 보이는 인상과 달리 내향적인 사람들의 내면세계가 얼마나 다양하고 풍부한 느낌과 생각으로 가득한지 생생하게 보여주고 있었다.

(5) S의 편지

생명을 가진 존재가 되는 게 제가 보기엔 저주 같습니다. 그저 종족 번식이라는 대의를 위해 탄생한 하나의 생명체가 아닐지. 저라는 존재가 전 지구적으로나 아니면 저 멀리 우주에서 바라봤을 때 전혀 쓸모 있는 인격체가 아니라는 생각이 듭니다. 그럼에도 불구하고 남과 발맞추어 살기 위해 평생 아등바등해야 한다고 생각하니 힘이 빠집니다. 저는 어디에서 저의 존재의 의미를 찾아야 하고 희망을 찾을 수 있을까요?

제가 인간관계에 어려움을 겪는 근본적인 이유가 인간에 대한 기대감이 너무 커서라고 생각합니다. 나의 어두움을 걷어 낼 수 있게 도와주고, 정서적인 편안함을 주며, 나의 부족함을 채워 주는 사람을 기다리고 있거든요. 그러면서 대화가 재미있고 언제든지 속마음을 보일 수 있는 안정감 있는, 거의 신적으로 완벽한 존재를 기대하고 있습니다. 그래서 치졸하고, 이기적이며, 편협한 사람을 보면 실망감이 매우 커서 더 이상 마주하고 싶지 않아져요.

인간관계는 매우 피상적이며, 애초에 기대하지 않는 회피적인 태도를 취하고 있습니다. 그래서 새로운 사람을 사귀는 데 어려움이 있습니다. 이것이 제가 연애를 하지 않는 혹은 하지 못하는 근본적인 이유라고 생각합니다. 이러한 태도를 어떻게 바꾸어야 할까요?

저는 저라는 존재가 무엇인지 궁금해하고 있고, 삶이 무엇인지 잘 몰라 그 속에 뛰어들기를 주저하고 있으며, 저를 단순히 정의 내리고 평균적인 방향을 제시하는 사람에게 회의감을 느낍니다. 하지만 이런 생각을 하는 게 굉장히 생산성 없고 난해하다고 무시당했어요. 다소 철학적인 이런 질문까지 정신과가 다루고 있는지 궁금합니다.

결국 우울증이 시작된 게 제가 제 목소리에 귀 기울이지 않아서가 아닐까 생각합니다. 저는 끊임없이 상상하는 사람입니다. 자살하고 싶을 때는 상상 속의 내가 죽고, 위대한 사람이 되고 싶을 때도 마찬가지로 상상합니다. 이렇게 욕망을 억눌러 왔는데, 이게 오히려 제가 솔직해지고 직접적인 행동을 취하는 데 방해가 된다는 생각이 듭니다.

때로는 의사쌤이 너무 객관적이고 공정해서 거리감이 듭니다. 그러면서 동시에 그런 점이 신뢰를 주고 있습니다. 저는 정신치료에 어느 부분까지 기대해야 하고 의지해야 하는지 잘 모르겠습니다. 자살한 사람들에게 만약 자신의 삶을 되돌아볼 기회가 주어진다면 자신의 선택을 후회하고 있을까요? 아니면 죽음보다 못한 삶을 끝내버린 것에 안도감을 내쉬고 있을까요?

다른 사람들은 어떤지 잘 모르겠는데, 저는 생명에게

필연적으로 죽음이라는 게 존재한다는 걸 깨달았을 때부터 그냥 죽고 싶다는 생각이 불쑥불쑥 엄습했어요. 직접 행동으로 옮기기에는 저를 단단하게 잡고 있는 요소들이 많고 두려움도 많기에 그저 상상으로 멈추었지만, 그래도 아직 끝이라는 게 매력적이라고 느껴집니다.

어떤 사람들은 자신의 삶이 종결되는 것이 무서워서 종교에 심취하기도 합니다. 자신이 이루어 놓은 업적을 놓치고 싶지 않아서 그런 것일까요? 아니면 과거에 강한 미련이 있어서 그런 걸까요? …특히 노인들에게 해당되는 이야기인데, 존재의 소멸이 두려워 젊음을 열망하는 그들과는 반대로 그 연령대가 부러울 때가 있습니다.

어떠한 삶을 살았든, 노인들의 나이는 수많은 고통과 역경을 버텨 냈다는 것을 반증하고, 소설로 치면 긴 연재 끝에 완결을 앞둔 상황이니까요. 저는 아직 젊은이로, 이루어 낸 일도 없고 앞으로 해내야 할 과제들만 잔뜩 있어요. 언제 졸업하며, 어떻게 취업할지 생각하면 눈앞이 아득합니다.

언제 죽음을 맞이할지 모른 채 하루하루 열심히 살아가는 건 너무 고되고 미련해 보입니다. 삶이란 끊임없이 행복과 고통이 돌고 도는 인생의 회전목마로, 일정 시간이 지나면 내려야 하는 단조로운 놀이기구라고 생각합니다. 얼마나 살았다고 인생에 회의적이기만 한 저 자신이 싫습니다.

인생에 통달한 깨어있는 사람인 척하는 게 우스워요.

단순 무식하게 주어진 대로 살고 작은 일에도 일희일비하는 감정이 풍부한 존재였으면 좋겠습니다. 식물이나 곤충으로 태어나서 그저 본능에만 충실히 살다 죽었으면 좋겠습니다. 저는 그저 흔한, 세상에 머물다 가는 나그네에 불과하지만 죽을 때까지 인내하며 노력해야 합니다. 하기 싫어요. 시작하기도 전에 모든 것에 싫증을 느껴요.

그래서 오늘도 침대에서 벗어나지 않습니다. 매일 슬픔을 참아내는 저 자신을 온전히 안아주는 유일한 사물이기 때문입니다. 수많은 가능성 중에 하필 제가 태어났다는 사실이 너무 싫어서 시간을 되돌려 제 존재를 지워버리고 싶습니다. 아무도 나를 기억하지 못하고 나조차도 나를 모르는 그러한 상태가 되면 얼마나 좋을까 상상합니다. 저 대신 이 세상에 태어나고 싶었을 존재에게 제 생명을 양도하고 싶습니다.

저는 제가 하는 상상으로 제가 느끼는 기분이나 느낌을 파악하곤 합니다. 이를 통해 깨달은 것인데, 위에 길게 죽음을 열망하는 이유를 적었지만 반대로 저는 삶을 강하게 열망하고 있는 이중성을 가지고 있는 사람이라는 것입니다. 관심 없는 척, 무심한 척하지만, 실은 사랑과 관심을 고파하고 사람들 사이에 섞이고 싶어 하고 있습니다. 잠들기 전에

하는 상상도 사랑하는 누군가를 꽉 껴안으면서 안정감을 느끼는 것입니다. 허상에 불과하지만 매일 진정이 안 돼서 잠들지 못하는 저에게 약간의 온기를 느낄 수 있게 하는 방법입니다. 이런 걸 보면 아직 죽을 때가 되지 않았다고 생각합니다.

무언가를 진심으로 사랑하고 싶습니다. 가족들에게 미안하지만 저는 그 어느 것도 사랑하고 있지 않는 듯합니다. 없어지면 눈물을 흘리며 후회하겠지만, 그들이 저에게 보이는 애정과 무관하게 내면까지 따뜻함이 닿지 않습니다. 스스로 아무리 매정하고 차가운 사람이라고 비난하면서 애정을 느끼려고 노력해도, 감사함이나 안정감이 전부일 뿐 사랑이 느껴지지 않습니다. 아니면 그게 사랑인데도 자각하지 못하는 걸까요?

그래서 삶을 유지하기 위해서 사랑하는 허상의 존재를 만들어 냅니다. 만화 캐릭터인 적도 있고, 상상 속의 부드러운 털을 가진 동물이었던 적도 있고, TV에 나오는 연예인인 적도 있습니다. 공통점은 그 허상의 존재 앞에서는 저의 아픔을 숨기지 않아도 된다는 점이었습니다. 그뿐만 아니라 늘 곁을 지켜주는 듯한 든든함이 있었습니다. 저를 나무라지 않고 있는 그대로 봐주며 솔직하게 눈물을 보일 수 있게 하는 넓은 마음을 가지고 있었습니다.

이제 눈물을 보인다고 혼을 내는 사람은 없지만, 그 누구 앞에서든 울기 무섭습니다. 울기 시작하면 견고해 보이는 내 감정의 모래성을 무너뜨려 버릴 것 같기 때문입니다. 저는 자존심이 세서 어떤 사람이 되었든 이미 차갑고 잔잔해진 제 내면의 수면을 건드리는 것을 거부합니다. 하지만 강력한 감정적 경계마저 부드럽게 해제하는 존재를 기다리고 있기도 합니다.

위에 언급했듯이, 이는 '허상의 존재'입니다. 일시적인 따뜻함을 주더라도 그것은 거짓에 불과합니다. 그래서 더욱더 저를 초라하고 외롭게 만듭니다. 더 꽉 껴안아 봤자 생명 없는 푹신한 베개에 불과합니다. 제가 너무 완벽한 인간상을 그리고 있지 않나 한 번 더 자조해 봅니다.

그래서 사람들에게 다가가기를 더욱 주저하고, 기준에 조금이라도 부합하지 못하는 그들에게 회의감을 느끼고 있습니다. 인생은 디즈니 만화랑은 달라서 꼭 맞는 운명의 상대를 찾을 리 만무하고, 찾더라도 결국 착각에 불과할 것입니다. 같은 맥락으로 '영원히 행복하게 살았답니다'와 같은 결말은 존재하지도 않을 테지요.

(6) **120번째 면담**

내담자 나는 아주 어려운 환자 같아요…. 방어막을 뚫
기 쉽지 않아요. 내가 만들어 낸 방어막인데….
이 방어막에 가시가 있는데 안쪽을 향하고 있
어요. 그래서 해제하려고 하면 그 가시가 오히
려 나를 찌르게 되고 내가 아파요. 정체성의 위
협… 침입당하는 느낌…. 나는 잘 몰랐는데….
뭔가 숨기는 것이 많고 비밀이 많은데, 그것을
공유할 준비가 되어 있지 않아요. 선생님은 너
무 정석적으로 신뢰를 주지만… 아주 유연하게
알 듯 말 듯 다가와서 넘어가야 그나마 공유가
가능하지 않을까요? 예전 상담 선생님도 이 부
분에서 실패했어요…. 이건 외부가 아니라 내부
에서만 열 수 있는 거라서….

치료자 그 방어막이 어떻게 만들어졌는지 궁금하군요.

내담자 외부인들을 차단한다는 의미의 방어막은 유아
때부터 있었던 것 같아요. 왜냐하면 다른 사람
이 나에게 다가와서 친해지려고 할 때 거리감을
두고 관찰했던 것 같거든요. 유치원에서의 나와
집에서의 나를 다르게 분리했었어요.

치료자 다가올 때도?

내담자 나는 저 사람과 대화하고 싶은 마음이 없다고 차갑게 대했던 것 같아요. 어려서부터 사회성이 많이 떨어졌던 것 같아요…. 부모님은 이 사실을 제가 20대가 되어서야 안 것 같아요. 부모님은 복합적인 존재였어요. 나를 길러 주고 보호해 줬지만 두 사람의 다툼으로 집안이 불안정했고…. 의지할 수 있는 대상이 아니었어요. 믿음이 없어요.

치료자 방어막의 건너편에 어떤 것이 있지 않을까요?

내담자 이상적인 사람들이 모여 있는… 이중적이지 않으면서 편안하고 믿음이 가는 사람들… 결점이 없는 사람들이 소통하는 공간을 상상했어요. 뭔가 알록달록한 공간 같은…. 그런데 실제로는 본 적이 거의 없어요. 굳이 표현하자면 놀이 공원 같은 느낌….

치료자 색깔이 선명하다는 것이 재미있네요.

내담자 초등학교 때 본 미국의 풍경이 좋았어요. 4학년에서 5학년 사이….

치료자 좀 더 연상해 보면 어떤가요?

내담자 또 다른 세계는… 뭔가를 관찰하고 분석하는 것을 좋아했어요. 중학교 때보단 많이 무뎌졌어요. 이후로는 성장하지 않은 것 같아요. 사람들을 날카롭게 비판하는 것, 인물들의 상관관계, 인간관계 파악을 좋아했어요. 친구나 선생님, 부모님 등….

치료자 세상과 타인에 대해 관심이 있었다는 긍정적인 의미로 느껴져요. 가시 애기를 좀 더 해 볼까요?

내담자 원래는 외부로 향해야 하는데, 언제부턴가 내부를 향하게 되었어요. 오류가 아닐까요.

치료자 주변에서 외부로 향하는 것을 많이 본 게 아닐까요?

내담자 그럴지도 모르겠네요.

꽤 긴 시간 무기력과 우울을 겪는 사람을, 특히 그의 내면을 가까이서 바라보는 것은 많은 에너지를 요구한다. 좋아지는 듯하다가 악화될 때, 환자나 치료자 모두 좌절과 고통을 느낀다. 이런저런 고민을 하게 된다. S는 **이중단절**double disconnection 상태에 놓여있다. 이중단절은 주요 우울증, 범불안장애, 강박증과 같은 심각한 정신병리의 이면에서 흔히 관찰되는 핵심 문제이다.

몸에 밴 어린 시절의 심리세계탐구

'세상은 물론이며 부모와도 단절되고, 또 자신의 내면과도 분리된 상태에서 연결의 경험을 어떻게 얻을 수 있을까?' '어떤 식으로 연결을 경험하고, 그것을 자신의 경험으로 받아들일 수 있을까?' '연결의 매개자로서의 치료자의 역할은 어디까지 가능한 것일까?' '연결의 과정에서 환자가 혼란스러워하고 상처를 겪거나 더 큰 좌절을 겪을 가능성은 없는 것일까?' '환자를 보호하면서, 서야만 하는 그 무대의 배경과 환자의 영혼을 춤추게 하는 음악은 무엇일까?'

　S의 편지는 지속되는 우울증과 매우 내향적인 성격[43] 때문에 겉으로 드러나는 정서 표현은 거의 없어 보였지만, 내면세계에는 매우 다양하고 풍부한 느낌과 에너지가 있음을 확인시킨다.

　S의 편지는 치료 과정을 진전시키는 계기가 되었다. 편지의 내용보다도, 그것을 적으면서 표현하고 공유하는 것이 더 본질적인 의미였을 것이다. 내면과 외부와의 연결 경험이라고 볼 수 있다. 상당히 민감하며 관계에 대한 믿음의 경험이 별로 없는 사람이 '신뢰'와 '공감'이라는 느낌과 에너지를 구체적으로 경험하고 알게 된다는 것은 어려운

43　분열형 성격schzotypal personality

일이다.

　프로이트는 **전이**라고 명명한 특별한 관계의 무대를 통해서만 문제의 뿌리인 무의식이 드러나고 그것을 다룰 수 있다고 주장하였다. 드러내기 어려웠던 에너지인 만큼 안전하고 조심스럽게 다루어져야만 한다. 치료자는 불안정한 에너지를 담을 수 있는 안전한 용기가 되어야 하고, 그 그릇을 통해 자신의 또 다른 의식과 현실과 만날 때 비로소 과거의 틀에서 벗어날 수 있는 새로운 에너지로 재탄생될 수 있다.

　S와는 주 2회의 심리치료와 더불어 다른 소통 채널도 만들었고 일정하게 유지하였다. S가 원하는 소통 방식을 존중하고 따라가려고 했다. 무엇보다 환자와 치료의 틀도 안전하게 보호해야 했고, 동시에 유연함을 잃지 않아야 하는 에너지의 균형이 쉽지 않았다. 그래야 S의 가시가 자신을 해치지 않을 것이며, 방어막도 부드럽게 변할 것이다. 중립성neutrality을 유지하면서도 공감을 잃지 않는 방법이며, 에너지를 이해하면서 나누는 것이다.

　한쪽에 치우치지 않아야 하는 그 길은 생각보다 좁고 바닥도 울퉁불퉁하여 넘어지기 쉽다. 하지만 계속 가다 보면 넓은 평원을 만나게 될 것이다. 그렇게 S의 감정과 내면 세계에 더 다가가고 나누면서 S를 더 이해할 수 있었다. 시간이 흐르면서 S도 치료자도 정서적 안정과 편안함을 경험하고 있음을 확신하게 되었다. 자신의 느낌과 생각에 대한 표현도 훨씬 자연스러워졌다. 의욕도 높아지면서 학교에 복귀하였고 전과 다른 느낌으로 강의와 과제에 참여하고 있다.

"불러내든 불러내지 않든, 신이 함께하리라!" 융의 집 앞에 쓰여 있는 문구이다. 접촉과 연결의 궁극적인 목적은 세상의 본질적인 에너지, 자연과 우주의 에너지와 관계를 맺는 것이 아닐까? 또, 우리에게 근원과의 관계를 묻기도 한다. 그래서 거기에 다가가려고 하지만 결코 도달하진 못한다. 신과의 관계이므로 이야기의 원형은 신화일 수밖에 없고, 그렇게 되면 인간은 종교적 태도를 가져야 한다.

이 지점에서 '신성한 힘에 대해 주의 깊게 관찰하는 것'이 종교적 태도라고 한 융의 얘기는 울림을 갖는다. 융은 신에게 닻을 내리지 않은 개인은 자신의 힘만으로 세상의 물리적, 도덕적 유혹에 저항할 수 없으며, 군중으로 침잠되는 필연으로부터 자신을 보호하기 위해 내면적 초월적 경험의 증거가 필요하다고 하였다.[44]

44 『카를 융 영혼의 치유자』. 클레어 던. 공지민 옮김. 지와사랑. 2013. p283

의식의 가장 깊은 어떤 곳엔 더 이상 자아의 활동이 없는 지점이 있다고 한다. 그곳을 동양에서는 무아無我라고 부르며, 한편으론 공空과 공백空白이라고 부르기도 한다. 공백을 없애려는, 또는 결여를 채우려는 에너지가 욕망과 감정의 기원일 것이다. 사실 공백이나 공허는 단순한 '부재' 또는 '결핍'이 아니라, 가장 강한 힘을 받는 알 수 없는 '무엇'이다.

가장 작은 원자의 공간과 가장 크고 넓은 우주 공간의 99.9% 이상이 진공, 즉 공백으로 채워져 있다는 것은 매우 흥미로운 사실이다. 엄청난 공간과 공백이 있으므로 에너지가 흐를 수 있고, 또 구획과 경계가 생김으로써 관계라는 본질이 생겨나는 것이 아닐까?

공백과 결여의 샘에서 흐르기 시작하여 어느새 커다란 강물로 변해 버린 욕망과 사고는 마치 심장 박동처럼 자동적이고 자율적으로 생겨나고 움직인다. 그런 면에서 욕망과 사고는 본질적이고 무의식적이다. 나의 진짜 욕망을 알기 어려운 것이다. 그렇기에 공백과 결여를 채워줄 대상을 찾고 또 헤매고 되고, 대상을 향해 환상을 갖는다.

이를 프로이트는 **충동**drive이라고 하였고, 자크 판크세프Jaak Panksepp는 그 에너지를 **갈망**seeking이라고 불렀

　　　　　　　몸에 밴 어린 시절의 심리세계탐구

다.[45] 자아가 성장하여 의식되기 전의 이 에너지는 상징, 또는 이미지로 존재한다. 그리고 이 상징과 이미지는 오래전부터 전해 내려오고 있다. 단지 개인의 의식이 알지 못할 뿐이다. 원형은 가장 깊은 곳에 있는 상징의 에너지이다.

인간의 불완전성, 불확실성, 불안정성은 근본적으로 공백을 자극한다. 결여와 결핍의 느낌이 의식으로 떠오르도록 만드는 것이다. 특히 유년기의 결핍 경험은 그 공백을 확대시키고 불안을 자극한다. 불안한 의식일수록 결핍, 즉 공백의 확장을 필사적으로 방어하기에 급급하다.

이 과정에서 흔히 사용되는 에너지가 강박과 이상주의이며, 때때로 허무주의이다. 강박은 커져 있는 혹은 커져가는 공백을 견디지 못하고 무조건 없애려고만 하는 에너지이다. 대부분 강박은 유년기부터 작동되는데, 의식은 쉽게 알아채지 못한다.

과도한 진지함이나 엄숙함, 실패에 대한 공포는 강박이 있음을 알려준다. 강박과 허무는 다른 얼굴을 가진 이란성 쌍둥이와 같다. 공백은 욕망이라는 에너지의 출발점이자 종착역이다. 공백, 나아가 결핍 또는 결여의 자리는 결국 초월적인 존재로 향할 수밖에 없을 것이다. 순간이라는 육

45　『The Archaeology of Mind』, Jaak Panksepp · Lucy Biven, W. W. Norton & Company, 2012

신과 영원이라는 정신을 동시에 가진 인간에게 종교적 태도는 어찌 보면 운명적인 것이 아닐까?

몸에 밴 어린 시절의 심리세계탐구

8

두 개의 세계

내면세계 · 외면세계

"내면으로 더 많이 물러나면서 길을 찾으라. 밖으로 용감하게 나오면서 길을 찾으라. 하나의 특정한 길 위에서 그것을 찾지 말라. 길을 얻는 것은 올바름만으로, 혹은 종교적인 성찰만으로, 혹은 앞을 향한 열정적인 지향만으로는 불가능하다. 개성의 성장과 의미를 이해하기 위해 모든 것을 시험하며 길을 찾으라."[46]

내면과 외면이라는 두 가지 세계, 두 가지 관계에 대한 생각은 오랜 역사를 갖고 있다. 어쩌면 인류의 시작과 함께 있었을지도 모른다. 애착과 동일시라는 두 개의 터널을 경

---

46 『드쟌의 서The Book of Dzyan』. 이 책은 티베트어로 쓰인 고대문헌이다.

험하면 두 가지 관계와 두 개의 세계가 자신에게 주어졌다는 것을 느끼게 되는 시기가 온다.

내면세계, 그리고 외면세계이다. 자신과의 관계, 그리고 외부 세상과의 관계이다. 각각은 주관성과 객관성을 느끼게 하는 안과 밖의 관계이며, 각각은 내면세계와 외면세계를 만들어 낸다. 두 개의 관계는 두 개의 세계이며, 그에서 다양하게 생겨나는 감정과 정서는 마음의 성장과 발달에 핵심적인 역할을 한다. 내면과의 관계는 뇌의 발달을 자극하고 외부와의 관계는 인간관계의 발달을 만드는데, 두 가지 관계와 두 가지 발달은 평행을 이루면서 함께 일어난다.

"우리는 내부에서 두 개의 현실을 감지한다. 외적 경험의 현실과 내적 경험의 현실이다. 자신을 외적 경험에 종속시키면서 우리는 자신의 '나'에 대한 의식을 잃는다. 또 자신을 내적 경험에 종속시키면서 우리는 또한 우리 의식의 단일성을 환상의 바다에 용해시킨다. 두 가지 경험의 마찰과 투쟁 속에서만 우리의 '나'는 자유로운 '나'로 감지된다."[47]

47 『세계관으로서의 상징주의 1』, 안드레이 벨르이, 이현숙·이명현 옮김, 나남출판, 2019, p203

　　　　　　　　　　몸에 밴 어린 시절의 심리세계탐구

내면과 외면이라는 두 관계는 적절하고 건강하게 균형을 이루면서 개인의 의식과 정신세계를 지탱해야 한다. 양쪽은 서로가 의식을 자신의 편으로 강력하게 끌어당긴다. 마치 솔로몬의 재판에 나오는 아이를 차지하려는 두 어머니와 같다. 의식은 재판에 놓인 아이처럼 양쪽에서 오는 압력을 받게 되는데, 우리는 갈등이라는 느낌으로 그것을 경험한다.

두 가지 관계와 두 가지 에너지는 정신의 대극성을 만드는 정신지형의 기본적인 구조이다. 상이한 두 에너지의 공존은 쉽지 않으며, 대립과 갈등은 피할 수 없는 실재적 조건이고, 내면의 생태적 환경이다. 그런 가운데 의식이 서로 극단으로 향하면서 대극성이 심화되는 경우가 종종 생겨난다.

두 세계를 만드는 조건들

모성터널과 부성터널의 문제

내면세계는 생생하게 느껴지고 경험되지만, 본질적으로 자신이 설계하고 만든 것은 아니며 통제도 되지 않는다. 통제하고 싶은 마음은 간절하고 또 마치 통제될 것 같은 느낌도 받지만, 간절함이 클수록 오히려 관념적인 목표나 집착만 강해지면서 그것을 통제하고 있다는 착각의 늪에 빠지기 쉽다.

　외부의 세계는 자연에서부터 문화와 문명에 이르기까지 다양하고 거대하다. 문화와 문명의 경우에는 인위적인 것이므로 우리가 어느 정도 영향을 줄 수 있고 통제가 가능한 부분도 있다. 그러나 너무 많은 사람이 관여하고 있고, 또 시스템 자체가 갖는 복잡성이 있으므로 또한 통제할 수 없는 것이 대부분이다. 외부세계에 대해 한계를 느낄 때는 크게 두 가지 반응이 생긴다. 겸허해지거나, 혹은 체념하고 우울해지거나 분노한다. 안과 밖은 각각의 방식으로 의식을 자극하고 끌어당긴다.

　타고난 내향성, 유아성, 자기애는 내면의 에너지를 강화시키는 대표적인 것들이다. 이런 성향 아래에는 모성 에너지의 과잉이나 결핍이 있다. 모성터널의 문제이다. 반면 외부 대상에 대한 지나친 두려움이나 무지는 외부세계를 멀리하게 만든다. 거리두기이다. 그 아래에는 오이디푸스 이슈oedipus issue가 숨어 있다. 부성터널의 문제이다. 안으로만 들어가려는 에너지와 외부에 대한 거리두기는 의식을 내면세계에 치우치게 하여 균형을 잃게 한다.

　반면 내면에 대한 관심은 거의 없고, 외부의 어떤 대상을 맹목적으로 추종하거나 집착하는 경우도 흔히 있다. 외부 대상은 주로 특정한 사람인 경우가 많지만 환경, 물질, 행위, 사상 등도 얼마든지 대상이 될 수 있다. 그럴 때 우리는 '집착, 의존, 중독'이라고 표현한다. 집착 혹은 의존은 마음의 공백이 너무 커져 버린 상태인 심한 결핍과 연관되지만, 왜곡된 자기애가 일방적으로 투사될 때도 생겨날 수 있다.

내면 에너지와 외면 에너지의 과제

표현하기 · 경험하기

내면 에너지의 과제는 그것을 밖으로 드러내는 것, 즉 표현하는 것이다. 표현한다는 것은 무엇일까? 표현은 표현하고 싶은 것이 생겨날 때 자연스럽게 일어난다. 그것은 안에 있는 것을 느끼는 것이며, 그 느낌을 충분히 인식하는 것이다. 그러기 위해선 안으로 물어야 한다. 스스로에게 질문하는 힘이 표현하는 힘이다.

"내 안에 무엇이 있는가?" 내면을 향해 집요하게 물을 때 표현하고 싶다는 욕망이 작동하며, 마침내 밖으로 그 욕망이 드러나는 것이다. 감각과 감정이 주는 느낌, 인식, 욕망이 합쳐져서 거대한 에너지가 되는 것이다. 마땅히 표현해야 하는 것을 하지 못하는 건 억압이다.

외면 에너지의 과제는 밖을 경험하는 것이다. 경험한다는 것은 무엇일까? 내면의 경험이 투영된 대상과 관계하는 것이며, 세상을 경험하는 것이다. 이는 외부의 존재를 지각하고 이해하며 받아들이는 것인데, 사실은 외부에 대답하는 것이다. 그러기 위해선 외부에서 들려오는 질문에 귀를 기울여야 한다. 밖에 무엇이 있으며 나에게 무엇을 묻고 요구하는지 이해할 수 있을 때, 외부 세계는 자기와 연결되며 관계를 맺게 된다. 어머니와 아버지는 그 경험의 시작이다. 마땅히 경험해야 하는 것을 하지 못하는 게 결핍이다.

본질적으로 억압은 안에서 일어나지만, 주관적으로는 밖에서 억압하는 것처럼 느껴진다. 본질적으로 결핍은 밖에서 생겨나지만, 주관적으로는 안에서 결핍된 것으로 느껴진다. 이렇게 안과 밖은 연결된다. 경험한 것들이 표현의 재료가 되면서 안과 밖이 순환한다.

삶의 전반부는 밖을 경험하는 것이 주요 과제이다. 적절한 경험을 위해선 내면의 힘이 필요하고, 애착, 공감, 공명, 신뢰에서 시작되는 에너지가 필요하다. 그러나 삶의 후반부가 되면 **자기**self[48]를 느껴야 하며 스스로 질문해야 한다. 때가 되면 내면에서 올라오는 자신에 대한 질문은 중년기에 **개성화**individuation의 길로 이끄는 중요한 동력이 된다.

---

48 융이 개념화한 용어로, 자아ego와 다른 전체로서의 나다운 존재를 지칭한다.

두 세계의 균열 알아차림 · 안전지대

문제의 대부분은 내부의 세계와 외부의 세계, 나아가 대극성 사이의 균열이나 불균형에서 생겨난다. 흔히 외부 자극에 의해 내면에서 생겨나는 것이 있으므로 내면세계와 외면세계는 매우 밀접하게 얽혀있다. 하지만 본질적인 차이가 있는 두 세계 사이에는 생각보다 큰 간극이 존재한다. 개인의 특성과 환경의 영향은 큰 간극을 더욱 확장시켜 커다란 공백을 만들 수 있다. 내향성이나 외향성 중 한쪽이 너무 강해서 두 에너지의 충돌이 생길 때 그것을 제대로 인식하는 것이 중요하다. 그럴 때 의식은 건강하게 깨어난다.

정신분석가 도날드 위니콧Donald Winnicott은 그것을 '각성'이라고 불렀다. **알아차림**awareness이라고 해도 좋겠다. 주관적 상상과 객관적 실재가 일치하지 않는다는 깨달음은 균형을 잡아 준다. 내가 느끼는 세상과 실제 세상 사이에 항상 간극이 있음을 아는 것도 중요한 깨달음이다.

주관적 내면세계를 이루는 중요한 자극의 하나는 몸에서 오는 감각DMN, default mode network이다. 몸에서는 항상 생명 활동이 일어나고 있으며, 그 에너지를 계속해서 뇌에 전달하면서 느낌과 이미지를 만들어 낸다. 내면에서 자동으로 일어나는 욕망도 주관적인 느낌을 만드는 중요한 에너지이다.

이질적인 두 세계는 마치 비무장지대처럼 둘 사이에 안전한 중간지대를 필요로 한다. 마치 모유에서 이유식이라는 과정이 필요한 것처럼, 또 빛과 어둠 사이의 노을이나 여명의 순간과 같은 것이다. 안전지대는 어머니-아이 관계의 애착 경험에서 시작되는데, 12개월 전후로 나타나는 **이행대상**transitional object[49]도 일종의 안전지대이다. 아이가 성장하면 자신만의 '놀이 공간'이 그 역할을 맡는다. 이는 일종의 상징적 공간이다. 유년기가 되면 친구와 또래관계가 그 역할을 대신하게 된다.

안전지대가 시간적, 공간적으로 구체화될 때, 그 에너지는 분명하게 인식된다. 그런데 만약 안전한 중간지대가 없거나 중화시킬 안전장치가 없다면, 대극성의 에너지는 서로가 자신의 극을 향해 달려가게 되고, 미약한 의식은 갈기갈기 찢기는 처지에 놓인다.

주관성의 극단적 형태는 유아적 자기애와 고집이다. 만약 모성과의 분리에 실패한다면 유아기와 유년기에는 의존성이 두드러져 마마보이처럼 행동하지만, 그 이면에서는 유아적 자기애, 유아적 고집이 강해지게 된다. 그리고 때가 되면 모성과 대척점에 서면서 대립하게 된다. 모성과의 대

---

49 아이에게 어머니와 비슷한 느낌을 주는 담요나 인형 같은 상징적인 물건

립은 먹는 것, 식사 행동과 같은 원시적인 형태에서부터 학교 가는 것, 공부하는 것, 게임 하는 것, 부모가 원하지 않는 친구들을 사귀는 것 등으로 다양하게 표출된다.

이렇게 되면 사소한 것부터 어머니와 자꾸 부딪히게 된다. 아이는 간섭에 화를 내면서 자율성을 주장하지만, 사실은 어머니가 개입하도록 하는 행동을 함으로써 심리적 관계가 오히려 강화된다. 고집을 피우면서 어머니를 패배시키고 무력하게 하면서, 유아적 자기애의 승리에 도취하고 자신의 유아성을 지속하려는 욕망이 숨어 있다.

주관성이 심화하면 자신의 생각에 대한 확신과 추진력이 강해지면서 이상주의와 완벽주의로 발전할 수 있다. 내면의 또 다른 영역에서는 고집과 상반되는 약함, 민감성, 불안이 있지만, 어느 정도 성장하기 전에는 잘 드러나지 않고 대부분 스스로도 인식하지 못한다.

객관성의 압력이 심해지면 타인의 시선이 나를 지배하게 된다. 사소한 것에도 눈치를 보게 되는데, 인격의 사회적 측면인 **페르소나**persona[50]가 정신의 많은 부분을 차지하기 때문이다. 인격에서 객관성과 페르소나가 너무 강해지

---

50 고대 그리스의 연극에서 배우들이 배역을 표현하기 위해 썼던 가면을 말하며, 인격의 사회적 측면이나 외부의 인격을 상징하는 표현으로 사용된다.

면, 의식은 내면과 유리遊離되기 쉽다. 유리 상태가 지속되면 의식과 내면이 박리되어, 깊은 곳에서 올라오는 의욕이나 의미가 사라진다. 이렇게 되면 우울감에 빠지기 쉽고 병적인 불안을 느낄 수도 있다. 외부의 적응에만 몰두할 때도 갑자기 의욕을 잃고 무기력에 빠질 수 있다.

인간은 모두가 다르다 과거 경험

같은 상황에 있는데 느낌이나 생각이 달라서, 또 같은 뉴스를 보고 너무 의견이 달라서 언쟁을 벌이는 경우가 흔히 있다. 동일한 시공간을 공유하더라도 개인에 따라 보이는 것이 매우 다르고 이로 인해 전혀 다른 경험이 된다. 자신의 과거 경험, 무의식적인 생각과 느낌, 관점이 투사된 것이 현실이 되기 때문이다. 실제로 세상은 사실보다는 상태와 사건의 총합에 더 가깝다. 객관적이라고 느껴지는 사실과 현실도 실제로는 개인에 따라, 개인의 상태에 따라 모두 다르게 인식될 수밖에 없다.

그렇다면 과거 경험이란 무엇인가? 경험은 어떻게 개인의 의식에 침투하고 자리 잡게 될까? 과거 경험을 형성시키는 핵심적인 두 가지 기둥이 있다.

첫째, 애착이라는 어머니와의 관계, 즉 모성 경험이다. 이것은 모성과 모성상을 인식하는 것에서부터 출발하여,

몸에 밴 어린 시절의 심리세계탐구

내부에서 소화되면서 개인에 따라 변형하고 또 외부로 투사되는 것을 모두 포함하는 경험이다.

모성상을 소화하고 변형하는 과정에서는 무의식의 심층에서 활성화되어 작동하는 아니마가 관여한다. 외부로 투사되는 과정이 함께 일어나는 거대한 심리적 사건이다. 이 과정에서 생겨나는 에너지는 감정적, 정서적 경험을 이끌고 관계의 중심이 된다.

두 번째, 동일시라고 하는 아버지와의 관계, 즉 부성 경험이다. 이것은 부성과 부성상을 인식하는 것에서 출발하여, 내부에서 소화되면서 개인에 따라 변형하며 마찬가지로 외부로 투사되는 것을 모두 포함하는 경험이다. 부성상을 소화하고 변형하는 과정에도 무의식의 심층에서 활성화되어 작동하는 아니무스가 관여한다. 그리고 그것이 투사되는 과정이 함께 일어나는 거대한 심리적 사건이다. 이 과정에서 생겨난 에너지는 이성적, 개념적 경험을 이끈다.

그러므로 상황과 환경을 인식해서 생겨나는 것처럼 느껴지는 나의 현실my reality, 즉 개인의 현실은 사실 깊은 곳에서 작동하는 아니마와 아니무스와 같은 원형이 움직이는 것이다. 이것들이 변형하면서 투사되어 만들어 내는 나만의 세상이므로, 본질적으로는 환상이자 허구일 수밖에 없다.

현실을 있는 그대로 본다는 것, 사실을 제대로 이해하고 받아들이는 것이 정신건강의 핵심이자 과제이다. 자아는 자신이 제대로 보고 있다고 믿고 또 주장하지만, 그것은 자아의 일방적인 생각일 뿐이다. 자아의 시각과 능력은 본질적으로 협소하고, 제한적이며, 무의식의 영향에서 결코 자유로울 수 없다. 그렇기 때문에 수많은 현인과 수행자들이 그렇게 긴 시간 동안 노력한 게 아닐까? 물론 그럼에도 거의 불가능한 과제에 속하는 것은 맞다. 이것을 알고 받아들일 수만 있어도 건강한 자아라고 볼 수 있다.

에드문트 후설Edmund Husserl과 마르틴 하이데거Martin Heidegger로 대표되는 현상학Phenomenology에서 말하는 **판단중지**epoche[51]와 같은 태도는 자아의 오류를 줄이는 데 도움이 된다. 명상에서 중요시하는 비판단적 태도와 알아차림도 비슷한 맥락으로, 자아의 일방적인 에너지에 끌려가는 것을 막아주는 마음의 근육을 키워준다.

---

51 선불리 판단하거나 개념화하지 않고, 현상을 있는 그대로 보기 위한 방법적 태도

몸에 밴 어린 시절의 심리세계탐구

II

내 안의 부모가 만드는 문제들

어머니와 아버지는 실재이자, 동시에 에너지로서 자녀에게 강력한 흔적을 남긴다. 개인의 내면에는 어린 시절의 자신과 자신을 대했던 부모가 주었던 느낌들이 함께 저장된다. 강력한 내면의 에너지를 만드는 부모와의 경험은 하나의 인격적 특성을 갖는다. 개인의 인격이 성장하면서 현실의 부모는 내면의 부모상으로 내재화되며, 나의 인격은 부모의 인격상과 지속적인 상호작용을 갖는다.

이런 이유로 현실의 부모는 물론이며 내재화된 부모의 인격상은 **내면 아이**에게 강력한 영향을 줄 수밖에 없고, 내면 아이와 별개로 성장하고 있는 '또 다른 나'는 부모와 내면 아이 사이의 문제를 조율하는 과제를 맡아야 한다.

여러 문제의 뿌리는 내면의 간극과 균열에 있다. 대극성의 구조를 가진 마음은 간극 그 자체이지만, 중요한 균열의 대부분은 내면에 존재하는 성장한 나(현재의 나), 내면의 어린아이(어린 시절의 나), 그리고 내면의 부모(어린 시절에 겪었던 부모의 에너지) 사이에서 생겨난다. 각각은 모두 인격적 에너지로서 힘을 갖지만 서로의 경험과 지향이 다르므로 간극과 균열 자체를 피할 방법은 없다. 간극과 균열에도 불구하고 연결이 일어나는가, 아니면 단절로 귀결되는가에 따라 이후의 삶이 달라진다.

유년기의 경험은 간극의 크기와 깊이에 영향을 주는 가장 중요한 요인인데, 간극과 균열이 커지면 연결보다는 단절되기 쉽다. 이질성의 복합체인 마음은 내면 인격에 다양한 에너지를 생성하고, 다름과 각각의 정체성을 갖게 한다. 이로 인해 우리의 내면에서는 항상 갈등과 대립이 생겨난다. 원형으로부터 기인한 대극성의 핵은 각각의 에너지를 끌어당겨 여러 종류의 에너지 장을 만들고, 대극성이라는 에너지의 축들을 형성한다. 이러한 내면의 구조로 인해 우리의 마음은 내면 속 각 인격들의 조율과 통합이라는 과제에 놓이게 된다.

부모는 부모이자, 동시에 삶의 선배이며, 인도자이고, 또 간섭하고 통제하는 훈육자이기도 하다. 2부에서는 사례를 통해 어머니와 아버지 인격과의 관계에서 생겨나는 문제들을 좀 더 깊이 살펴보고자 한다. 먼저 사례를 기술하고, 사례와 연관된 개념과 생각을 설명하는 방식으로 서술하였다. 구체적인 사례를 읽으면서 자신의 문제의 뿌리가 어디에 있고, 어떻게 다가가서 이해해야 하는지 통찰력을 갖게 되길 희망한다.

이와 더불어서 완벽주의와 이상주의, 나르시시즘과 자기애, 자기비하와 열등감, 인간관계의 문제, 병적인 다이어트와 식이장애, 불안 등 보다 구체적인 문제들에 대해서도 사례와 함께 고민해 보고자 한다.

세상에서 가장 처음 만나는 애정

모성 · 애착

모성 콤플렉스

모성은 본질적으로 사랑의 에너지이며, 그것은 애착이라는 관계 속에서 구체적으로 경험된다. 모성의 문제는 애착의 문제이고, 사랑의 문제이며, 또한 관계의 문제를 만드는데, 모성터널을 제대로 통과하지 못했을 때 생겨난다.

모성과의 관계에서 생기는 문제에는 크게 몇 가지 범주가 있다. 모성의 과잉, 모성의 결핍, 모성의 변덕, 그리고 애매한 모성이다. 다음 사례를 통해 무기력증, 만성 우울증을 겪는 젊은 여성의 심연에 있는 모성과의 관계에서 생기는 문제를 알아보자.

1) "우울과 무기력이 나 자체인 느낌이에요" 모성과의 단절

⑴ 첫 번째 면담

F는 대학 진학 후부터 수년째 지속되고 있는 무기력, 의지부족, 자살사고를 주소로 내원한 20대 중반의 미혼 여성이다. 대기업 임원인 아버지와 자영업을 하는 어머니 사이에서 성장하였고 남동생이 있다. 어려서부터 공부를 잘했으며 기대에 걸맞게 좋은 대학교에 입학하였다.

가족 내의 분위기, 그중에서도 특히 어머니는 매사에 열심히, 최선을 다하는 타입이었다. 어머니는 기질적으로 자신과 다른 F에게 지적이나 잔소리를 자주 하였고, 그로 인해 청소년기엔 어머니와 자주 부딪혔다고 했다.

대학 진학 후 무기력과 우울을 느끼기 시작하였고, 대학교 상담실을 찾았다가 큰 도움을 받지 못해서 2학년부터 개인 정신과를 방문하였다. 불규칙적인 치료를 받아왔는데 부모는 이 사실을 알지 못했다. 다음은 F의 얘기이다.

> **내담자** 우울과 무기력이 나 자체인 느낌이에요. 어머니가 통제를 많이 했고, 나는 시키는 대로만 했어요. 우리 두 사람은 서로 만나지 말았어야 해요. 어머니는 내 방의 문을 닫는 것도 허용하지 않았고, 혼자 있는 시간을 갖는 것도 어려웠어요.

어머니는 나의 우울과 무기력을 이해하지 못하는 것 같아요.

치료자 재미있었던 기억은 뭐가 떠오르나요?

내담자 원래 책 읽기를 좋아했고 중학교 땐 TV 보는 것도 좋아했어요. 하지만 몰래 봐야 했죠. 만화나 웹툰 같은 것도 좋아하고요. 어머니와는 많이 싸웠어요. 소리 지르기도 하고 격렬하게 싸웠지만 주로 내가 울면서 끝났어요.

(2) 두 번째 면담

내담자 나는 방에서 나오는 게 힘들어요. 특히 약속이 있으면 신경이 많이 쓰이고, 준비하는 것도 힘들어요. 너무 신경을 써서 다른 일을 하지 못하는데도 약속엔 오히려 지각을 해요. 사람들과 만나는 것을 좋아하지 않는데, 특히 잘 맞지 않는 사람들을 만나면 많이 피곤해요.

치료자 주로 어떤 사람들에게 그런 느낌을 받나요?

내담자 두 가지 부류가 있어요. 아무래도 주로 여성들인데, 하나는 너무 착하고 순수한 세계관을 가진 사람들이에요. 자신의 그런 생각을 너무 강조하는 느낌을 줄 때 힘들어요. 둘째는 아주 성

실하고 열심히 사는 여성들이에요. 그런 삶의
태도를 너무 당연하게 생각하면서 다른 사람들
에게도 요구하는 듯한 사람들이 불편해요.

두 번째 면담을 통해 어머니와의 인격적인 불협화음
이 일부 여성들과의 불편한 관계로 확장되었음을 짐작할
수 있었다. 그리고 생각해 볼 것은, F가 밖으로 나가는 것
을 힘들어한다는 사실이다. 공식적인 외출이 힘들다는 것
은 어떤 의미일까? 순수하고 착함, 성실함을 내세우는 사람
들이 불편하다는 것은 어떤 의미일까? 도덕과 당위에 대한
저항 같은 것일까?

그 외에도 무기력과 우울감은 의식의 상태가 무의식
과 차단되고 단절된 상태임을 짐작하게 했다. 에너지는 무
의식에서 나오기 때문이다.

(3) 세 번째 면담

내담자　나는 슬픔이나 화를 그 당시에 느끼지 못하고
한참 후에야 느끼는 것 같아요. 얼마 전 어머니
가 선물로 가방을 사줬는데, 나는 별로라고 했
던 가방이었어요. 표현을 했는데도 어머니는 그
가방을 사줬어요. 처음엔 왠지 감사한 마음을

가졌는데, 시간이 지나니까 화가 나더라구요.

치료자 그랬군요. 혹시 비슷한 경우가 또 있을까요?

내담자 몇 년 전에 친한 친구와 함께 졸업 논문을 썼어요. 좀 바빠서 많이 기여하진 못했고 약간 갈등도 있었어요. 그런데 최근에 그 친구가 담당 교수와 사귀었다는 걸 알게 됐어요. 바로 얼마 전에는 그 논문을 더 다듬어서 투고했고, 잡지에 실렸다는 자랑도 들었어요. 물론 내가 충분히 관심을 두지 못했고 욕심도 없었지만… 그 얘기를 듣고 뒤늦게 화가 나는 것을 깨달았어요. 뭔가 놓친 느낌, 혼자 방관자로 있는 느낌이에요. 갑자기 엉엉 울고, 깊은 슬픔을 느낄 때가 있어요. 내가 죽었을 때를 생각하거나, 자살에 실패한 생각을 떠올리면서. 몇 년 전부터 내가 내 감정을 제대로 알지 못한다는 것을 깨달았어요.

치료자 그러한 방식이나 패턴은 어디에서 왔을까요?

내담자 환경의 영향이 있어요. 집안 자체에 억눌린 분위기가 있어요. 의무나 책임이 강한데, 특히 외가가 그래요. 엄마와 이모들이 비슷해요. 모두 결혼을 외할머니가 주도했고, 아이를 둘 낳았고, 외국에서 어학연수를 시켰어요. 엄마와 큰 이모는 사귀는 사람이 있었는데 할머니의 반대로 헤어졌어요. 엄마는 아버지와 사랑으로 결혼한 것 같진 않아요. 엄마도 자신이 누군가를 열렬히 사랑하는 사람은 아니라고 했어요. 나뿐만 아니라 사촌오빠와 동생도 비슷한 정신적 문제를 겪고 있어요. 모두 첫째들이죠. 외할머니가 우울증이 있었다고 들었어요. 유전적인 요인도 있다고 생각해요. 엄마는 친가 분위기를 싫어해요. 할아버지와 작은아버지도 너무 즉흥적으로 산다고 생각해요…. 나는 가족에 대한 기대가 없어요. 관계도 좋지 않지만 내가 볼 때 행복한 사람이 없어요. 혼란스러워요. 다들 무엇을 위해 사는지 모르겠어요.

뒤늦은 감정 반응delayed emotional response은 의식이 감정과 거리를 두고 있는 상태를 말하며, **감정의 억압**이 있음을 의미한다. F는 집안, 특히 외가 쪽에서 작동되는 거대한 에너지를 느끼고 성장하였다. 그것은 의무, 압력, 성취에 대한 강력한 추동이며, 반면 감정과 욕구에 대한 철저한 억압이다.

　　　　　몸에 밴 어린 시절의 심리세계탐구

외가를 대표하는 외할머니의 에너지는 고스란히 어머니에게 전달되었다. 강하고 경직된 아니무스를 가진 어머니는 딸의 감정을 억압하였고, 청소년기 이후는 지속적인 충돌의 과정이었다. 만약 F가 어머니와 비슷한 사람이라면 이러한 갈등이 크지 않았을 것이다. 이는 F가 사랑, 즉 에로스의 에너지를 많이 가진 사람임을 말한다.

하지만 내면의 에너지는 어머니와의 충돌에서 좌절되었고, 사랑과 에로스는 성장하고 분화할 기회를 얻지 못했다. 사랑과 힘의 충돌에서 사랑이 패퇴하면서 좌절하였고, 우울증으로 발전하지 않았을까 짐작하게 한다. 이성 관계는 표피적인 면도 있으나 스스로가 교제를 원하였고, 또 적극적으로 표현했던 남성도 있었는데 이 부분은 상당히 다행스러운 경험이다.

(4) 네 번째 면담

내담자 어머니의 목소리가 기본적으로 날카롭고 급해서 불편하고, 화가 나면 자살 생각으로 이어지곤 해요. 내 감정 반응이 너무 예민한 부분도 있어요. 기본적으로 엄마에게 인정받지 못한다는 느낌이에요. 엄마는 유일하게 내가 자기를 초라하다고 느끼게 만드는 사람이라고 했어요. 엄마의 완벽주의를 무너트리는 사람이라는 거죠….
엄마는 얼마 전까지 내 일기장을 읽었어요. 나
는 일부러 엄마가 싫어하는 얘기를 대놓고 써놓
았죠. 엄마가 상처를 많이 받았다고 했고, 이후
론 일기장을 안 봐요. 우리 집은 너무 경직되어
있고 견고해요. 나로서는 이해할 수 없는 부분
이 많아요. 일방적인 사회 규칙은 왜 있어야 하
는지 모르겠어요. 사람들의 삶이 대부분 힘들어
보여요. 취직은 끔찍해요. 다들 무엇을 기대하
며 사는 것일까요?

어머니와 딸의 부딪힘을 다시 구체적으로 볼 수 있는
장면이다. 딸은 어머니의 신경질적인 잔소리를 들으면 몹
시 화가 나면서 기분이 가라앉는다. 어머니의 영향을 과하
게 받는, '어머니의 딸'이라는 존재에서 벗어나는 것 역시
어렵다. 이는 어머니와 반대로 행동하고자 하는 에너지를
만든다.

네 번째 면담에서 아주 다른 모녀, 아주 다른 두 세상
을 보게 된다. 견고하고 엄격한 모성과 자유롭고 감정이 풍
부한 딸의 대립이다. 아직은 힘이 없는 딸은 어머니와의 대
립에서 대부분 패배하지만, 어머니의 완벽주의를 무너뜨림

으로써 처절한 패배에서 견딜 수 있는 위로를 얻고 있다.

F가 어머니와 상관없이 자신의 삶을 살 수 있다면 좋을 것이다. 하지만 틀을 싫어하는 것을 넘어서 힘든 것을 견디지 못하는 약함은 자신만의 삶을 방해하고 또 어머니의 간섭을 유도하고 있다.

⑸ 다섯 번째 면담

확실히 어머니와 딸은 다른 성향의 사람이다. F와 어머니는 두 가지 방식으로 문제가 생긴다. 하나는 **어머니와의 다름**이다. 다름은 실망스러움을 일깨우고, 실망은 섭섭함과 우울함, 그리고 분노로 점점 발전하곤 한다. 다름에서 크게 실망하는 것은 모성에 대한 갈망이 여전히 강하게 남아 있음과 결핍을 말한다. 딸이 어머니와 충분히 분리되면서 성숙한 인격을 갖는 것은 딸에게 매우 어려운 과제이다. 물론 어머니의 입장에서도 동일한 걸 느낄 것이다.

또 다른 하나는 **어머니로부터의 공격**이다. 딸에 대한 걱정과 실망이 합쳐져 딸을 공격하곤 하는데, 이럴 땐 적극적이면서 노골적인 싸움이 된다. 다섯 번째 면담에서 인상적이었던 부분은 그래도 어머니가 자신을 위해 뭔가를 열심히 할 때가 있다고 얘기한 것이다. 에그 타르트를 먹고 싶다고 했을 때 계속 사준 것, 딸이 원하는 콜라를 본인이 좋아하지 않더라도 냉장고에 계속 사 두는 것 등이었다.

⑥ 여섯 번째 면담

부정적인 인지 방식, 그리고 그것을 잘 알고 있음에도 사람들과의 관계에서 큰 영향을 받는 편이다. 자신에 대한 믿음이 부족하며, 사소한 거절이나 거절 신호에 아주 민감하고, 또 인내를 갖고 기다리지 못하여 쉽게 부정적인 결론을 내리곤 한다. 본인도 자신의 경향을 잘 인지하고 있다. 그런데 자신이 이 문제를 교정하고 싶어 하는지는 모르겠다고 한다. 차라리 모든 것이 이 상태로 끝나기를 바란다고 하였다.

모성과의 관계에서 수용되고 이해받고 또 갈등을 견디고 해소되는 경험이 부족해서 부정적인 감정과 생각을 처리하는 능력이 충분히 키워지지 못했음을 보게 된다. 이후의 면담에서도 어머니와 딸의 관계를 이해할 수 있는 장면들이 여러 차례 등장하였다.

⑦ 열 번째 면담 다시 드러난 모성 콤플렉스

내담자 엄마라는 사람이 싫어요. 나 자신도 싫어요. 엄마와 내가 속한 이 세상도 싫어요. 나는 변화라는 것이 어려운 사람 같아요. 차라리 타임머신이 있다면 부모를 만나기 전으로 돌아가서 태어나지 않았으면 좋겠어요. 엄마를 선택할 수 없잖아요.

그동안 비교적 괜찮게 지내다가, 내원 하루 전 집에 혼자 있는데 갑자기 화가 나고 억울한 기분에 휩싸이게 되었다. 부모에 대한 부정적인 기억이 떠오르면서 기분이 아주 나빠졌다고 한다.

유아기와 유년기에 어머니와의 공감적 소통 기억은 거의 없는 편이다. 어머니와의 기억은 초등학생쯤 되어야 약간씩 나타날 정도로 빈약하며, 그것도 자신의 성격을 공격하거나 자신이 싫어하는 일을 어머니가 했다는 식으로 부정적이다. **존재의 근간, 아니마의 기초가 되는 모성과의 관계가 너무나 희미하고 빈약해서 삶이 휘청거린다.**

사회에서 요구하는 모성상에 대해서도 부정적인 느낌이 분명하다. 희생적인 어머니는 미련해서 싫고, 가족을 우선하는 어머니도 부담스럽다면서 친구 같은 어머니가 좋다고 하였다. 모성결핍을 힘들어하고 냉정한 모성을 싫어한다는 것은, 내면에 따뜻한 에너지가 있으며 그것을 관계에서 느끼고 싶다는 의미이다. 이 에너지가 주변 친구와 관계를 유지하게 하고, 다섯 번의 연애를 가능하게 하였을 것이다. 그러나 남자 친구에 대한 느낌이 약간이라도 부정적이면 참지 않고 헤어지는 방식으로 대상을 없애버려 연애가 6개월 이상 지속된 적이 없었다는 것은 앞으로의 과제이다.

면담을 하면서 스스로 질문한다. 모성 콤플렉스를 가진 여성, 실재하는 어머니에 대한 긍정성은 거의 없는 여성, 그러나 여성성과 친밀함에 대한 기본은 가진 여성은 자신의 아니마를 어떻게 돌보고 발전시키게 될 것인가? 어떤 경험이나 선택을 할 수 있을까? 어떻게 지혜를 갖도록 도울 수 있을까?

(8) 스물일곱 번째 면담

내담자 뭔가를 꾸준히 하는 것이 쉽지 않아요. 여기까지면 되었다고 생각하게 되고… 열심히 할 필요가 있는가 하는 회의감도 생기고…. 동기가 생기지 않네요. 에너지 자체가 부족한 것도 같고….

치료자 그런 상황일 때는 어떤 느낌이나 생각이 떠오르나요?

내담자 뭔가 피곤하고 힘든 느낌이에요. 늦었다는 느낌도 들고…. 고민을 없애버리고 싶다는 생각 같은 것도. 그런데 지금 갑자기 확 줄려요.

치료자 이런 식으로 상황에서 벗어나게 되나 보네요~

내담자 (웃으며)네.

치료자 호기심이나 끌림 이후에 뭔가가 없는 것 같은데, 혹시 뭔가 있지 않을까요?

내담자 즐거움이 있겠죠. 그다음은 파멸이구요.

눈에 띄지 않지만 매우 중요한 이슈가 등장했다. **뒷심 부족, 그리고 쉽게 지침**이다. 처음엔 끌리고 호기심이 생겨 나름으로 열심히 하지만, 이내 싫증을 느끼고 쉽게 그만두게 되어 뭔가에 깊게 들어가지 못하는 패턴이다. 한계에 도전하지 못하고 승부를 봐야 할 때 피해버리는 결과가 생긴다.

두 가지 원인이 있다. 첫째, 끌림이나 호기심은 있어서 시작은 하지만 그다음의 에너지가 없는 것이다. 3단 분리 로켓처럼 뒤에 이어지는 에너지가 있어야 하는데 그런 것이 없다. 지구력과 인내심을 주는 에너지는 대상과의 **인격적인 만남**에서 나오며, 주된 재료는 **사랑**이다. 그런데 인격적인 만남까지 이어지지 않는 것이다. 실제 남자 친구와의 관계에서도 같은 패턴을 보여 왔다.

둘째, 잘해야 한다는 목표와 현실 사이에 **간극**이 생기는 순간, 그 간극을 견디지 못하고 피해버리는 것이다. 힘들고 피곤하다는 간극을 느끼는 순간 아무것도 안 함으로써, 즉 욕망을 없애버림으로써 간극을 없애는 것이다. 전형적인 **허무주의**적 해결방식이다. 이는 무의식에서 간극을 고통이라고 인식하는 것과 연관이 있다. 또한 부모, 특히 모성과의 커다란 간극에 그 뿌리가 있다.

해결 방법으로는 첫째, 또 다른 에너지를 느껴가는 경험이다. 즉 인격적인 만남을 경험하는 것이다. 둘째는 간극을 수용하고 고통스럽지 않은 것으로 받아들이는 이해와 경험이다. 물론 심리치료라는 무대가 이것을 경험하게 하는 장이 되기를 바란다.

F의 우울증은 모성과의 단절, 그리고 내면과의 단절이라는 **이중단절**double disconnection이 핵심 원인이다. 사례는 일찍이 어머니와 공감이 적고 충돌은 잦았던 여성의 이야기이다. 이 여성은 성장 과정과 성인이 된 후에도 겪고 있는 심한 우울증의 양상 및 그와 연관된 내면의 다양한 역동을 보여준다.

모녀 사이에서 강렬하고 파괴적인 대립이 반복된다면 그 문제는 단순히 딸의 잘못만은 아니다. 문제의 원인을 어머니의 말을 듣지 않는 '착하지 않은 딸'이라는 고전적이며 단순한 시각으로 보는 것이 한 인간을 이해하는 데 얼마나 제한적이며 도움이 되지 않는 접근인지 F의 사례를 보면 알 수 있다.

한편으론 대립과 갈등이야말로 자신과 관계의 본질을 향해 갈 수 있도록 돕는 마법의 배가 될 수 있음을 상기시킨다. 다행히도 F는 치료에 의지를 보였고, 자신에 대한 이해가 높아지면서 우울증에서도 회복하였다. F는 대학원에 진학하고 졸업하였으며, 직장생활이라는 또 다른 세상에 한 발을 내딛으며 자신의 삶을 살아가고 있다.

어머니가 모성보다는 성취와 목표라는 힘의 가치에 강하게 사로잡혀 있을 때, 자녀는 어머니의 의지나 뜻과는 달리 사랑을 경험하는 데 어려움을 겪는다. 공감과 신뢰로서 마음이라는 그릇의 바닥이 제대로 형성되지 않았을 때 지적 능력과 경험이 쌓이지 못하고 자아의 발전도 한계에 부딪히곤 한다.

위의 이야기는 일종의 모성과잉의 사례이다. 사랑이 아니라 힘을 내세우는 모성의 과잉이다. 딸의 입장에서 보면 무시와 간섭인 동시에 한편으로 방임 혹은 결핍으로도 경험된다는 것이 아이러니이다. 이처럼 모성의 과잉과 모성의 결핍은 동전의 앞뒤와 같은 관계일 때가 많다. 다음에서 모성의 과잉에 대해 좀 더 살펴보자.

모성의 과잉

모성이 넘쳐날 때 어머니는 사랑의 이름으로 자녀를 과잉보호하며 너무 아이로만 여기려고 한다. 아이가 불편한 것을 모두 제거하려고 하며, 모든 요구를 들어주고, 부모가 앞서서 해결해 주려는 태도를 보인다.

겉으론 사랑이 넘치는 것처럼 보이겠지만, 실상은 일종의 홍수와 같은 상태이다. 넘치는 애정과 사랑은 아이를 과보호하면서 자율성을 방해하고, 아이의 관심이 모성에게만 향하도록 만든다. 겉으론 어머니와 돈독한 관계처럼 보일 수도 있지만, 사실은 철저한 종속관계로 변질되기 쉽다. 애착 이후에 반드시 있어야 하는 분리도 일어나지 않는다. 지나치게 주려는 어머니의 마음에는 자신의 가치에 대한 불안이나 보이지 않게 아이를 지배하려는 욕망이 숨어 있다.

그렇다면 모성, 특히 애정의 과잉을 겪으면서 성장한 아이들은 어떤 의식과 자아상을 갖게 될까? 그들의 인간관계는 어떤 모습을 띠기 쉬울까?

모성이라는 외부의 자극이 너무 강하면 아이의 내면은 상대적으로 빈약해진다. 아이가 스스로에 대해 느끼고 생각할 기회를 뺏는 것이다. 과도한 모성의 에너지로 고사되면 아이의 내면이 성장하기 어려워진다.

　　　　　몸에 밴 어린 시절의 심리세계탐구

성장하지 못한 내면의 에너지는 상당 부분 어머니의 에너지와 그것에 반발하려는 무의식으로 채워진다. 어머니의 에너지는 자신의 것이 아니므로 필연적인 이질성이 느껴질 것이며, 아이가 성장하면 할수록 에너지로서의 가치는 점점 떨어지게 된다. 의존성과 적개심 모두 너무 강해지기 쉬운데, 초반에는 대부분 의존성의 문제로 나타난다.

모성의 과잉을 겪은 사람들은 다양한 인격적 특성을 보인다. 우유부단함, 책임지지 않으려는 태도, 수동적인 모습, 스트레스를 견디지 못하는 유약함, 싫음을 견디기 어려워함, 지나치게 낙관적인 태도 등이 그런 것이다. 어머니가 해결해 주는 방식에 안주하려는 것과 싫은 것을 피하려는 태도는 인격의 성장을 제한한다. 어머니와 갈등을 빚는 것이 두렵고 불편한 마음도 작용한다. 결국 어머니의 무의식이 원했던 상태인 유아성에 고착되는 것이다. 유아적 자기애, 자기중심성, 수동성이 이들의 대표적인 내면의 에너지이다.

이들의 관계 형태는 철저하게 자기중심적이다. 자신을 향하려는 에너지는 밖을 보지 못 하게 하고 밖과의 관계를 불편하게 느끼게 한다. 어머니가 모든 것을 해결해 주었기에 그런 것처럼 보이지만, 사실 무의식에선 아이가 어머니를 동일시하고 있다. 아이를 깊이 이해하지 못하고 자신의 감정에만 빠져 있는 어머니를 아이 역시 자신도 모르게 닮는 것이다.

자신을 공감하지 못했던 어머니처럼, 자신도 타인을 공감하지 못한다. 피상적인 인간관계는 가능하지만, 가까워지고 친밀해지면 관계의 한계가 드러나며 깊이 있는 관계로 발전하지 못한다. 필연적으로 갈등과 대립이 생겨나지만, 자신에게만 향해있는 좁은 시야는 문제 해결을 어렵게 하며 상대를 탓하는 태도를 띠게 한다.

만약 아이가 힘이 있다면, 외향적인 에너지가 꽤 있다면, 모성으로부터의 에너지를 분산시켜 줄 어떤 사람들이 있다면, 성장하면서 좋은 사람들을 만나게 된다면 모성의 과잉으로부터 조금씩 벗어날 수 있다. 아이가 적절하게 성장한다면 과도한 모성과 대립하고 부딪히게 된다. 사춘기나 초기 성인기가 아이와 모성 사이의 대립이 절정으로 나타날 수 있는 시기이다.

물론 아이의 변화는 모성을 당황스럽게 하며, 모성은 그런 변화를 질책하거나 심하게 좌절하는 모습을 보임으로써 아이의 변화에 제동을 걸 것이다. 모성의 과잉으로 인한 두려움, 자신을 이해하지 못하는 어머니에 대한 분노, 어머니를 떠나는 것에 대한 불안 등이 합쳐진 감정의 에너지는 매우 격렬하게 자신을 괴롭히면서 우울증, 불안장애, 분노

조절장애 등으로 표출될 수 있다.

아이에게 힘, 특히 지력이 있을 때는 특정한 신념이나 목표, 성취를 증명하는 것에 집착하고 몰두하는 경우가 있다. 신념이나 성취가 어머니의 자리를 대신하는 것이다. 다음 세 가지 사례를 함께 살펴보자.

1) "영원히 젊은이로 살고 싶어요" 모성 원형의 지배

P는 1남 3녀 중 막내인 40대 후반의 기혼 남성이다. 대학 졸업 후 직장생활을 하다가 대학 동창과 30대 초반에 결혼하였다. 그런데 결혼 후에도 몇몇 여성들과 정서적 교감을 가지면서 계속 외도를 해왔다.

P는 확실한 자신의 가치관을 피력하는 독특한 성격의 소유자이다. 늙음에 대한 혐오, 책임과 압박을 피하고 싶어 하는 마음, 자유에 대한 희구, 로맨틱한 사랑에 대한 예찬 등 젊음과 낭만에 대한 강력한 집착이 특징적인 성격이었다. 첫 면담에서도 자신의 성향을 분명하게 표현하였고, '영원한 젊은이'의 기운이 강하게 느껴졌다.

P의 아버지는 초등학교 3학년 때 뇌졸중이 와서 투병하다가 2년 후 돌아가셨다. 공교롭게도 돌아가실 때 아버지의 나이와 상담 당시 P의 나이가 같았다. 어머니는 매우 강한 성정을 가진 여성이었는데, 아들에 대한 기대가 아주 컸

으며 실망하면 P를 혹독하게 때리곤 했다. P는 아버지 같은 느낌을 주는 어머니로부터 많은 영향을 받으면서 성장하였다.

P는 중학교 때 사춘기를 심하게 겪으면서 늙음을 매우 혐오하게 되었다. 청소년기는 남성성의 콤플렉스를 느꼈으며, 여성에게서 인기를 얻고 매력적인 남성이 되고자 노력했다. 대학에 진학해서는 학생 운동에 심취하였다. 어머니와 비슷한 느낌을 주는 동창과 연애를 하게 되었고 결혼하게 되었다. 연애와 신혼은 달콤했으나 임신을 계획하면서 책임을 느끼게 되었고, 아내에 대한 애정이 사라지는 것을 느꼈다.

40대 후반이 되면서 P는 성적인 에너지가 더욱 강해졌고, 여성에 대한 성적인 관심은 더 커졌다. 이는 나이가 들어가며 남성성이 감소함에 따라 생겨나는 불안을 과보상하려는 것으로 이해되었다. 자신이 아버지가 돌아가신 나이가 되자, 나이를 먹으면 죽어야 한다고 믿었던 자신의 과거 생각이 떠올랐다. P는 자신도 죽지 않을까 하는 무의식적 두려움을 느끼게 되었다. 동시에 활발한 성적 활동을 통해서 살아있음을 증명하려고 하였다.

병을 앓는 아버지를 보면서 그의 무능함이 크게 느껴

몸에 밴 어린 시절의 심리세계탐구

졌고 싫어했던 기억이 분명하였다. 아버지의 부재는 강한 어머니에게 더욱 맞설 수 없게 하는 환경이 되었고, 아버지에 대한 무의식적인 미움과 적개심은 더욱 커졌을 것이다. 동시에 무의식적인 죄의식도 함께 느끼게 되었다.

아버지의 부재와 강력한 모성 콤플렉스는 환자의 의식을 소년의 상태에 머물게 하였고, 인격의 성장이 정체되고 말았다. 소년과 젊은이가 느끼는 달콤한 욕구만을 즐기고 향유享有하려고 하기에 변화가 어렵다. 소년은 모성을 넘어서야 성인 남자가 될 수 있다. 융은 이러한 사례를 자아가 강력한 모성 원형의 지배를 받는 상태로 해석하였다.

젊음과 새로움만을 추구하려는 환자와 치료관계를 유지하는 것은 어려운 일이다. 생생하고 많은 개인적인 정보와 선명하고 화려한 꿈 등 내적 에너지의 풍부함은 초기 면담을 흥미 있게 하고 치료적 동맹이 형성될 것 같은 희망을 준다. 하지만 문제의 본질에 다가갈수록 저항이 생기고 거리를 두려는 환자의 또 다른 마음이 강력하게 작동한다. 관계 유지 자체가 치료이지만 이 치료관계는 너무 쉽게 끊어졌다.

시간이 흘러 약 3년 반 후에 다시 내원하였는데, 첫 방문 시와 상황은 변하지 않았다. 결혼 생활은 유지하고 있지만 만나던 여성과의 교제도 계속되고 있다. 그런데 이런 식의 생활이 힘들어서 점점 우울해지고, 계속하다간 자살 충동이 심해질 것 같다는 것이 재방문의 이유였다.

이면에는 두 여성 사이에서 받는 압력이 주는 불안으로부터 도피하고 싶은 마음이 강해 보였다. 환자는 두 여성 모두와 헤어지고 싶다고 하였다. 그러나 처음 방문 때처럼 치료관계는 지속되지 않았고, 환자는 바람처럼 사라졌다.

2) "내가 내가 아닌 것 같아요" 내면과 외면의 괴리

S는 30대 후반의 미혼 남성이다. 밖에선 강하고 카리스마 있는 남자로 행동하지만, 혼자 있을 때는 수줍고 아이 같은 전혀 다른 모습을 갖고 있어서 스스로가 의아했다고 한다. 내원의 직접적인 이유는 얼마 전 갑자기 '자신이 아닌 것 같은 느낌'이 섬뜩하게 들면서 심한 불안을 겪은 데 있었다.

군대에서 전역을 앞두고 처음 비슷한 증상을 겪었고, 이후 수년에 한 번 정도로 유사한 현상이 있었다고 하였다. 그 느낌이 너무 강해서 잊을 수 없었다고 하였다. S가 호소한 증상은 이인증depersonalization이라고 하는데, 해리장애의 일종이다.

내담자 어린 시절의 나를 떠나보내지 못한다는 걸 강하게 느꼈습니다. 나이가 들어가는 것이 싫고 무서웠어요. 청소년 무렵부터 30살이 되면 인생이 끝난다고 느꼈습니다. 중학생 때 택시를 타면 기사에게 묻곤 했었습니다. 생활이 어떤지를…. 주변을 보면 아저씨들이 좋아 보이지 않았어요. 아저씨는 불행이고 불쌍한 존재로 느껴졌고 매력도 없어 보였습니다.

'영원한 젊은이' '영원한 청춘'이 하는 전형적인 사고의 내용이다. 그런데 사람들과 있을 때 나타내는 모습은 강하고 성숙하고 리더십이 강한 남성이다. 내면과 외면의 커다란 괴리인데, 그 간극이 해리 증상을 만들어 내는 토양이 되고 있다. 환자는 대부분 외면 세상에 대해 집중하면서 살아왔다. 겉으론 강한 모습을 보이면서도 자신의 모습이 무너지는 것에 대해 불안해하고 있었다.

외부에서 자신을 공격하는 사람이 사라질 때가 있다. 괴롭히는 친구가 이사 갔을 때, 군에서 전역할 때, 직장을 퇴사하는 등 외부에 신경을 쓰지 않아도 되는 순간이 온다. 그때 자신의 내면을 보게 되는데, 갑자기 이질감과 낯섦이 엄습하면서 이인증이 생기는 것으로 보인다. 에너지가 내부로 깊이 들어가는 것이 불편한 것이다.

다시 말해, 신경이 쓰이는 사람이 있으면 당연히 불편하겠지만 공격성이 외부로 향하므로 나름 균형이 잡힌다. 문제는 이럴 때 내부의 진짜 문제가 수면 아래에 숨어 버린다는 것이다. 그러다가 외부의 걱정거리가 사라지게 되면 외부로 향했던 에너지가 자신을 향한다. 그럴 때 갑자기 '내가 누구지? 내가 나인가? 이건 내가 아닌데… 나는 무엇이지?' 하는 불안감과 엄청난 이질감이 엄습하는 것이다.

S의 바깥으로 향하는 에너지는 멋있고 강하고 능력 있는 남성이 되려는 것이다. S는 타인의 기대를 충족시키려고 했다. 어떤 경쟁 상대가 있어서 마땅히 그래야 할 때는 오히려 괜찮은데, 더 이상 그럴 필요가 없을 때 그 에너지는 자신을 향한다. 어린 시절의 모습을 유지하고 싶은데, 바깥의 가면은 완전히 다른 면으로 변해서 행동하려고 한다. 변하기 싫어하는 마음과 완벽하게 변신하는 마음이 동시에 있다. '어린 내가 아주 커버린 낯선 성인을 보는 느낌'이 된다.

P와 S의 사례는 **영원한 젊은이** 사례이다. '영원한 젊은이'는 모성과잉과 연관된 독특한 현상인데, 모성의 에너지가 너무 강해서 아이의 인격이 모성에 갇힐 때 나타나는 병리 현상이다. 어머니가 너무 강할 때, 아이의 인격을 이해하

몸에 밴 어린 시절의 심리세계탐구

지 못하고 자신의 일방적인 것을 아이에게 전달할 때, 아이의 성장 환경에 그런 어머니를 중재할 만한 다른 사람이 거의 없을 때 강력한 모성의 에너지에 아이의 정신과 의식은 완전히 갇히게 된다. 아이의 인격은 성장하지 못하고 유아기와 유년기 이후의 세계를 전혀 보지 못하게 된다.

이때 어머니는 그냥 어머니가 아니라 집단무의식, 모성 원형이 작동하는 특별한 어머니이다. 어린아이에게 그런 어머니는 마치 거대하게 휘몰아치는 태풍이나 쓰나미 같은 에너지를 가진 존재이다. 압도적인 모성 원형에 대응하는 아이의 정체성은 아이 원형 혹은 젊은이 원형이 된다. '어린왕자' '제임스 딘'처럼 영원한 젊은이를 상징하는 인격들이 대표적인 표상이다. 결국 개인의 인격은 젊은이 원형 안에 갇혀버린다.

남성에게 주로 보이는 '영원한 젊은이'는 나이가 드는 것에 대한 극도의 혐오, 젊음에 대한 예찬, 낭만에 대한 집착과 안주, 예상외의 위험 추구 행동, 보헤미안에 대한 동경, 책임을 피하려는 절박한 태도, 여성 인격에 대한 몰이해_{沒理解} 등이 특징이다.

강한 모성은 책임을 피하고 자유로운 정신을 가진 시기에 자녀를 고착시킬 수 있다. 어머니의 요구와 지배에 대한 반발로서 영원한 젊은이의 삶을 선택하게 되는 것이다.

물론 이는 무의식적인 선택이며 내면의 원형이 작동하는 것으로, 자녀들 스스로는 자신에 대해 깊이 알지 못한다. 단지 젊음이 좋고 간섭이 싫으며 자유로운 보헤미안으로 살고 싶을 뿐이다.

3) "어려서부터 어머니가 너무 어려웠어요" 미움과 의존

N은 청소년기부터 있어 온 만성적인 불안, 대인관계의 불안정성으로 치료를 받고 있는 30대 후반의 기혼 남성이다. 유년기의 주된 기억은 강한 어머니에게 혼나고, 공감받지 못한 답답함이다. 그리고 중학교에서는 거친 또래 친구들이나 선배들이 무서웠던 기억이다. 유사한 경험은 군대에서도 이어졌다. 치료를 받으면서 불안은 서서히 감소하였고, 고민이 많았으나 결혼도 하였다. 일상에서의 불편함도 많이 줄어들었다.

최근 짧지만 매우 선명한 꿈을 꾸었다고 한다. 어머니가 등장하는 꿈이다. 어딘지 모르는 곳에 어머니와 함께 있다. 이유는 모르겠지만 N 자신이 어머니의 얼굴에 물리적인 가해를 하고 있었다. 어머니는 저항하지 못하고 바라보고 있는 꿈이었다.

내담자 뭔가 원망하는 느낌이 분명했습니다. 제가 어머니를 따르다 보니 친구들과 잘 지내지 못했고 많이 힘들었거든요. 어머니의 방식은 대충 양보하라는 것인데, 나는 내 주장을 하지 못했고 어머니가 정말 원망스러웠습니다. 저를 일반적인 사람으로 키웠다면 좋았을 텐데 특별하고 최고여야 한다는 압박을 줬습니다. 나를 너무 애지중지했어요. 그래서 저는 평범한 것을 잘 받아들이지 못합니다. 너무 높은 이상을 추구하고… 지금 하는 운동, 노래도 그만하면 괜찮은데…. 너무 스트레스를 받고 즐기지도 못합니다. 지금이라도 그 생각들을 내려놓고 싶은데… 잘 안 됩니다. 오히려 스스로 노력이 부족한 게 아닌가 하고 자책하게 될 때도 많아요.

N은 어려서부터 목표가 너무 높았고, 또 목표에 집착하면서 성취 여부를 두고 노심초사하였다. 이상과 목표가 자신을 발전시키고 행복하게 하기보다는, 오히려 무거운 짐이며 삶의 족쇄처럼 작동하고 있다. 지나치고 경직된 목표, 이상, 성취는 아니무스적 가치이며 N에겐 어머니의 유산임이 분명하다. 어머니는 강하고 고지식한 사람이다. 아니무스가 강한 모성의 강력한 에너지는 N의 의식을 지배하

고 있다.

N은 어머니를 원망하면서도, 여전히 어머니의 아들이
되고자 한다. **대상을 원망하면서도 의존하려고 한다. 미움과
의존이라는 양가적이고 모순적 상태에 놓여있다.** 제대로 된
사랑과 이해가 고프기 때문일까? 그래서인지 매듭이 쉽게
풀리지 않았다.

목표와 성취라는 압박을 내려놓기 위해선, 우선 모성
의 에너지와 자신을 **분리하고 구별**할 수 있어야 한다. 그 후
자신의 경험과 내면의 소리를 통해 스스로의 가치를 이해
하고 그것을 따라가려는 노력이 필요한 것이다. 그런데 꿈
의 내용이 아직은 단순하다. 이는 경험과 의식의 분화가 더
필요함을 암시한다.

N의 사례는 모성의 과잉에는 사랑과 애정뿐만 아니라
자녀를 무시하고 나아가 공격하는 과잉도 있음을 보여준
다. 아이는 **어머니의 지배, 공격, 학대 등 부정적인 모성 에너
지의 과잉**을 겪을 수 있다. 사소한 잘못에도 심한 체벌을 가
함으로써 착한 행동을 강요하거나, 공부에 대해 너무 강한
압력을 주는 모성도 공격의 과잉이자 아이를 지배하는 것
이다. 실수하는 아이에 대해 너무 강한 실망을 표현하는 것
도 비슷한 유형이다.

자녀를 공격하고 지배하는 것은 자녀를 탓하면서 자

신의 불안이나 콤플렉스를 부정denial하거나 일방적으로 공격성을 푸는 행위이다. 반복되는 무시나 공격은 아이로선 견디기 힘든 스트레스이며, 유년기의 트라우마로 남게 된다. 모성의 공격, 학대, 지배는 모두 아이의 내면에서 분노를 자라게 하지만 그것을 표현하기는 어려우므로 아이는 무력감을 느끼고 자존감과 자신감을 가지 못한다.

어린 시절에는 자율성을 갖는 것과 어머니와 대립하는 것을 두려워한다. 잘못을 야단치고 아이에게 실망하는 어머니의 일방적이고 왜곡된 목소리가 내면 깊숙이 자리 잡으면, 그 방식이 아이가 자신을 대하는 방식이 된다. 당연히 스스로에 대한 인상과 자기상이 부정적일 수밖에 없다. 뭔가 하자가 많은 것으로 느껴지고 마음에 들지 않으므로, 자신에 대한 믿음과 사랑을 갖지 못한다. 무엇보다 작은 일에도 잘 놀라고 쉽게 불안을 느끼게 된다.

모성이 아들을 지배하는 독특한 형태 중 하나는 남편의 역할을 요구하는 것이다. 물론 스스로는 그런 요구를 하고 있음을 잘 알지 못한다. 어머니는 요구하고 지배하지만 동시에 아들에게 의존한다. 대부분은 아버지의 부재 혹은 아버지의 공격과 폭력으로 힘들어하는 어머니의 요구를 받아들여야 하는 상황이다.

처음에 아들은 어머니의 요구를 받아들이지만, 시간이

지나면서 자신이 버거운 상황에 있음을 깨닫게 된다. 그것이 아들에게 강한 양가감정을 일으킨다. 무의식에는 아버지의 자리를 차지한 것에 대한 두려움과 죄의식이 있다. 이후 성인이 되고 나면 책임감 있고 강한 남자가 되는 데 대한 불안을 품게 된다. 이성 관계에 있어서는 곤경에 빠져 힘들어하는 여성을 헌신적으로 도우면서 자신을 희생하려는 경향을 보이곤 한다.

아들이 어느 정도 성장하고 어머니로부터는 꽤 분리되었으나 내면의 분노가 해결되지 않았을 때, 아들은 자신이 지배할 수 있는 여성을 선택하여 지배자가 되기도 한다. 여성을 지배하고 공격함으로써 어머니로부터 자신이 벗어났고 승리하였음을 증명하려고 하는 것이다. 이는 여성을 무의식적으로 자신을 공격했던 어머니와 동일시하는 것이다.

이들의 인간관계는 기본적으로 빈약하다. 조금만 가까워져도 압박을 느끼고 부정적인 기운이 생기므로 관계를 유지하는 것을 힘들어한다. 인간관계는 경계심과 거리두기로 점철된다. 단절이 지배하는 것이다. 그러므로 에너지가 잘 생겨나지 않으며, 그런 자신을 비난하고 비하하는 경향이 자연스럽게 따라온다. 내면과의 관계나 외부 세상과의 관계 모두가 빈약해지므로 우울증에 취약한 것도 불리한

몸에 밴 어린 시절의 심리세계탐구

부분이다.

어머니의 일방적인 지배와 공격으로 인한 모성 콤플렉스를 갖고 있다면 '자신의 내면에 자리 잡은 어머니에 대한 기억'과 '어머니 인격이 내는 목소리'와 '원래의 자신' 사이에 거리를 두고 구별하는 힘을 키우는 것이 문제의 해결로 가는 길이다. 이는 마치 샴쌍둥이의 분리 수술처럼 정신적인 에너지의 분리 수술이라고 할 정도로 쉽지 않은 작업이다. 그래서 객관적인 시선을 가진 조력자가 필요하다.

자신과 다른 내면의 목소리를 구별할 수 있게 된다면 적극적으로 그것에 대항하고 맞서면서 자신의 목소리를 찾아 나가야 한다.

모성 콤플렉스의 다른 표출 양상

모성 콤플렉스는 내면에 가진 원래의 모성과 현실의 어머니를 분별할 수 없게 하고, 모성으로부터 받은 영향과 원래의 자신도 구별할 수 없게 한다. 그들은 어머니와는 무관한 듯 보이나 사실은 아니마의 지배를 받는 사람들이다. 겉으로 보이는 것과 달리 마마보이거나 마마걸일 수 있다. 그들의 몇 가지 특성을 소개한다.

첫째, 남성의 경우 정신적 남성다움에 집착하는 것을 해결책으로 생각할 수 있다. 정신적 남성다움을 추구하지만, 자신의 남근을 희생시킨다. 어떤 남성은 철학적 이론이나 지성적인 체계를 이용하여 공중으로 비상한다. 모성과 땅으로부터 멀어지는 것이다. 이것은 흔히 지성주의, 로고스에의 집착, 관념과 철학에 몰두하는 현상으로 나타난다.

그러나 관념과 철학에 진짜 질문은 없으며, 철학은 일종의 놀이일 뿐이다. 부성상의 대체자로서 로고스 원형에 집착하는 것으로 볼 수도 있다. 신경증적 철학이다. 어머니의 지배하에 있는 특정한 젊은 남성이 지성의 왕국으로 도망치는, 일종의 정신적인 망명이다.

둘째, 돈 후앙Don Juan처럼 이성이나 이성상에게 무차별적으로 몰두하는 현상이다. 남성의 경우 여성을 하나의 인격체로서 만나는 것이 아니라 몸이 전부라고 생각한다. 자신이 모성 콤플렉스를 극복했다고 믿고 싶은 것이다. 어느 정도 외모에 강점이 있는 사람들, 여성을 가볍게만 접하는 것으로 충분하다는 사람들로, 그들은 젊은 감각을 유지하고 자유로움을 추구한다. 보헤미안으로 여성의 모성을 자극하므로 이성관계가 꽤 잘 발생한다.

셋째, 자신의 남성성이나 여성성에 열등감이 강하면 외모 콤플렉스, 외모지상주의lookism로 나타나기도 한다. 주로 청소년기와 초기 성인기에 이런 현상이 나타난다.

1) "하고 싶은 일이 없어요" 만성적인 모성결핍

차분하고 조용한 인상을 주는 G는 대학을 중퇴한 20대 중반의 남성으로, 외동으로 성장하였다. "하고 싶은 것이 없고, 하려고 해도 귀찮다"는 주소로 내원하였다. 본인의 말처럼 미래에 대한 목표나 방향성이 없어 보였다.

어린 시절부터 부모의 불화가 잦았고, 결국 부모는 별거 중인 상태다. G는 어머니와 함께 살고 있고 가끔 아버지가 하는 일을 돕기도 하지만 대화는 거의 없는 편이다. 첫 면담에서 치료자는 왠지 부모님과 멀리 떨어져 있는 것 같다고만 언급하였다. 나중에 알았지만, G는 그 말에 깜짝 놀랐다고 했다.

부모가 아들의 교육에 관심이 많았기 때문에, G는 유년기에 미술관, 박물관 등에 다니거나 여러 차례 해외를 여행한 기억이 있다. 그러나 어떤 기억도 재미나 추억 면에서 그다지 긍정적이지 않았다. 싫다는 표현을 딱히 하진 않았지만 억지로 다닌 것 같다고 하였다. 청소년기에 접어들면서 공부 문제로 어머니와 부딪힘이 많아졌고, 어머니는 아들을 설득하는 데 실패했다. 그냥 그렇게 지내면서 지방의 모 대학에 진학하였으나 졸업하진 못했다.

G는 뭔가를 열심히 해본 적이 없다고 했다. 시간이 나면 주로 컴퓨터 게임을 하고, 가끔 어머니와 부딪힌다고 했

지만 크게 괘념치 않는다는 태도로 담담하게 말했다.

> **내담자** 뭔가 열심히 해본 적은 없는 것 같아요. 그러고
> 싶지도 않고, 즐겁고 행복한 느낌이 뭔지도 잘
> 모르겠어요. 상상이 잘 안 되네요.

한참 후 문제의 뿌리가 어디에서 시작되었는지를 알
게 되었다. 어머니와의 관계였다. G는 어머니와 소통이 잘
되지 않는다는 느낌을 받으며 살아왔다. 거리를 뒀고, 당연
히 집이 불편하고, 독립하고 싶다는 마음을 가지게 되었다.
다만 대학교 1학년 때 기숙사에 살면서 의외로 집에 가고
싶어 하는 자신의 모습에 놀랐다고 하였다. **이중적이며 양
가적인 감정**이다.

G는 '자신의 감정에 대해 느껴보라'는 치료자의 얘기
를 듣고 많은 생각을 했는데, 아무리 생각해 봐도 자신의
감정이 뭔지는 잘 모르겠다고 했다. 하지만 왠지 짜증이 나
고 화가 날 때가 있는 것 같다고 하였다. 가령 지하철을 탔
을 때 자리가 없으면 짜증이 나는데, 그런 자신이 다른 사
람보단 너무 민감한 것 같다는 생각을 했다. 실제로 G는 오
랜 면담을 하였음에도 자신의 감정을 거의 드러내지 않았
고, 항상 담담하게 얘기하였다.

면담은 얼마 전 재활용 쓰레기를 치우는 과정에서 어머니와 크게 싸웠다는 얘기로 이어졌다. 놀라운 것은 '그당시에 너무 화가 났다'는 G의 표현이었다. 치료자는 면담을 시작하고 나서 2년 이상이 지나서야 처음으로 G의 제대로 된 선명한 감정을 느낄 수 있었다. G에게 어머니를 향한 억압된 적개심과 분노가 많음이 분명해 보였다.

어머니가 G를 학대하거나 심하게 강요한 것은 아니었다. 그럼에도 어머니를 생각하면 떠오르는 감정은 '잔소리, 태클, 딴지' 등이라고 하였다. 공부나 학원은 오히려 싫다고 하면 강요하지 않았음에도 왠지 어머니와 있으면 피곤하다고 하였다. 어머니는 아들을 배려한 것 같은데 G는 고마움이나 배려를 전혀 느끼지 못했다. 어머니의 감정이 전달되지 않은 것이다. 노골적이진 않지만, 어머니는 뭔가를 자주 요구하였다. 보이지 않는 압박이다.

G는 어머니와 심하게 싸우거나 부딪히진 않았지만 어머니의 요구 역시 듣지 않았고, 크게 보면 어머니의 반대편에 서 있다. 보이지 않는 분노이다. 심리학에선 '수동공격성'이라고 한다. 어머니의 배려는 전달되지 않았고, 어머니의 압력도 효과적으로 전달되지 않았다. 뒤틀리고 꼬여 있지만 모자관계의 문제는 쉽게 눈에 띄지 않는 묘한 상태이다. 아버지는 경제활동을 열심히 했으나 가정에서 적절한

자리를 잡지는 못했다. 그래서 어머니와의 관계는 고착되었고, G의 무의식이 된 것이다.

긴 시간 동안 빈번하게, 보이지 않지만 아마 생각보다 훨씬 공고하게 G와 어머니는 문제가 있는 정서적관계를 유지해 왔고 그것은 G의 마음과 뇌에 스며들고 새겨지게 되었다. 부정적인 감정을 외면하면서 애써 거리를 두는 아들과 어머니의 관계는 아들과 세상과의 관계와도 같다. 또한 그것은 G의 의식과 무의식의 관계이며, 생각과 감정의 관계이다. 어머니와의 관계처럼 애매하면서 거리를 두고 중요한 문제를 외면하는 방식이 G의 의식과 마음을 지배하고 있다.

내담자 지금이라도 그렇다면 부모님과 애기를 해야 하나요? 그런데 생각만 해도 너무 싫은 느낌이에요. 상상만 해도 너무 싫어요. 앉아서 서로 얘기하는 것이… 싫고 하고 싶지 않네요. 좋아지려고 하는데도 왜 이렇게 싫은지 모르겠네요. 좀 더 거리를 두고 싶은데….

치료자 혹시 어머니의 행동이나 반응의 어떤 부분이 싫게 만드나요?

내담자 그건 아닌 것 같은데…. 대화하다 보면 의견이

부딪혀서 답답하긴 해도 그건 문제가 아닌데….

치료자 정말 그런가요?

내담자 그게 싫긴 한데요, 뭐가 뭔지 잘 모르겠어요. 생각해 본 적이 없어요. 이 부분은 뭔가 다가가고 싶지 않아요.

치료자 어머니가 자신에 대해 아는 것이 불편한가요?

내담자 그런 게 있어요. 내 영역 안에 들어오는 것이 뭔가 좀 그래요.

다음 면담에서 G는 여전히 무슨 말을 꺼내야 할지 모르겠다고 했다. 감정을 묻는 치료자의 질문에 기억나는 느낌은 당혹스러움이라고 했다. 얼마 전에는 PT 선생님과 운동하면서 자신도 모르게 보지 않은 영화를 본 척하며 설명했다고 한다. 상당히 난처했으나 자신의 행동을 논리적으로 설명하려고 애썼다고 했다. 사소해 보이지만 매우 중요한 장면이다.

어머니와의 싸움도 타인과의 관계에서의 부끄러움도 오래가진 않는다. 그냥 덮어버리는 것이다. 이것이 억압이다. G는 사실 어머니와 자주 싸웠다고 하면서, 이게 감정을 표현한 것이 아니냐고 물었다. 싸움이 문제가 아니라, 이해를 바탕으로 한 화해가 없었다는 것이 문제로 느껴졌다.

진짜 감정을 느끼고 그것을 사용하는 데 익숙하지 않음이 G의 수동성과 무기력증의 원인임은 분명했다. 모성과의 관계에서 감정의 경험이 철저히 단절된 것과 깊은 연관이 있음도 확실해졌다. 어떤 강력한 '싫음'을 보게 된다. 모성의 침범일까, 아니면 스스로 숨기고 싶은 것일까? 아마도 모성과의 관계 속에서 함께 일어났을 것이다.

G의 사례는 일견 드러나는 특별한 문제는 없지만 **무기력과 수동적인 태도**로 살고 있는 한 남성의 이야기이다. 잘 드러나지 않는, 어찌 보면 애매하게 보이는 문제들 아래에 아들과 어머니 사이의 애매하고 묘한 정서관계가 있었다. G의 사례는 **만성적인 모성결핍**이 있어도 서로가 알아차리지 못할 때 생기는 문제에 대해 생각하게 한다. 어머니와의 관계에서 해결되지 않은 정서적 에너지가 어떤 패턴이 되면 한 개인의 삶에 생각보다 강력한 영향을 미칠 수 있기 때문이다.

2) "내가 가해자는 아닐까요?" 분노와 적개심

R은 20대 초반의 여성이다. 대학생이며 2살 아래의 남동생이 있다. 유년기부터 부모의 다툼이 심했는데, 결국 초등학교 5학년 때 이혼하였다. R은 어머니와 생활하면서 가끔 아버지와도 만나고 있는데, 부모가 남동생을 편애한다고

느껴왔다. 나중에 확인한 바로는 적어도 부분적으론 사실로 여겨졌다.

중학생 때는 심한 왕따를 경험하였다. R에게 유년기와 청소년기는 불공평함과 괴롭힘이 주는 좌절의 경험이었으며, 분노와 적개심이 쌓여가는 시간이었다. R은 어머니에게 사정을 호소하고 짜증을 내기도 했지만, 여유가 없었던 어머니는 딸의 문제를 이해하고 받아주지 못했다.

중학생이 되자 '자신이 누군가를 공격한 것 같은 생각, 누군가 자신 때문에 커다란 피해를 입을 것 같은 생각'이 반복적으로 들면서 몹시 불안해졌다. 물론 사실과는 상관이 없는 생각들이었다. 아무리 그런 생각을 하지 않으려고 해도 자신의 의식에 철석같이 달라붙어 떨어지지 않았다. 강박증이 발병한 것이다. R은 점점 불안해졌고 또 무서워서 견디기 힘들었다.

> **내담자** 뭔가 잘못한 것 같은 느낌이 자꾸 들어요. 자꾸 친구들에게 실수한 것 같아요. 내가 쓴 댓글이 누군가에게 치명적일 수 있잖아요. 내가 가해자가 아닐까요? 이런 고민을 하다 보면 나는 쓰레기이고… 쓸모없다는 결론에 도달해요. 아무도 이 마음을 편하게 해 주지 못해요.

부모로부터 이해받지 못한 경험, 가족 구성원의 편애, 또래들로부터 따돌림당한 경험은 내면의 분노와 적개심을 키우기에 충분한 경험들이다. 분노를 적절하게 표현하고 이해받을 수 없었던 R에게는 감당할 수 없는 에너지였다. 그리고 그 에너지는 결국 자신이 가해자인 느낌으로 변화하면서 강박증이 되었다.

타인의 아주 작은 비판, 소소한 얘기도 자신을 심하게 욕하는 것처럼 느껴진다. 물론 투사된 것이지만, 그것이 R의 마음과 뇌가 외부 자극을 받아들이는 패턴이 되었다. 강박증은 외부와 내부 양쪽에서 맹렬하게 달려드는 공격성이라는 맹수로부터 자신을 지키기 위한 고육지책이었다. R은 스스로가 가해자가 아니기를 간절히 원하고 반복해서 확인하려고 한다.

좀 더 깊이 들여다보자면 R의 기본적인 관점은 파편적이며 조각나 있다. 또 욕망도 조각나 있다. 그래서 다른 사람들이 일부만을 얘기해도 신경이 쓰이고, 그 부분적인 얘기도 전부 맞는 것처럼 느껴지면서 많이 흔들린다. 사람들중에 작은 면을 전체인양 크게 말하는 사람들도 있는데, 그런 사람들의 얘기도 무시할 수 없고 계속 신경 쓰인다. 그만큼 모든 면이 완벽해야 한다는 것이다.

R은 그냥 넘겨야 할 것도 넘기지 못하고 무시하지 못

몸에 밴 어린 시절의 심리세계탐구

한다. 마치 창에 약간의 얼룩만 있어도 안 되는 사람처럼 약간의 잘못, 작은 실수도 있어서는 안 된다. R은 부분적이고 조각나 있는 감정에서 좀 더 전반적이고 통합적인 감정과 시선으로 나아가는 과정에 있다.

모성의 결핍

앞의 G와 R의 사례는 모성과 연관된 두 번째 문제인 모성의 부족과 결핍을 보여준다. 소위 애정결핍이라고 표현하는 것들인데, 이는 일종의 가뭄이다. 가뭄의 정도와 그 피해가 다르듯이, 모성의 부족도 방임이나 은근한 무시에서부터 완전한 결핍까지 다양한 양상을 보인다.

어머니나 양육자가 없는 경우는 심각한 발달의 문제를 일으킬 수 있는 명백한 결핍이지만, 이러한 환경에선 아이가 생존을 위해 어쩔 수 없이 모성을 포기하는 선택을 강요받는다. 덕분에 내적인 갈등은 적어지고, 사회적으론 크게 성공하는 경우도 있다. 대신 정서적으로 차갑고 메마른 성격으로 성장하는 것은 피하기 어렵다.

방임neglect은 어머니가 옆에 있어도 아이의 필요에 적절하게 반응하지 못하거나 하지 않는 것이다. 해야 할 개입을 하지 않고 내버려 두는 것이다. 아이는 적절하고 필요한 자극을 받지 못하고 성장하게 된다. 이런 경우 아이는 어머니로부터 따뜻함이나 친밀함을 느끼지 못한다. 어머니를 생각하면 뭔가 멀리 떨어져 있는 느낌, 왠지 차가운 느낌, 자신의 감정을 잘 이해하지 못하는 느낌이 든다.

적절한 모성의 에너지를 받지 못한 아이는 쉽게 지루해하고 불만이 많은 성향이 된다. 방임이 초래하는 중요한 문제는, 자신에 대해서도 방임적인 태도를 취하기 쉽다는 것이다. 적절한 책임이나 의무를 좋지 않은 느낌으로 받아들이면서 자신의 삶을 그냥 놔두는 선택을 하는 것이다. 물론 이러한 선택의 대부분은 무의식적으로 일어나므로 잘 알기 어렵고, 꽤 오랜 시간이 지나 문제가 생기면서 뒤늦게 알게 되는 경우가 대부분이다. 대개 방임을 하는 어머니는 자신 역시 유년기에 방임당한 경우가 많았다.

무시ignorance는 아이의 요구를 알지만 받아주지 않고 무시하는 것이다. 보다 적극적인 형태의 방임이라고 할 수 있다. 어머니와 아이의 기질의 차이가 너무 크거나, 목표 의식이 너무 강하고 성취 위주 사고에 몰입된 여성들도 아이와의 공감에 실패하기 쉽다. 아이는 어머니가 옆에 있어도 심리적으론 모성의 결핍을 느끼게 된다.

이들의 자아상은 낮은 자존감과 열등감이다. 쉽게 자기비하 경향을 보인다. 아이는 부정적인 에너지를 전달하는 어머니에게 저항하지 못하고 스스로에 대해 부정적인

몸에 밴 어린 시절의 심리세계탐구

태도를 갖기 쉽다. 어머니가 아이를 대했던 태도로 자신을 대하게 되게 때문이다. 가장 좋지 않은 것은 사랑을 믿지 않는 것, 사랑의 존재를 불신하는 에너지이다. 모성과의 관계가 몹시 고단했던 아이 입장에서는 아무리 좋은 것이라고 해도 자신이 경험하지 못한 것을 받아들이기 어렵다.

방임과 무시의 환경에서 성장한 이들의 인간관계는 대개 회피적이며 수동적이다. 상대가 알아서 자신의 욕구를 만족시켜 주기를 원한다. 불안, 불평, 불만을 느끼지만 쉽게 드러내진 못한다. 타인과는 동떨어져 있는 것처럼 보이고 관계에도 냉소적이지만 내면엔 깊은 관계에 대한 욕구가 숨어 있다. 안정적인 느낌을 주는 사람을 만나서 어느 정도 관계가 형성되면 갑자기 상대에게 깊게 의존하거나 집착하는 모습으로 돌변하기도 한다. 그런 관계를 찾아 헤매는, 소위 '관계중독' 현상도 생기기 쉽다.

결핍deficiency은 가장 심한 모성의 부재이다. 심한 결핍은 인간이라면 누구나 어느 정도 갖고 있을 수밖에 없는 내면의 공백을 더욱 키운다. 마음의 문제 중 가장 고통스럽고 심각한 문제는 내면의 공백이 커지는 것이다. 그러므로 결핍은 매우 고통스러운 마음의 상태를 초래하게 된다. 커져 버린 공백은 왠지 공허하고 텅 빈 느낌을 만들고, 불안이나 우울에 취약한 인격 구조를 만든다.

이유를 알 수 없는 갑작스러운 공황발작도 자세히 살펴보면 깊은 곳에 숨어 있던 공백이 어떤 자극을 받아서 갑자기 커지는 것과 연관이 있다. 무의식에서 커져 버린 공백의 에너지가 올라와 의식의 표면에 도달하면 상당히 이질적으로 느껴지면서 불안하고 균열이 생기는 느낌이 커지는데, 그것이 공황 증상으로 발전하는 것이다. 또한 공백을 채워 줄 것 같은 대상을 향하여 집착하고 싶은 마음이 따라온다.

경험의 부족과 어머니 자신의 불안은 아이를 대할 때 갈팡질팡하게 만든다. 성인이라면 이해할 만한 부분일 수도 있지만, 아이들은 어머니의 감정이나 태도의 변화를 훨씬 크고 민감하게 경험한다. 하지만 내향적인 성향인 일부 아이들은 자신의 그런 느낌들을 특히 잘 드러내지 못한다. 어머니도 자신의 정서적 태도에 대한 객관적인 인식을 갖기는 쉽지 않고, 주위로부터 적절한 피드백을 받기도 어렵다. 만약 부모와 자녀 사이의 관계가 애매한 거리두기이거나 방임이라면 생각보다 잘 드러나지 않게 된다.

1) "친구관계에서 상처를 많이 받아요"
불안정애착과 유년기의 트라우마

H는 고등학교 때 발병한 우울증이 점점 심해져 고등학

　　　　　　　몸에 밴 어린 시절의 심리세계탐구

교를 자퇴한 20대 초반의 남성이다. H의 어머니는 따뜻한 성정을 갖고 있지만 스스로 부정적으로 여기는 경향이 있는 사람이다. 자신에 대한 믿음이 부족하였고, 결혼 초부터 심한 시집살이를 하였기에 첫아들인 H를 돌보는 것도 힘들어 했다.

H를 우울하게 만드는 요인은 학업과 미래에 대한 부담도 있지만, 대부분 친구와의 관계에서 받은 상처들이다. 마음이 여리고 정이 많은 성격인 H는 진정성을 갖고 배려하며 친구들을 대했다. 하지만 대개 10대들이 그렇듯 친구들의 태도는 대충 대하거나 함부로 말하는 느낌을 주었고, H는 계속 상처를 받아왔다. 그러나 그런 마음을 표현하기 어려운 성격이었으므로, 상처는 H의 마음에 계속 쌓여만 갔다. 초등학교 3학년 때 장난을 치다가 학용품으로 친구를 다치게 했던 사건도 있었는데, 당시 친구들의 놀림은 트라우마로 남아 있다.

얼마 전 고된 아르바이트를 하고 돌아와서 잠들었을 때, 매우 선명하고 인상적인 꿈을 꾸었다.

내담자 꿈에 어떤 무대가 있고, 중간에 환한 무대 조명이 비치고 있었어요. 내 몸은 이상하게 앞으로만 움직였습니다. 앞에는 아주 많은 어린이가 있어요. 신기하게 어린이들의 얼굴은 없고 이름 표만 달려 있었어요. 자세히 보니까 유치원 때 어울렸던 아이, 친했지만 싸웠던 아이, 초2 때 아이들… 그리고 고등학교 때 친구들, 요즘 어울리는 아이들이 모두 등장했습니다.

대화를 나누면서 조금씩 앞으로 이동했어요. 고2 때 아이들은 빛이 비치는 공간에 많았는데, 고3이 되니까 아이들 숫자가 확 줄었습니다. 자퇴를 해서 그런 것 같은 생각이 들었어요. 그러다가 앞으로 가니까 갑자기 어두워지면서 아무도 없었죠. 그런데 그곳에 창문이 있었습니다. 지나온 아이들이 궁금해서 뒤를 돌아보니까, 아이들은 환하게 웃으면서 떠들고 있었어요. 나는 그냥 그 상황을 수긍하고 창문을 열고 안으로 들어가면서 잠에서 깼어요. 너무 생생해서 마치 직접 겪은 느낌이었습니다.

꿈을 꾸고 나서 느낌이 달라졌습니다. 그래서 일기도 쓰기 시작했어요. 뭔가 깨달아지는 것이 있더라구요. 부정하려고 했지만 1년 전만 해도 나는 친구관계에 집착하고 질투를 했었다는 것을 깨달았습니다. 내가 왜 분노와 질투

몸에 밴 어린 시절의 심리세계탐구

가 강할까 생각해 보니까, 내가 상처를 잘 받는 사람이더라구요. 사람을 좋아하고 사랑하다 보니….

중학생 때가 가장 행복했던 시간이었어요. 친구관계도, 공부도 좋았거든요. 고등학생이 되면서 친구들과 흩어지긴 했지만, 고2까진 뭔가 잘 나가는 느낌이었고 무시당하진 않았던 것 같아요. 그러다가 우울증이 생기면서 학교생활도 힘들어졌고, 고3 때 생기는 또 다른 친구관계를 갖지 못했습니다.

나는 점점 잊혀 갔어요. …슬펐고, 서운했고, 화가 났었습니다. 컴퓨터 게임을 하면서 알게 된 사람들과도 문제가 생겼었는데, 생각해 보면 내 집착과 질투가 문제였습니다. 아직 과거 생각은 여전하고 불편하지만, 조금씩 움직이고 운동도 하고 일기를 쓰면서 하루를 마무리합니다. 담배도 그냥 끊었어요. 피워야 할 이유를 찾지 못해서요.

H의 꿈 이야기를 보면, 기본적인 에너지가 엄청나게 변하고 있다. 자신의 진짜 감정을 이해하고 약한 부분을 기

꺼이 인정하고 받아들이는 놀라운 변화를 보여주고 있다. 또 이것이 문제의 해결이 아니라 작은 출발점이라는 사실을 분명히 아는 것도 기쁜 일이다. 꿈은 이런 식으로 대반전의 계기를 주곤 한다. 과연 누가 이러한 꿈을 의식에 전달하였을까?

약 6개월 후, H는 그 꿈의 속편 같은 꿈을 꾸었다.

내담자 지난번 얘기했던 꿈의 뒷부분 같은 꿈을 꾸었습니다. 문을 열고 들어갔더니 어두운 공간이 있고… 앞으로 걸어갔는데 조명 빛이 동그랗게 비치고 있었어요. 조명 가운에 알몸의 어린아이가 있었습니다. 자세히 보니까 몸에 상처가 많았고 울고 있었어요. 가까이 가서 어깨를 만지니까 그 아이가 뒤를 돌아봤는데, 어려서의 나였어요. 놀라서 깼습니다. 초등학교 3학년 때의 나였어요.

솔직히 말해서 나는 유독 외로움을 많이 탔던 것 같습니다. 초등학교 3학년 때 사건 이후로 친구들에게 '살인자'라는 말을 듣고, 따돌림당하고, 심지어 선생님도 나를 멀리하는 느낌이 들어서 어린 나이에 혼자 지내는 시간이 많았습니다. 그래서 혼자 있는 것이 너무 싫었습니다.

　더 과거로 가면 부모님이 일을 가신 동안 할머니와 주로 같이 있었어요. 할머니는 몸이 안 좋으셔서 주로 방에 계셨기 때문에, 나는 혼자서 많이 놀았던 것 같아요. 그 당시엔 외롭다고 느끼지 못했는데, 학교에 가서 친구를 사귀면서 혼자가 아니라고 느낄 즈음에 일이 터진 거예요. 혼자 있는 것을 싫어하고, 괜히 광대 짓을 하고, 아이들을 웃기려고 노력을 했습니다. 중학생 때까지…. 그러다가 어떤 족쇄와 자물쇠가 마음속에 생긴 것 같습니다.

치료자 그 족쇄와 자물쇠를 어떻게 풀어가야 할까요?

내담자 어릴 때의 나 자신을 마주하는 것이 좋지 않을까요. 꿈에서는 놀라서 깼는데… 다시 만난다면 내가 나를 안아주고 싶어요. 물론 꿈속의 나에게 달린 것 같지만요.

　H의 사례는 어린 시절 모성과의 불안정한 애착 경험을 가진 아동이 유년기에 트라우마를 겪었을 경우, 그것의 치유가 쉽지 않으며 오랫동안 정신적 고통을 겪을 수 있음

을 보여준다.

어머니가 아이를 일관성 있게 대하는 것은 매우 어려운 일이다. 어머니 자신의 정서가 안정적이어야 하고, 또 어머니로서의 정체성에도 일관성이 있어야 가능하다. 그래서 쉽지 않은 일이다. H의 어머니는 자신을 부정적으로 여기는 경향이 있었기에, 어머니의 그런 정서는 H에게 상당히 전달되었을 것으로 짐작된다.

꿈에서 H는 주로 열등감, 뒤처진 느낌, 매우 아픈 느낌 등을 느꼈다. 그런데 과연 누가 그런 꿈을 꾸게 한 것일까? 자신이 꾼 꿈이지만 의도한 것이 아니다. 자신의 내면에 스스로를 지켜주는 어떤 힘이 있는 것이 아닐까?

사실 우리의 내면에는 또 다른 치유의 에너지가 있다. H는 전혀 의식하거나 예상하지도 못했던 상황에서 인상적인 꿈을 꾸었다. 꿈을 꾼 후 자신에 대한 이해가 깊어지면서 우울증과 내면의 상처가 회복되는 경험을 하였다. 자신도 모르는 내면의 어떤 부분이 고통의 치유를 도운 것이다.

꿈은 내면의 해결되지 않은 트라우마와 결핍으로부터 고통을 받는 의식에게 위로와 통찰을 주고 있다. 6개월이라는 꽤 긴 시간 차를 두고 비슷한 꿈이 반복되어 나타났다는 것도 주목할 부분이다. 이 경험에 대한 깊은 이해와 믿음이 생긴다면 H는 충분히 자신의 문제를 견디고 이겨 나가게 될 것이다.

2) "엄마랑 역할이 바뀌었어요" 의지할 수 없는 모성

I는 20대 중후반의 미혼 여성이다. 밝고 귀여운 인상인 I는 일견 특별한 문제가 없어 보이고, 주위에서도 그렇게 본다. 하지만 정작 자신은 마음 깊은 곳에서 우울감과 무거운 느낌을 느껴왔다. 스트레스받는 사건이 생겨 그것을 처리하기 위해 내원했다가 용기를 내어 자신의 그런 부분을 개방하였고, 그를 계기로 심리치료를 시작하였다. 면담의 초기에는 뭔가 앞뒤가 부딪히는 모순적인 느낌은 있었고 문제가 분명하진 않았다.

(1) 일곱 번째 면담

내담자 집에서는 완전히 주부 모드예요. 거의 하루 종일 집안일을 해요. 98% 정도…. 밥하고, 반찬하고, 설거지하고, 치우고…. 일을 하지 않고 쉬게 되면 죄책감을 느껴요. 일종의 강박관념 같아요.

치료자 좋은 애기인데…. 우리가 하고 있는 애기와는 잘 맞지 않는군요.

내담자 어쩌면 내 진짜 기분을 드러내지 않는 수단일지도 모르겠어요.

치료자 그런가요? 진짜 기분은 어떤 것일까요?

내담자 혼란스럽고, 답답하고, 뭔가 우울한 느낌…. 평생 드러내지 않았던 기분이에요.

치료자 부모님과의 거리감이 있군요.

내담자 부모님은 친하지만… 친구 같고 자매 같지, 의지할 수 있는 대상은 아니에요. 오히려 엄마는 내가 지켜줘야 할 대상 같아요.

치료자 아이와 어른이 분리되어 있는 느낌이군요. 우리가 고민하고 있는 무의식은 아이일 가능성이 있겠어요.

내담자 그런 것 같아요. 뭔가 억눌려 있는 것 같아요. 떼쓰고 싶고, 감정적으로 행동하고 싶은데 안돼요. 어머니는 철이 없고 온실 속의 화초 같은 사람인데… 본인은 몰라요. 나에겐 아픈 손가락이라고 할까.

치료자 정말 자매 같은 느낌을 받는군요.

내담자 정확히는 동생의 느낌이에요. 그런데 엄마는 고집이 세서 내 말을 듣지 않아요. 집안일도 내가 하라는 대로 안 하고….

치료자 엄마와 딸이 반대로 되어 있군요.

몸에 밴 어린 시절의 심리세계탐구

내담자 내가 얘기를 못 하는 이유는, 엄마가 감정적으로 죄책감을 많이 느끼기 때문이에요. 자기 탓을 많이 해요. 그래서 털어놓기가 힘들어요.

치료자 아이 같은 면은 숨기게 되고, 대신 성숙한 면은 강해진 것 같네요.

7번째 면담 시 I는 집안일을 대부분 하고 있다고 했다. 그리고 그것이 당연하다고 했다. 뭔가 모녀 관계가 역전된 느낌이다. 어떻게, 혹은 누구에 의해 역전되었을까? 어떻게 보면 성숙하고 책임감 있는 딸이지만, 보이지 않는 병리적 관계일 수 있었다.

(2) 여덟 번째 면담

내담자 집안일은 파업했어요. 어리광을 피워보면 어떨까요? 나는 떼를 써 본 기억이 거의 없어요. 눈치도 많이 본 것 같아요.

치료자 예전에 얘기했던, 요구하려면 이유를 설명하라는 어머니의 양육 방식에 영향을 받았을까요?

내담자 떼를 쓰는 것은 감정인데, 이성적으로 얘기하면 들어주니까 자꾸 그렇게 행동하게 된 것 같아요. "안 해, 싫어"라는 표현을 해본 적이 없어요. 엄마도 나도 감정은 무너지는 순간에 나타나는 거라고 생각하는 것 같아요. 밑바닥을 보여주는 느낌이랄까….

치료자 감정에 대한 태도나 느낌이 기본적으로 부정적이군요.

내담자 감정을 표출하는 것은 긍정적인데, 의지에서 벗어난 감정을 드러내는 데 부정적인 것 같아요.

치료자 감정을 통제해야 한다고 느끼는 것 아닐까요?

내담자 정제된 감정만이 제대로 된 감정이 아닌가요? 감정보다는 감성적으로 표현하려고 하는 것 같아요. 감정을 드러내는 것은 발가벗겨지는 느낌이나 들키는 기분 같다고 할까. 날 것을 표현하는 느낌이에요.

치료자 들키는 기분이요?

내담자 잘 모르겠어요. 무의식적인 것은 같은데….

치료자 감정을 정제한다는 것이 필요하지만, 강박적인 느낌이 드네요.

내담자 생각할수록 가족들과 친하지 않은 것 같아요. 화목하긴 하지만 허물없이 지내진 못하는 느낌…. 생각해 보면 허물없이 지내는 사람은 없는 느낌이에요.

치료자 뭔가를 많이 억압해 왔다고 느껴지네요.

내담자 그런 것 같아요. 제동 장치가 채워져 있는 느낌이라고 할까?

치료자 여기서도 어떤 통제나 억압이 작동될 수도 있겠어요.

내담자 그래서 나는 내가 누구이고, 어떤 사람인지 모르겠어요. 말을 잘 듣는 나도 있고, 누군가를 골탕 먹이는 나도 있어요. 가령 비싼 고기를 사뒀다가 그것이 상할 때까지 방치해요. 알면서 봐두는 것이죠. 어떻게 보면 골탕 먹이는 거예요. 그런 못된 버릇이 있어요. 회사에서도 일을 너무 많이 시키면 중요한 일을 일부러 안 해요. 그렇게 푸는 것 같아요. 너무 엉뚱한 것 아닌가요?

치료자 무엇을 풀고 싶은 것일까요?

내담자 화풀이하는 것 같아요. 남들이 나를 어떻게 봐도 상관없다고 말하면서 다니는데, 사실은 많이 의식하고 있네요.

치료자 역설 혹은 모순적인 느낌을 받는군요.

내담자 평범하게 살기 위해서 평범하지 않은 노력을 엄청 하는 것 같아요.

8번째 면담 때는 요즘의 일상과 전혀 다르게 생활했던 외국 유학 시의 자유로운 느낌과 멋대로의 행동, 그리고 시선을 신경 쓰지 않고 행동했던 기억도 얘기했다. I로서는 일탈이라고 할 수 있는 피어싱, 스카이다이빙, 늦잠 자기, 아무 데나 돌아다니기 등의 경험을 말하였다. 틀에 박힌 집안일과 자유로운 행동, 한국과 외국이라는 완전히 다른 두 세계가 명확하게 대비되고 있었다.

I의 사례는 겉으론 친하고 우호적인 모녀 관계인 것처럼 보이지만, 사실은 잘 맞지 않는 부분이 많은 모녀 사이를 보여준다. I는 어머니로부터 공감받지 못한 느낌을 외면하고 부정하고자 애쓰면서 성장한 20대 여성의 심리상태를 적나라하게 보인다. 공감받지 못한 데 대한 분노는 철저히 억압되었는데, 그 억압 과정에서 무의식의 많은 부분이 함께 억압되었다.

어머니와의 애매하고 이중적인 관계는 자신의 무의식에 대한 이중적인 태도와 유사한 궤를 그리면서 내면에 깊은 균열을 일으켰다. 그래서 언제부턴가 무의식에서 올라오는 답답한 마음, 어두운 마음이 느껴지기 시작한 것으로 보인다. 무의식에서 의식에 보내는 신호이다.

내담자 도대체 꿈에 엄청나게 큰 고릴라는 왜 나오는

몸에 밴 어린 시절의 심리세계탐구

거죠? 징그러웠어요. 이국적인 느낌을 주는 황무지 같은 숲에서 저 멀리 서 있었는데, 옷을 입고 있어서 이상했어요. 멀리서 나를 보고 있었고 눈이 마주쳐서 무서웠어요. 나는 도망갔어요. 그런데 의외로 고릴라가 순했어요.

면담의 말미에 나온 고릴라 꿈도 그러한 맥락에서 이해할 수 있다. 비록 그 신호가 낯설고 불편하지만 받아들이려는 용기와 태도를 갖고 있기에 I의 삶은 긍정적인 방향으로 나아갈 것으로 기대되었다.

모성의 변덕 연결과 단절의 충돌

모성과의 세 번째 문제는 모성의 변덕, 애매한 모성과의 관계에 대한 것이다. 이랬다저랬다 하는 변덕이 심한 모성이 대표적이다. 물론 여기서 말하는 변덕스러움은 일상적인 감정의 변화를 넘어서는 심한 감정의 요동을 말한다.

어머니의 요동치는 감정은 자녀에게 상반된 두 가지의 감정이 갈등하는 상태, 즉 양가감정을 만든다. 기본적인 양가감정은 어머니에 대한 애정과 미움, 그리움과 지겨움이다. 의존성과 자율성 사이의 갈등이기도 하고, 본질적으론 연결과 단절 사이의 충돌이다.

부딪히는 두 감정 사이에서 아이는 혼란스럽다. 어머니가 미울 때는 오히려 잘 대해 주고, 어머니가 필요할 때는 반대로 매몰차게 대하는 식으로 꼬이는 일이 자주 일어난다. 애착의 관점으로 보자면 양가적애착이며, 심하면 혼란애착으로 발전할 수도 있다.

모성의 변덕은 눈에 번쩍 띄는 감정의 기복만을 말하는 것은 아니다. 모성의 정서 상태, 감정 에너지는 아이가 정서적으로 잘 성장하기 위한 토대이자 자양분이다. 아이는 본능적으로 어머니의 얼굴과 표정을 바라보면서 정서와 기분을 살피고, 그를 통해 자신과 세상에 대한 느낌을 만들어 낸다. 자신을 바라보는 어머니의 눈은 스스로를 바라보는 내면의 눈이 된다.

사랑이 많은 어머니도 아이에 대한 걱정과 고민이 많다. 잘 키우고 싶고, 잘 키웠다는 얘기를 듣고 싶고, 혹시나 하는 불안과 싸워야 한다. 사실 아이의 정서발달에 가장 중요한 시기를 통과할 때 어머니들의 나이는 보통 20대 후반에서 30대 초중반이다. 생각해 보면 그리 많지 않은 나이이며, 삶의 경험도 충분치 않은 나이이다.

어떤 일이든 시행착오는 생기기 마련이다. 다행인 점은, 아이는 어머니가 완벽하게 좋은 모성일 때만 제대로 성장하는 것은 아니라는 거다. 연구들에 따르면 유아기와 유

몸에 밴 어린 시절의 심리세계탐구

년기 아이들의 경험 중에 부정적인 경험이 50% 이상이 되어야 의미 있는 문제들이 생겨난다고 한다.

모성의 변덕은 보이지 않게 애매한 느낌으로 아이에게 영향을 줄 수도 있다. 그러므로 아이를 잘 키우는 방법은 어머니 스스로가 건강해지는 것이며, 자녀가 잘 성장하는 비법은 어머니가 한 인간으로서 좋은 에너지를 갖는 것이다.

세상을 보는 시야를 넓히는 첫걸음
부성 · 동일시

아버지와의 경험, 부성이라는 인격과의 관계에서 생겨난 문제들은 개인의 삶에 어떤 영향들을 줄까?

부성의 문제는 크게 세 가지 범주로 볼 수 있다. 부성의 과잉, 부성의 결핍, 그리고 애매하고 양가적인 부성이다. 내담자들은 주로 아버지의 일방성과 폭력성, 강하고 과한 언행, 즉 아버지의 잘못된 행동이 불편하다고 호소한다. 누구나 알 수 있는 부성의 과잉이다. 임상[52]에서는 반드시 눈에 띄는 부성의 과잉이 아니더라도 아버지의 인격과 적절한 교류가 부족한 데서 생겨나는 많은 문제를 보게된다.

---

52 환자를 치료하는 데 목적을 둔 의학

부성과 적절한 관계를 통해서 성장하지 못할 때 '동일시'라는 자아 성장의 핵심 과정에서 어려움이 초래된다. 동일시 과정에서 생긴 문제는 인격의 성장에 어떻게 영향을 주고 또 어떤 증상들을 일으키는지 사례들을 통해 살펴보고자 한다. 여러 사례를 함께 느껴보고 아버지와 부성의 인격에 대한 통찰력이 생기는 경험이 되기를 희망한다.

부성의 과잉

1) "형이 무서워요" 오이디푸스 콤플렉스

20대 초반 남성 J는 조용한 성격이다. 매사에 너무 수동적이고 실수를 자주 해서 부모에게 갖은 잔소리를 들으면서 성장하였다. 부모는 나이가 들면 나아질 줄 알았는데, 변화가 없어서 걱정이라면서 J에게 상담을 권유하였다.

J는 시험 볼 때 문제를 잘못 읽는 등의 실수가 잦았다고 하는데, 일상생활에서도 약속을 잊어버리거나 엉뚱한 곳을 약속장소로 오인하는 등 이해하기 힘든 여러 문제가 반복되었다. 지능이 낮은 것도 아니었다. 급기야 초등학생과 중학생 땐 주의력결핍장애ADHD로 진단받고 약물치료도 받았으나 증상이 개선되지는 않았다.

J는 초등학교에 들어가기 전부터 수년 동안 다섯 살 차이가 나는 형에게 자주 맞고 혼나면서 유년기를 보냈다. 그

탓에 지금도 형을 매우 무서워하고 접촉을 피하고 있다. 속으로 하고 싶은 말이 많아도 고양이 앞의 쥐처럼 형만 보면 얼어 버려서, 그런 자신을 한심하게 생각하고 있다. 자존감이 낮아진 것이다. 주의력이 떨어지고, 사소한 실수를 반복하는 진짜 이유는 분노가 엄청나게 억압되어 있기 때문이었다.

상담을 하면서 J는 자신의 문제가 어디에서 시작되었는지 조금씩 느끼고 알게 되었다. 누구에게도 제대로 표현하지 않았던 '형'에 대해 말하고 느끼기 시작했다. J의 경우 유아기와 유년기의 발달 과정에서 공포가 학습되어 버린 측면이 있다. 아직은 무조건 형을 피하려고만 한다. 과거의 기억이 주는 무서움은 여전하며, 자신에겐 힘이 없다고 느끼기 때문이다. 형에 대한 엄청난 두려움을 어떻게 이해하고 이겨 낼 수 있을까? J는 공격적인 형에게서 벗어날 수 있을까?

그런데 여기서 매우 중요한 질문이 있다. **"형은 누구에게나 공격적일까?"** J는 형이 여자 친구나 부모님께는 전혀 다르게 행동한다고 하였다. J 역시 다른 사람을 만날 때는 형을 대할 때와 다르게 행동한다. 두려움은 유독 형과 J의 관계에서만 생겨나고 작동하고 있었다. 형을 두려움을 주는 존재로만 보면서 겁을 먹는 것은, 자기 자신을 형의 상대로서만 규정하기 때문이 아닐까? J를 약자로 규정한 형의 입장을 자신도 모르게 수동적으로 받아들이는 것이다.

J에게 형은 무차별적으로 공격하고 물어뜯는 호랑이처럼 느껴진다. 형을 한 인간으로, 즉 전체로 보는 데 실패하고 있다고 볼 수 있다. 형의 껍데기만을 볼 뿐 본모습을 보지 못하는 것이다. J의 무의식 속엔 형에 대한 분노가 큰만큼 두려움도 함께 상승하고 있다. 이러한 심리상태를 '오이디푸스 콤플렉스'라고 한다. 오이디푸스 콤플렉스가 심하면 시야가 파편화되고 좁아지면서 불안이 심해지고 분노를 사용할 수 없게 된다.

J의 사례는 해결되지 않은 내면의 불안과 두려움이 겉으로는 주의력 부족, 잦은 실수 등 인지적 증상의 형태로 변형되어 나타날 수 있음을 보여준다. 불안의 심층 원인으로서의 부성 콤플렉스는 아버지로 한정되는 게 아니라 부성의 대리인 역할을 하는 사람과의 관계에서도 얼마든지 생겨날 수 있다.

두려움이란 생존본능을 자극하는 원초적인 감정으로, 당연히 피하고 싶은 에너지를 일으킨다. 특정인에 대한 두려움이 너무 클 때, 특정한 사람이나 상황을 피하고 싶은데 그럴 수 있는 상황이 아니라면 그 두려움과 회피가 무엇을 의미하는지를 깊이 고민해 볼 필요가 있다.

스스로 해결이 어렵다면 도움을 받아서라도 자신의 두려움을 깊이 이해할 필요가 있다. 충분한 이해는 단순한 회피를 넘어 지혜롭고 적절한 대응을 돕고, 나아가 서서히 두려움에 직면할 용기를 준다.

2) "부모님과 충돌이 잦아요" 미숙한 아니무스

K는 대학교 4학년 여학생이며, 3년 차이인 남동생이 있다. 가족과의 관계에서 특히 아버지와 잦은 충돌을 겪고 있으며, 어머니와도 부딪히곤 해서 심리치료를 시작하였다. 면담을 시작하고, 하지 못한 얘기를 하면서 속이 풀리고 마음도 편안해졌다고 하였다. 여러 가지 갈등이 잠잠해지면서 편안해졌고, 할 말이 별로 없다고 하였다.

갈등이 줄어들면 사건도 별로 없어지므로 뭔가 할 말이 적어진 느낌이 든다. 하지만 외부 사건이 잠잠할 때 오히려 깊고 넓게 생각해 볼 기회가 찾아오곤 한다. 열 번째 면담 때, K는 잠시 침묵했다. 그리고 최근에 있었던 어머니와의 충돌을 떠올렸다.

(1) 열 번째 면담

내담자 처음 심리치료를 시작했을 땐 면담 내용을 어머니에게 말했고, 어머니도 그러기를 원했어요. 하지만 점차 치료가 진행되면서 어머니에게 그다지 할 말도 없고, 어머니도 내가 한 말을 제대로 이해하지 못하는 것 같았어요. 그렇게 되면서 면담 내용에 대해 애기하지 않게 된 것 같아요. 그런데 어머니는 "애기하지 않을 거면 네 돈으로 다녀!"라고 했어요.

딸의 보고를 받지 못한 어머니는 치료에 대해 부정적인 느낌을 받았던 것으로 보인다. 그로 인해 딸에게 '상담 내용을 말하지 않을 거면 네 돈으로 다녀라'라고 하면서 충돌이 생겼던 것이다. 모녀는 겉으론 생각과 견해가 많이 달라 보이지만 사실은 중요한 **공통점**을 갖고 있다. 어머니는 이야기를 해서 공통된 의견을 갖자는 것이고, 딸은 말을 안 해도 자신의 감정을 이해해서 비슷해지자는 것이다. 자기도 모르게 상대에게 의견일치와 공감을 요구하고 있는데, 이는 무의식적인 태도이다.

좀 더 깊이 보자면 서로의 내면엔 **의견일치를 요구하는 아니무스의 태도**가 숨어 있다. 어머니뿐만이 아니라 딸도 성취, 증명, 평가라는 어머니의 힘에 대항하여 무의식적인 힘을 쓰면서 승부를 겨루는 형국이다. "그렇게 하지 않으면

지는 것 같아서 싫었다."는 K의 얘기는 자신이 힘을 쓰고 있음을 말하고 있다.

어머니가 일을 **성취**하려고 하고, K는 갈등 해결을 **성취**하려고 애쓰고 있다. 물론 두 사람 모두 성공하지 못하고 있다. 두 사람의 관계에 성취가 필요하지도 않고 그렇게까지 할 수도 없는 상황인데. 아니무스의 가치와 방식으로만 문제를 풀려고 하니까 삶이 자꾸 팍팍해지는 것이 아닐까? K는 그런 방식을 어머니로부터 보고 있지 않은가? 깨달음은 문제의 본질에 다가서게 했고, 시야가 넓어지게 하였다. 그렇다면 넓어진 시야 안에는 무엇을 두어야 할까?

(2) 열한 번째 면담

열한 번째 면담에서 K는 평소의 옷차림과 아주 다른 눈에 띄는 티셔츠를 입고 왔다. 흰색 바탕에 긴 뱀의 모양과 나비 모양이 선명한 셔츠였다.

열 번째 면담과 이번 면담 사이에는 아버지 생신으로 식사 모임이 있었다. 하지만 아버지가 모임을 한 시간 앞두고 갑자기 어머니에게 라면을 끓이라는 특유의 투정을 부리면서 집안의 분위기가 나빠졌다. 결국 이 불똥은 할머니와 어머니의 다툼으로 이어졌다. 할머니는 며느리가 아들을 받아주지 않는 것이 못마땅한 것이다.

몸에 밴 어린 시절의 심리세계탐구

할머니는 자신의 삶에 대해 불만과 원망이 많은 사람이다. 스트레스가 있을 땐 노골적인 피해의식을 보이는데, 그러한 할머니의 모습이 K는 아주 싫다고 하였다.

분석심리학적 관점에서 보자면 할머니와 아버지는 자신의 뜻대로만 하고 무리한 요구를 관철하려는 **미숙한 아니무스**immature animus의 에너지를 보인다. 아버지는 할머니의 인격으로부터 분리되어 있지 않은 상태로 보인다. 어머니도 결이 다른 강한 아니무스를 갖고 있다. 집안 전체에 미숙한 아니무스의 에너지가 농후한 것이다.

그동안 K는 그러한 분위기를 억지로 바꾸려고 노력하였고 싸워왔다. 그런데 억지로 바꾸려는 것도 일종의 아니무스이다. 자신이 싫어하는 미숙한 아버지의 모습을 자신도 모르게 닮게 되는 것이다. **공격자와의 동일시**에는 자신과 공격자 사이에 원형의 에너지가 통한다는 기제機制가 숨어 있음을 여기에서 알게 된다. 이 사실을 깨닫는 것이 많은 도움을 줄 것이다. 또 시야를 넓히기 위해 아버지의 장점을 보려는 노력도 필요하다.

또한, K가 이날 입고 온 뱀과 나비의 의상에도 눈여겨볼 부분이 많다. 뱀은 깊은 지혜와 독성을 가진 양면적인 존재이다. 전통적으로 뱀은 남근 혹은 아니무스상을 상징

한다. 또 뱀은 신성함, 불가사의함, 심오한 양면성을 의미하기도 한다. 뱀의 지혜, 즉 긍정적 아니무스가 필요함을 무의식은 이미 알고 있는 것이 아닐까? 동시에 뱀은 독을 가지고 있으며 그 독이 존재에게 엄청난 해가 될 수 있음을 경계해야 한다.

또한 나비는 애벌레 상태를 벗어나 새로운 세상으로 날아가는 비상을 상징하는 동물이다. 아니무스를 이해하는 것이 문제의 해결과 인격의 성숙에 핵심이라는 것을 확인하게 된 면담에서 뱀 문양과 나비 모양의 셔츠를 입고 오다니 얼마나 신기한 사건인가? 이러한 현상은 **동시성**synchronicity[53]으로 볼 수 있을 것 같다.

(3) 열세 번째 면담

내담자 운전 연습을 하다가 외제차에 살짝 부딪쳤어요. 다행히 별일 없이 넘어가게 되었지만, 아버지는 심하게 화를 내면서 비난했어요. 내가 과시하려고 차를 몰았다고 생각하는 아버지를 도저히 이해하기 힘들어요. 저 사람은 나를 저렇게밖에 보지 못하는구나 싶어서…. 잘못을 시인했는데

---

53 특정한 정신적 사건과 함께, 인과관계가 전혀 없는 외부의 비정신적인 사건이 평행적으로 일어나는 현상

도 계속 그러니까, 어떻게든 나를 굴복시키려고 한다는 느낌도 들었어요.

치료자 그랬군요.

내담자 그 외에도, 좋아했지만 너무 이기적이고 무례해서 연락을 끊었던 친구와 오랜만에 다시 만났어요. 그러나 전혀 달라진 것이 없었어요. 자기 잘못도 모르고 아무 일 없는 듯이 전처럼 행동해서 실망했어요. 회사에서 횡령을 한다거나 성적으로도 너무 방종하게 살아서 더 그랬어요. 마음으론 포기했는데 자꾸 그 친구 생각을 하는 것도 이상하고…. 옛날에는 그 친구를 아이처럼 키우면서 바로잡아주려고 했어요.

치료자 어떤 마음이 그렇게 행동하게 했을까요?

내담자 어떤 사명감 같은 것이 있었는데….

치료자 아버지 얘기와 그 친구의 얘기가 통하는 면이 있는 것 같네요.

K의 친구는 거칠고 정제되지 않은 충동성을 갖고 있다. 이 역시도 거친 아니무스의 에너지이다. K도 그 친구가 남자 같다고 하였다. 마음에 안 들고 실망하면서도 그 친구를 돌보고 변화를 주려는 행동은, 자신의 여성성으로 거친

아니무스를 길들이고 싶어 하는 무의식적인 소망이다.

그런데 아버지도 친구와 유사한 아니무스의 에너지를 가지고 있다. 딸을 부정적으로만 바라보는 부성의 에너지를 딸이 견디기는 쉽지 않을 것이다. K의 내면에는 자신의 내면이 투사된 거친 아니무스에 왠지 끌리면서 그것을 바로잡고 구원하려는 마음이 있다. 물론 자신의 아니무스를 다스리고 싶기 때문일 것이다.

면담의 말미에 아버지와의 대화는 소용이 없다고 했는데, 그 친구와의 관계 역시 소용이 없다는 생각의 반복이었음을 깨닫고 허탈한 웃음을 보이면서 열세 번째 면담을 종료했다.

이 사례는 일종의 부성 과잉이 한 여성에게 상당한 영향을 줄 수 있음을 보여준다. 특히 K처럼 어머니도 남성적 에너지가 강한 경우는, 부성의 에너지를 감당하기가 버거울 수밖에 없다. 아버지와의 부딪힘이 어디에서 오는지, 그것이 어떤 의미를 갖는지를 이해하게 될 때 부성 과잉으로 인한 부성 콤플렉스를 견디고 넘어설 수 있는 정신적 기반이 만들어진다.

K는 자신에 대한 이해와 신뢰를 바탕으로 유학이라는 길을 자신 있게 선택하였고, 가벼운 마음으로 유학을 떠나

몸에 밴 어린 시절의 심리세계탐구

면서 심리치료는 종결되었다.

3) "아버지 눈치를 많이 봐요" 권위적인 부성

M은 대입에 실패하고 재수를 시작한 남학생이다. 중학생 때부터 사소한 습관 때문에 아버지와 불화를 겪어왔고, 때론 격렬한 충돌이 생기기도 했다. 아버지와 싸우면 공부가 되지 않고 늦잠을 자는 등 생활 리듬이 깨졌다고 한다. 그러면 아버지는 아들의 그런 자세를 다시 지적하고 공격했다. 아버지는 1남 2녀 중 장남인데, 자수성가하였다.

(1) 세 번째 면담

내담자 뭔가 달라졌으면 좋겠어요. 서로가 인정해 주고 들어 줄 것은 들어 줬으면 좋을 것 같아요. 아버지는 명백히 잘못한 것에도 인정하지 않고 회피하기만 합니다.

치료자 논리적으론 아들의 말이 타당해 보이네요.

내담자 초등학교 2학년 때는 아버지가 아주 무서워 눈치를 많이 봤어요. 미국에서 1년 동안 살 때는 자유로워서 좋았어요. 하지만 다시 돌아와서 아버지 눈치를 보려니 힘들었어요. 그래서 그런지, 중학교 입학 전후로 반항심이 커졌습니다.

아버지는 일 때문에 매일 늦으시고 술도 많이 드셨어요. 같이 있는 시간이 부족한데도 잠깐씩 볼 때마다 폭풍 같은 잔소리를 해요. 그래서 같이 있기 너무 싫었어요. 사실 좀 부끄럽기도 해요. 나도 내 일을 제대로 못 했으니까…. 하지만 아버지는 나에 대해 잘 알지 못하면서 좋은 결과만을 강조하며 애매하게 간섭해요. 특히 술 드시고 같은 얘기를 반복해서 할 때는 정말 짜증나고 힘들어요. 그러면서도 또 눈치를 보게 되고….

M은 자신을 이해하지 못하고 인정해 주지 않는 아버지에게 화가 많이 나 있다. 아버지와 아들이 대립하는 전형적인 모습이다. 권위적인 태도로 자신의 생각을 강요하고 주장하는 아버지에게 아들은 논리, 즉 로고스로 방어하고 대적하고 있다. 아들의 논리는 생각보다 탄탄해서 아버지가 애를 먹는다.

M에게도 게으름과 자기 조절을 못한다는 약점이 있다. 아들은 증명을 해야 한다. 그렇지만 아버지로부터 이해받거나 인정받지 못하고 오히려 잔소리와 비난만을 들어왔다는 사실에서 오는 섭섭함과 분노는 처리하는 데 에너지

몸에 밴 어린 시절의 심리세계탐구

가 많이 소모된다. 상대적으로 자신을 발전시키고 증명해야 하는 쪽의 에너지는 빈약해질 수밖에 없다.

사회적인 성공과는 달리 집에선 고압적이며, 또 자신의 위치와 고생하고 있음을 가족들에게 강요하면서 인정을 요구하는 아버지의 모습은 성숙함과는 거리가 있다. M은 아버지의 그런 단점을 크게 보고 있다. 자신의 자존심을 지키려면 상대의 약점을 파고들 수밖에 없기 때문이다.

(2) 열 번째 면담

M은 유난히 "모르겠다!"라는 말을 자주 한다. 시간이 가면서 주위에선 공부할 것을 요구하고 있는데, 스스로도 알지만 마음이 내키지 않고 모르겠다는 생각만 들고 있다고 했다. 얼마 전 아버지와 여행에 대한 문제가 생겼을 때도 어떻게 해야 할지 모르겠다고 하였다.

M에게 "모르겠다!"라는 말은 깊은 의미를 가진다. 말 그대로 모르는 것이고, 불확실함이다. 성공의 가능성은 크지 않고, 실패와 좌절의 가능성은 크다는 의미이다. 누구에게나 실패나 좌절은 힘들지만 M에게 실패와 좌절은 유난히 거부감이 드는 단어들이다. 거부감에는 아버지와의 대립에서 이겨야 한다는 강박관념도 한몫하고 있다.

불확실함은 아버지의 소통방식이다. M은 그러한 소통
방식에 지쳤고 그것을 유난히 싫어한다. 그래서 더욱 피하
려는 마음이 생겼을 것이다. 불확실한 것을 하는 것 자체가
진정한 성취임을 깨닫게 된다면 얼마나 좋을까? 그렇지만
내면이 약한 M에게 불확실함은 특히 싫고 견디기 힘든 에
너지이다.

(3) 스물다섯 번째 면담

이번 면담에서는 아버지의 문제가 좀 더 구체적으로
드러났다. 아버지는 가족들이 모두 자기를 미워하고 싫어
한다고 주장하며 화를 낸다고 한다. 자신의 인격 중 일부
를 그렇게 여기는 것인데, 전부로 여기면서 오해하고 있다.
또 가족들과 의견이 다를 때 너무 크게 기분 나빠하고 화를
낸다.

M의 아버지에 대해 두 가지를 생각해 볼 수 있다. 첫
째는 부분과 전체를 분별하지 않는 것이다. 둘째는 사랑과
동의를 같은 것으로 보는 모습이다. 가족들과의 관계에선
그렇다는 것이다. 차라리 다른 관계는 더 좋을 수도 있다.
집안에서 무조건 존경을 받는 이상적인 아버지가 되어야
한다고 믿고 있기 때문이다. 아마도 그것은 본인이 자신의

어머니에게 매우 자랑스러운 아들이었다는 굳은 믿음과 연관된 생각일 것이다.

아버지는 자기애적이며 동시에 경계선 성격의 사고를 하고 있다. M도 그런 아버지의 영향을 많이 받았다. 그래서 아버지에 대한 분노와 자신의 삶이 구별되지 않고 섞여서 한 통 안에서 굴러가는 것이다. 최근 아버지와 또 다투어서 기분이 나빴지만, 친구들과의 운동 약속을 구별해서 실천한 것은 다행스럽고 칭찬할 만한 사건이다.

⑷ 서른두 번째 면담

M의 커다란 변화를 볼 수 있었던 면담이다. 그동안 나름 알차고 발전적인 시간을 보냈다며 밝은 모습으로 애기를 시작하였다. 항상 우울한 마음으로 내원했었는데 오늘은 덜하다고 말했다.

그동안 두 가지 사건이 있었다. 하나는 식당에서 아르바이트를 시작한 것이다. 주 3회 일하고 있는데, 새벽 1시에 끝나고 집으로 돌아오면 보람을 느끼면서도 돈 벌기가 어렵다는 것을 배웠다고 한다. 아르바이트를 시작하기 전엔 두려웠는데 하다 보니 느낌도 달라졌다고 했다.

두 번째 사건은 아버지와 함께 다녀온 2박 3일간의 해외여행이었다. 아버지의 지인 두 사람이 함께했는데, 덕분에 아버지가 개입할 여지가 적었다고 한다. 이 또한 처음엔 가지 않으려 했는데 아버지와의 여행도 유익할 수 있다는 것, 새로운 정보를 얻었다는 면에서 긍정적이라고 하였다.

함께 간 아버지의 두 지인 모두 그곳에서 공부한 사람이어서, 유학에 대한 많은 정보를 나누었다고 한다. 귀국 후 다시 생각해 보니 유학에 대해 훨씬 더 긍정적인 느낌을 받아서 추진하려는 마음이 생겼다. 군대도 가능한 한 빨리 갔다 오는 것으로 마음을 먹었다고 했다.

1년 전, M이 막연히 유학을 고려하면서 갈팡질팡하던 때와는 전혀 다른 에너지이다. 이전보다 구체적이고 선명한 생각들이었으며, 감정도 훨씬 긍정적이고 충만한 느낌을 주었다. 진짜가 나타난 것이다. 드디어 길이 보이기 시작했다.

M의 이야기는 인격에 영향을 주는 **부성 과잉**의 또 다른 사례이다. 아버지의 인격이 강하거나 자녀들에게 자신의 권위와 가치를 일방적으로 주입하려고 하면, 자녀들은 매우 강한 압력을 받게 된다. 어렸을 때는 두려움과 불안의 형태로 경험되고, 너무 불안이 강하면 소위 오이디푸스 콤플렉스에 갇히게 된다.

다행히 그 정도가 아니라면 아이는 아버지에게 반감

과 적대감을 느끼기 시작하고, 성장하면서 조금씩 드러내게 된다. 그러다가 마침내 아버지가 좀 더 객관적으로 이해되고 분리되면, 아이와 아버지와의 관계도 부드러워지면서 건강해진다.

M은 권위적이면서 자신을 알아달라는 아버지의 에너지가 부담스러웠다. 청소년기에 해야 하는 자신의 과제 수행에 성공하지 못하면서, 아버지에 대한 부담은 분노로 바뀌었다. 누군가를 탓해야 하는 이유도 있었을 것이다. M은 자신의 할 일은 하지 않으면서 조언이나 잔소리는 너무 싫어하는 청소년의 전형이기도 하다. 고집과 아집이라는 나르시시즘으로 자신을 방어하는 형국이다.

면담을 하면서 M은 자신과 아버지의 관계에 대해, 아버지가 자신에게 주는 영향에 대해 보다 깊이 이해하게 되었다. 하지만 여전히 자주 술에 취해 귀가하고, 폭언을 하는 아버지를 보면 답답하고 화가 난다고 한다. **본질은 아버지가 아니라 아버지에 대한 감정**이다. 현실의 아버지보단 **머릿속에서 느끼는 아버지**와의 관계이며, 아버지상에 대한 감정이다. 현실의 아버지는 매우 부정적인 대상이지만, 머릿속의 아버지는 이상적인 상이다.

아버지에 대한 감정은 미움과 싫음, 그리고 복수심 등이다. 이 감정들을 자꾸 없애려고만 하는데 잘되지 않으니

까 힘겨워한다. 복수하거나 싫어하지 않음으로 해결하고
싶지만 그것도 어렵다. 아버지가 M을 통제하였듯이 스스로
도 자신의 감정을 통제하려고만 하는 모습이다.

지금은 아버지가 싫더라도 현실적인 관계를 유지하는
법을 이해한다면 좋아질 것이다. 아버지도 자신이 가족들
에게 일방적인 권력을 행사하면서 동시에 가족들로부터의
사랑받길 원하는 모순을 보인다는 사실을 이해한다면, 본
인이나 아들 모두에게 훨씬 도움이 될 것이다.

4) "이유 모를 불안감과 우울감이 느껴져요"
남성적 인격에게 받은 폭력

Y는 힘들었던 첫 결혼을 정리하고 얼마 전 재혼했지
만, 어딘가 불편하고 우울함을 느끼는 30대 후반의 여성이
다. 교육자이지만 알코올 중독과 주사가 심했던 아버지, 자
녀에게 잘 공감하지 못하는 어머니 사이에서 장녀로 태어났
다. 유년기와 청소년기의 기억 대부분은 아버지의 주폭으로
인한 두려움, 그리고 자신의 고통과 우울함을 딸에게 하소
연하는 어머니의 푸념과 원망이었다.

Y는 어머니와의 정서적 거리감이 클 수밖에 없었고,
성장하면서 스스로 뭔가를 하려는 시도가 나타나기 시작했
다. 어머니의 동의 없이 시작한 재수, 대학 때 알아서 외국

으로 교환학생을 간 것, 그리고 외국 회사에의 취직 등이다. 모두 부모의 강한 반대를 무릅쓴 것이었다.

연애하고 있던 남자 친구의 적극적인 구애를 받아들여 결혼하였으나, 그 사람은 자기애로 충만한 마마보이에다가 신혼 초부터 아버지와 같은 알코올과 관련된 문제를 노골적으로 드러냈다. 고통을 겪다가 삶의 위기를 느낀 Y는 겨우 별거할 수 있었고 마침내 이혼을 결심하였는데, 전남편의 집요한 반대와 협박으로 그 과정이 매우 힘들었다.

힘겹게 이혼한 후 외국에서 생활하다가 현재의 남편을 만나게 되었다. 남편도 첫 번째 결혼에서 상처를 경험했던 사람이었다. 두 사람은 재혼하였는데, 현재의 남편은 전남편과는 정반대의 사람이다. 조용하고 다툼을 싫어하며 가정적인 성격이다. 결혼하고 얼마 후 함께 귀국하였고, 생활도 안정되는 느낌을 받았다.

그런데 언제부턴가 어딘가 허전하고 답답한 느낌이 들기 시작했다. 간헐적인 짜증도 밀려오면서 우울함을 느끼기 시작했고, 치료를 받기로 결심했다. 심리치료를 시작하면서 자신의 과거와 결혼 생활의 어려움이 어디에서 온 것인지를 알아가던 중 의미 있는 꿈을 가져왔다.

⑴ 스물여덟 번째 면담

내담자 처음 느끼는 이상하고 생생한 꿈을 이틀 연속
으로 꾸었어요. 아버지가 꿈에 나왔는데, 가족
들에게 이제 따로 살면서 각자 살 곳을 찾으라
는 선언을 했어요. 저는 올 것이 왔다고 느꼈어
요. 엄마가 잘살 수 있을까 걱정했는데, 여동생
은 잘살 것 같았습니다. 남동생 생각은 나지 않
아요. 그다음 날 아버지가 다시 꿈에 나타났어
요. 아버지는 40대 후반으로 보이는 새로운 여
자 사진을 보여줬고, 엄마의 새로운 남자 친구
로 보이는 사진도 보여줬어요. 뭔가 신기하고
특이했어요.

치료자 어떤 면에서 특이했을까요?

내담자 너무 또렷했고… 실제 생활에선 가족들과 얘기
하지 않는 내용이어서….

치료자 꿈에 나타난 아버지의 느낌은 어땠나요?

내담자 아버지의 주장이 옳다고 느꼈고 이제야 왔구나
싶었어요. 한편으론 '내가 너무 부모님께 소홀
해서 꿈을 꾼 것이 아닐까' 하는 생각이 들기도
했어요. 둘째 날 꿈에 보였던 사진은 아주 명확
해요. 두 사람 모두 젊었어요. 특히 여자분의 사

몸에 밴 어린 시절의 심리세계탐구

진이 증명사진처럼 또렷한데, 차분하고 온화한 인상이었어요. 그 꿈을 꾸고 나서 며칠 동안은 몸이 아파서 힘들었어요. 그런데 그때 아픈 느낌이 어딘가, 호주랑 싱가포르에 갔을 때 적응하면서 아팠던 근육통이나 울렁거렸던 느낌과 아주 비슷했어요. 이삼일 후 회복되었는데… 뭔가 정리되면서 개운한 느낌이었어요.

치료자 꿈에서의 아버지 정서는 어땠나요?

내담자 심플하고 가볍게 얘기하셨어요. 명령조가 아니어서 불쾌하지 않았어요.

평소 별로 꾸지 않았던 꿈을, 그것도 매우 선명한 꿈을 연속해서 꿨다는 것은 의미가 있다. 꿈을 꾼 후에 이상하게 몸이 아팠는데, 그 느낌이 해외에 나갔을 때 긴장하면서 느꼈던 통증과 매우 비슷한 느낌이라는 것도 중요한 포인트이다. 꿈을 꾼 경험이 정서적으로는 해외에 나갔던 경험처럼 느껴졌던 것이다. Y에게 '해외'는 부모와 완전히 분리된 곳이며, 낯선 곳이면서도 호기심과 설렘을 느끼게 하는 상징하는 공간이다. Y는 이런 얘기도 했다.

내담자 최근에 엄마에게, 아버지가 술에 취해서 다리를

다쳤다는 얘기를 들어서 살짝 아버지 걱정을 했
어요. 아버지도 자신에게 투자하고 취미 생활도
좀 했으면 좋겠는데…. 엄마는 자신을 위해서
배우고 소비도 하거든요. 안타까웠어요.

꿈의 재료는 지난 면담 시간에 나누었던 원형과 남성
성에 대한 깊은 이해, 그리고 어머니가 전해준 아버지의 소
식이다. 꿈의 주인공은 아버지이다. 현실의 아버지이면서
동시에 부성상이자 아니무스상이다. 이전의 꿈에서는 아니
무스의 상징으로 자동차가 나타났다고 했었다. 이번 꿈에
서 그 자동차가 아버지로 변화했는데, 인격이 보였다는 면
에서 긍정적이라 할 수 있다. 아버지의 이별 선언은 아니무
스가 의식과 분리되려는 현상을 알려 주는 듯하다.

해외로 떠났을 때의 느낌과 비슷하다는 것은, 최근의
심리적 경험이 해외로 나가는 것과 동일함을 의미한다. Y
에게 해외로 나가는 것은 가족을 떠나는 시원함과 설렘이
공존하는 경험이었다. 부모와의 분리, 아니무스와의 분리
과정이 몸의 통증으로 경험되고 있는데, 분리 과정이 무의
식적으로 죄책감을 자극하는 것으로 보인다.

그런데 두 번째 꿈에서 등장한 여성은 무엇을 의미할
까? 아니무스가 원하는 여성상이 앞으로 나아갈 인격의 성

　　　　　몸에 밴 어린 시절의 심리세계탐구

장 방향일까?

(2) 서른한 번째 면담

지난 면담 후 4주 정도가 지났을 때, Y는 다시 인상적인 꿈을 연속해서 꾸었다. 폭압적이고 미숙한 행동을 하는 마마보이였던 전남편이 등장했다. 그런데 얼굴만 전남편이고 말투와 행동은 정반대로 부드러워졌고 차분하게 얘기해서 이상했다. 전남편이 꿈에서 부드러운 사람으로 나온 것은 처음이어서 놀랐다.

최근 Y는 전반적으로 안정된 상태로 잘 지내고 있으며 현재 남편과의 관계도 원만해졌다. 결혼 초에 남편으로부터 느껴졌던 거리감이나 답답함이 많이 사라졌고, 대화가 통하며, 가까운 존재로 느껴진다. 비로소 친밀함과 애착을 경험하고 있는 것이다.

최근 평소와 다른 특이한 꿈을 연속해서 꾸었다고 했다. 이번 꿈은 아니무스 상이 변화하고 진화하고 있다는 사실을 의식에 알려 주는 것이다. Y의 내면 깊은 곳에서 폭압적이고 위협적인 에너지로 자신을 공격하려고 했던 아니무스가 부드러워지며 말이 통하는 존재로 변하고 있음을 알려 주는 꿈이다.

(3) 마흔다섯 번째 면담

내담자 얼마 전에 다시 생생한 꿈을 꿨어요. 저는 운전을 하고 있었는데, 직접 운전하는 꿈은 처음 꿨어요. 내가 주도하는 느낌이 들어서 좋았는데, 이상한 점은 맨발이었다는 거예요. 친정집 근처의 어떤 길 같았는데, 조수석엔 아버지가 앉아 있었어요. 외모는 아버지인데 이상하게 느낌이 선생님(치료자) 같았어요. 속도 조절을 못해서 급하게 운전하는데, 평소 같으면 잔소리가 심했을 아버지가 아무 말도 없이 침묵하고 계셨어요. 어쩐지 차분하게 지켜봐 주는 느낌이 들었습니다.

치료자 후원자 역할을 하는 긍정적인 아니무스의 상처럼 느껴지네요.

내담자 그다음은 호주에 살던 집이 배경이었어요. 붉은 하늘이고, 먼지가 많고, 불이 났는데⋯. 놀라서 문을 닫았어요. 그리고 화장실 문을 여니까 크고 검은 거미가 있었는데, 다리가 없는 커다란 거미였어요. 호주에서 거미에 놀랐던 기억이 있어서 싫어하고 무서워하는데, 볼링공처럼 동그란 그게 직관적으로 거미라고 느껴졌

몸에 밴 어린 시절의 심리세계탐구

어요. 너무 신기하고 귀여워서 바라보다가 나
왔어요.

원형圓形과 구의 느낌은 인격의 완성을 상징하는 만다
라mandala[54]상을 연상시키고, 거미는 다양한 상징을 가진
것으로 알려져 있다. 일견 징그럽고 부정적인 느낌을 주지
만 근면함, 인내, 놀라운 직조 기술을 가진 거미는 인생이
라는 실을 직조하는 문화적 영웅이나 창조자를 상징하기도
한다.

유명한 스코틀랜드 신화에는 스코틀랜드의 왕이었던
로버트 부르스Robert the Bruce가 영국을 정복하려는 여섯
번의 시도에 실패하고 동굴에 몸을 숨겼을 때, 그곳에서 거
미줄을 치는 거미의 인내심을 보고 용기를 얻은 이야기가
나온다.[55] 이러한 면들을 고려할 때 긍정적 변화가 진행 중
이며 또 계속될 것을 암시하는 꿈으로 볼 수 있다.

---

54 산스크리트어로 '마법의 원'이라는 뜻. 만다라상은 의식이 분열
되어 심한 갈등이나 와해를 겪다가 구조적으로 재정비되어 새로운 인
생의 중심 잡기가 가능해지거나 그것을 목적으로 할 때 등장하는 심상
이다. 분석심리학에선 치료의 원형으로 이해한다. 『분석심리학』, 이부
영, 일조각, 2011, p114
55 『상징의 모든 것』, 데이비드 폰태너, 공민희 옮김, 사람의무늬,
2011, p84

Y는 어렵게 재혼했으나 부부관계의 소통이 충분하지 않다는 스트레스에서 치료가 시작되었다. 그리고 현재 부부간의 문제는 사실 해결되지 않았던 전남편의 영향을 받고 있었으며, 또 그 뿌리에 해결되지 못한 친정 아버지와의 관계가 깊이 자리하고 있었다. 현실적인 과제는 부부관계의 회복이었으나, Y의 치료의 진짜 목적은 아버지의 세계, 남성적 인격으로부터 받은 폭력적 경험에서 벗어나는 것이었다.

거친 부성과 아니무스의 에너지는 아버지의 인격으로부터 왔고, 그것이 투사되고 전이된 전남편과의 관계에서 대표적으로 경험되었다. 이 경험은 Y의 의식에 두려움과 공포, 동시에 연민과 끌림의 양가적 감정으로 남아 있었다. 초기 어머니와의 애착과 공감에 실패한 후 보상적인 대상으로 선택된 것이므로, 필연적으로 양가적일 수밖에 없었다.

그럼에도 대상을 향한 좋은 애정이라는 Y 고유의 인격이 있었으므로, 분석적 면담의 과정에서 자신의 의식과 아버지와의 관계를 이해하고 바라볼 수 있었다. 치료가 진행되면서 아버지에 대한 공포와 두려움은 해소되었고, 아버지를 만나고 오면 항상 느꼈던 피곤함이 현저하게 줄어들었다.

어머니에 대한 감정은 원래 연민과 불쌍함이었다. 평생 아버지로부터 피해당하며 살아온 가여운 어머니였기 때문이다. 그러나 어머니가 자신의 경험과 감정을 Y에게 일방적으로 강요하면서도 딸의 감정은 이해하지 못하는 자기애적 모성의 문제를 가지고 있음을 느끼기 시작하면서, 어머니에 대한 감정은 분노로 바뀌었다. 어머니에게 느끼는 분노는 해결되지 못한 연민과 합쳐지면서 죄책감으로 경험되었고, 어머니와의 관계에서 찜찜하고 답답하며 혼란스러운 느낌이 계속되었다.

Y는 자신이 어머니에게 기대했던 모성을 내려놓아야 한다는 사실을 깊이 이해하고 받아들이게 되면서, 전에 느끼지 못했던 슬픔을 경험하였다. 그 이후 어머니와의 관계가 담담해졌다. 우울 위상depressive position을 경험하면서 비로소 대상과 분리될 수 있는 내면의 기반이 생겨난 것이다.

아버지와의 문제, 그리고 이어지는 어머니와의 문제를 해결하는 경험을 통해서 Y의 인격은 서서히 통합되는 중이다. 그리고 아버지에서 어머니로 순환되면서 변화하는 인격은 마치 만다라처럼 원의 형상을 연상시킨다. Y의 이야기는 자신도 모르게 위험한 남성상에 이끌리면서 불안정과 불안을 경험해 온 한 여성의 내면에 숨어 있는 원형의 에너

지, 아니무스를 느끼고 깨달아가는 과정을 생생하게 보여
준다.

분석치료 중에 수시로 등장하는 꿈이 가진 깊은 의미
를 이해하게 되었고, 치료가 진행되고 인격이 성장하면서
꿈의 내용도 함께 변화한다는 경험을 나누게 되었다. 꿈으
로 대표되는 무의식이 의식과 어떻게 교류하며 자각과 깨
달음을 전해주는지를 느끼게 하는 소중한 사례이다.

최근 Y는 수개월에 걸쳐 회사에서 부당한 처우를 겪
어왔는데, 그 문제를 처리하는 과정에서 자신의 생각과 의
지를 상사와 고위 임원에게 적절하게 전달할 수 있었다. 좋
은 조건의 회사를 관두려는 마음까지 먹었으나 의외의 결
과가 벌어졌다. 부당한 처우의 원인이 되었던 사람이 회사
를 관두게 되었고, 그 사람을 일방적으로 옹호하던 상사까
지 바뀌는 일이 생긴 것이다. 물론 Y에게는 어떠한 불이익
도 없이 말이다.

Y는 이 일을 겪으면서 과거에 자신이라면 이런 방식
으로 문제를 해결할 수 없었을 것이며, 견디지 못하고 회사
를 그만두었을 거라고 했다. 그리고 예상외의 결과가 나타
나서 놀랐다고 하였다. 분석심리학적으로 보자면 회사와
상사는 아니무스상과 연관된 표상이다. 내면의 아니무스와
관계가 좋아지면서 아니무스와 연관된 문제를 처리할 힘이

생긴 것이다. 자신의 생각을 적절하게 표출한 것이 상당한 도움을 주었을 것으로 짐작되었다.

자녀에게 자신의 생각을 강하게 주입하려는 아버지들이 있다. 아버지의 인격이 어떤 부분에서 너무 강하거나 혹은 너무 독특한 에너지를 갖고 있다면 아이는 어떤 영향을 받게 될까?

앞에서 살펴본 M의 사례처럼 아버지의 생각과 입김이 매우 강한 경우도 있지만, 존재 자체나 분위기를 통해 그런 느낌을 주는 아버지들도 있다. 아예 가족의 의견을 듣지 않거나, 정색해서 분위기를 무겁게 한다거나, 갑자기 운전을 거칠게 한다거나 하는 식으로 나타난다.

아버지와 부성의 에너지에 맹목적으로 복종하거나 반대로 거부하는 태도는 동전의 앞뒤와 같은 것으로, 모두 무의식에 많은 영향을 준다. 힘을 매우 중요시하면서 과시하거나, 반대로 위축되고 멀어지는 모습도 무의식에서 비롯된다. 성취에 대한 압박이나 목표만을 집착하면서 정작 꾸준한 발전을 위한 실제적인 노력을 게을리하는 현상도 비슷한 맥락이다. 아버지의 세계가 두려워서 안전한 어머니의 세계로 후퇴하여 스트레스 상황을 회피하기도 한다. 퇴행이다.

M의 사례처럼 부성의 과잉이 아버지와의 관계에서만 생기는 것은 아니다. 강한 부성상의 에너지를 가진 대상과의 관계에선 얼마든지 그런 문제가 생겨날 수 있다. 때로는 아버지 같은 어머니, 아버지 같은 형제나 자매와의 관계에서도 이러한 문제들을 흔히 볼 수 있다.

자녀들에게 삶에 대해 조언하고 싶을 때, 부모들은 깊이 고민해 보아야 한다. 너무 강한 뭔가를 주입하려고 한다면 자녀들은 아버지가 알려 주는 좋은 내용보다는, 아버지로부터 오는 강력한 압력과 부담을 방어하는 데 에너지를 소모하게 된다. 결국 메시지보다 아버지의 압력과 연관된 불편함, 싫음, 두려움만 전달되고 만다. 부모로서 아이들에게 무엇을 주고 있는 걸까? 압력을 전달하면 압력이, 지혜를 전달하면 지혜가 생겨나는 법이다.

부성의 결핍

1) "뭐든지 쉽게 포기하고 잠수를 타요" 비대해진 슈퍼에고

T는 남자 대학생이다. 초등학교 저학년 때 부모가 이혼하였고, 이후 어머니와 함께 성장했다. 아버지와는 간헐적으로 연락했지만, 속 깊은 대화를 나눈 적은 없었다고 하였다.

T는 의욕과 목적의식이 충분히 있으면서도 스트레스

를 받으면 해야 할 일을 완전히 놓아버리거나, 연락을 끊어 버리는 문제로 고민하고 있었다. 인문학을 전공하는 T는 자신의 전공을 사랑하고, 학문에 충분한 열정과 지력을 가지고 있고, 자신의 문제도 인지할 뿐만 아니라 인정하고 있다. 그럼에도 특정한 상황이 되면 포기하는 일이 반복되고, 그 결과로 인한 자책감이 심해지면서 우울해지는 것이 하나의 패턴이 되었다.

스스로 알고 있음에도 반복되는 문제는 그 뿌리가 무의식에 있음을 시사한다. 자신에 대한 문제 의식에 덧붙여진 우울함은 치료를 받아들이는 동기를 주었다. 면담을 시작하면서 최근 T에게 그런 문제를 일으켰던 몇 가지 스트레스를 듣게 되었다. 공부 모임에서의 논쟁, 인간관계, 글쓰기, 모 교수와의 관계 등이 문제를 야기하는 요인들로 지목되었다.

(1) **열다섯 번째 면담**

내담자 함께 공부하고 글을 쓰는 모임이 있는데, 최근엔 글이 안 써집니다. 내 글의 질이 떨어지는 느낌이고, 뭔가 경직되는 느낌이에요. 그냥 도망치고 싶은 느낌이 들고 모임을 취소하려고만 해요.

치료자 이번에 글을 쓸 때 어떤 느낌을 받았을까요?

내담자 공부하고 글을 쓰면 어딘가 후련한 느낌이었는데, 즐거움보다는 부담감이 더 큰 느낌입니다. 그 사람과 친한 것도 아닌데, 혹시 날 보고 실망하지 않을까… 그런데 잘 보이고 싶은 건 아닌 것 같아요. 가끔 공부하다 글을 써서 발표하곤 했는데, 한번은 술자리에서 어떤 교수에게 지적을 받았어요. 나보고 약간 사기꾼 기질이 있다면서… 내가 조금 아는 것을 많이 아는 듯하게 과장하고 부풀려서 글을 쓴다고 합니다. 물론 농담처럼 얘기했지만, 좀 충격을 받았어요. 생각해 보면 그 일 이후로 글을 잘 쓰지 못하게 된 것 같습니다.

치료자 지금 이 얘기를 의식한 적이 있었나요?

내담자 막연한 느낌은 있었는데, 제대로 생각하고 정리해 본 적은 없는 것 같아요. 처음 글을 쓸 때는 글쓰기에 재주가 있다는 평가를 듣고 신이 나서 글을 썼던 것 같거든요.

T와의 면담에서는 연결된 세 가지 장면이 등장한다.

어린 시절의 기억[56], 지난주에 있었던 지인과의 만남, 그리고 글쓰기에 대한 자극과 좌절을 준 교수와의 관계이다. T는 관계에서 부담을 크게 느끼며, 어떤 구속감을 받는 것이 불안하다고 하였다. T가 느끼는 민감성과 불안의 실체는 **주도권을 잃을 것 같은 불안인데, 마치 거세 불안**castration anxiety**을 연상시킨다.** 그리고 그 뿌리가 어린 시절에 있음을 보게 된다. 자신의 욕망이 아니라 부모의 욕망을 해결하려는 장면이 등장한 것이다.

T는 타자에 대해, 특히 권력을 가졌거나, 가진 것처럼 보이거나, 가졌다고 주장하는 타자에 대해 불신이 강하고 그들을 부정적으로 바라본다. 일종의 부성 콤플렉스이다. 성인이 되면 상대와의 관계는 조율과 협상으로 이루어지고, 그러려면 상대에 대한 최소한의 믿음이 필요하다. 그런데 T에게는 그 자체가 자꾸 전쟁처럼 느껴지는 것이다.

전쟁을 해야 하지만, 이성적으론 조율해야 한다는 것을 아니까 전쟁도 하지 못한다. 그래서 피하는 것이다. 이 분석을 들은 T는 이렇게 말했다. "내가 전쟁광인 줄은 몰랐네요." 외부와 타인으로부터 느껴지는 강력한 압력을 이해하고 견뎌내는 것이 그의 과제임이 분명해졌다.

---

56 이전 면담에서, T는 바쁜 어머니 대신 양육을 담당했던 아주머니의 성격이 강해서 불편했던 기억을 말한 바 있다.

(2) 스무 번째 면담

내담자 나는 소위 말하는 유리멘탈인 것 같아요. 외부 충격에 과민하게 반응하면서, 충격 자체를 제대로 바라보지 못하는 게 문제가 아닐까요. 나는 내 멋대로 하면서도 타인의 시선을 너무 의식합니다. 어찌 보면 나에 대한 타인의 기대에 내가 기여하는 부분도 있는 것 같구요. 내가 기대를 품도록 만들어 내는 것도 있으니까….

치료자 이해가 되네요. 솔직한 표현이 공감이 많이 됩니다.

내담자 나는 상대에게 약점을 안 보이려고 일관성 있게 애쓰고 있었다는 걸 느낍니다. 그런데 살펴보면 내가 무너지는 순간들이 있어요. 학교에서도 그랬어요. 중간고사 기간이었던 것 같아요. 내 힘이 다하는 순간이기도 하지만… 주도권이 상대에게 있을 때 특히 그런 것 같아요.

(3) 서른두 번째 면담

내담자 지난 면담 이후로 나를 돌아보는 시간을 가졌습니다. 끊어졌던 사람들과도 다시 연락하면서, 새삼 내가 어느 순간부터 매우 강박적이었다는 사실을 깊이 느끼게 되었습니다. 너무 심각하게 생각해 왔구나… 하고. 그래서 무력감도 심해지고 실패의 느낌도 크게 느끼고…. 예전에 말한 적이 있었지만, 나도 모르게 진지한 강박 구도에 갇혀 있었다는 걸 깊게 느끼진 못했던 것 같아요. 조금씩 느끼면서 정리가 되는 느낌입니다. 어찌 보면 내가 그 구도를 갖고 있다기보단… 그 구도가 나를 움직여 왔던 것 같기도 하고요. 내가 나를 소외시킨다던가…. 좀 슬프기도 하지만 마음은 가벼워졌습니다….

치료자 정말 그렇게 보이고, 그런 상태가 느껴집니다.

내담자 예전에 사람들에게 미안하다고 했던 말들이, 사실은 미안한 게 아니라 내가 괴로운 것이었어요. 요즘엔 진짜 미안함이 느껴져요. 뭔가 폐허가 된 느낌도 있지만, 새로 시작할 수 있는 폐허 같다고 할까…. 앞으론 이런 느낌을 어떻게 내 것으로 굳혀갈지 모르겠지만…. 아무튼 그런 느낌입니다.

(4) 서른일곱 번째 면담

내담자 난 왜 실수했고 그걸 반복해 왔을까… 하고 돌이켜 보면 청소년기부터 일부 어른들은 왜 저럴까 하면서 이해가 안 되는 것들이 많았어요. 주로 정치 문제이긴 한데… 지금은 어느 정도 이해가 되기도 하지만…. 그래도 과연 그것이 옳은가, 비겁한 것은 아닌가 하는 생각은 남아 있어요.

치료자 좀 더 구체적인 얘기를 들을 수 있을까요?

내담자 의회를 보면 어느 정도 기대가 있는데…. 생각대로 움직이지 못하고 과감하지도 못한 사람들이 중요한 것을 우회하고 유보하면서도 정당화하는 것이 정말 싫었어요. 비겁한 것 아닌가요? 물론 현실이 이론을 따라갈 수는 없고 점진적 개혁이라는 것이 이해도 되지만….

치료자 사회 시스템, 특히 사회주의에 대한 관심이 아주 높은 것 같아요.

내담자 그런 책을 많이 읽었어요. 보수적인 집안 분위기에 대한 반감도 있었다고 생각합니다. 『후진타오』, 『체 게바라』 등의 책을 읽었는데… 후진타오의 경우 매우 신중해서 살아남고 최고 권력까지 올랐는데, 과연 그것이 옳고 바른 삶인지… 윤리적인 태도인지…. 이런 질문들을 계속

몸에 밴 어린 시절의 심리세계탐구

했습니다.

치료자 윤리적이라는 것이 어떤 의미인가요?

내담자 지향과 현실 사이에서 줄타기를 하면서도 결코 지치지 않는 게 윤리적인 삶이 아닐까요…. 지향하는 것은 모순이 없는 세상인데, 물론 불가능하지만…. 그래도 불행이 추잡한 형태로 나타나지 않는 사회였으면 좋겠어요. 젊었을 때는 나름 치열한 모습을 보이다가도 나이 듦에 대해 정당화하는 사람들이나 자신의 문제를 남들에게 전가하는 사람들은 역겨워요…. '내가 악인으로 보이겠지만 어쩔 수 없는 것'이라고 말하는 사람들은 남에게 뭔가를 넘겨버리는 사람들이에요.

치료자 오늘 얘기에서 얼마나 이상적인 사회와 관계를 강력하게 원하며, 또 순수한 부분이 있는지가 느껴지네요.

서른일곱 번째 면담을 통해 T에게 이상과 로고스에 대한 추동推動이 얼마나 강력하며 양보하기 어려운 에너지인지 느낄 수 있었다. 분명히 하강이 필요해 보이는데, 다치거나 실망하거나 냉소주의에 빠지지 않도록 하강을 일으킬 방법은 어떤 게 있을까?

중요한 것은 생각과 가치를 변화시키는 자체가 아니라, '왜 그 생각과 가치가 그렇게 강한 에너지일 수밖에 없는가?' 하는 내면의 에너지에 대한 이해와 수용이다. 특히 이렇게 내면의 에너지가 로고스의 특성을 가질 때는 더욱 깊이 이해하고 수용하는 치료자의 에너지가 중요하다.

T의 사례는 지적이고 삶에 대한 진지한 태도도 가진 젊은 남성이 세상으로 나가지 못하는 이유를 알려 주고 있다. 세상과의 만남, 타인과의 교류, 주어진 과제를 하는 게 심한 불편감을 주기 때문이다.

T의 내면에는 커다란 간극과 균열이 있다. 어린아이의 정서를 가진 자아와, 자아에게 완벽함을 요구하는 내면의 또 다른 존재 사이의 균열이다. 균열로 인해 자아는 제대로 에너지를 쓰지 못하고 갈등 상황이 오면 외면하고 회피하게 된다.

내면의 균열을 만드는, 어린아이의 자아를 압박하는 그 에너지를 우리는 '슈퍼에고' 혹은 '경직된 아니무스'라고 부른다. 그 에너지는 완벽함만을 요구하고 그렇지 못한 과정과 결과에 대해선 자아에게 가혹하게 책임을 묻고 혼내려고 한다. 완벽해야 하는, 그러나 두려움이 많은 자아는 미지 혹은 무지의 상황을 견디지 못하게 마련이다.

몸에 밴 어린 시절의 심리세계탐구

T의 사례는 한 남성이 성인이 되는 과정에서 아버지와의 관계, 부성이라는 에너지와 충분한 교류를 하면서 그것을 자신 안에 체득하는 것이 매우 중요한 일임을 다시 확인시킨다. T는 좋은 의도로 뭔가를 시도하지만, 그것이 잘되지 않을 때 좌절을 유난히 크게 느끼는 사람이다. 중요한 일인데도 갑자기 포기하거나, 관계에서 잠수를 타는 식으로 좌절이 표출되곤 했다.

표면적으론 그럴 만한 현실적인 요인들이 있고, 사람들과의 갈등이 있고, 또 어떤 한계 상황에 놓여있을 수도 있다. 하지만 좀 더 깊이 살펴보면 그러한 일이 생기는 심층에는 부성 콤플렉스, 특히 **부성의 부족** 혹은 **결핍**이 있는 경우가 많다.

이는 이상이 현실에서 멀어질 때나 완벽주의가 타인과의 관계에서 좌절될 때 느낄 수 있는 불안, 분노 등과 같은 부정적인 에너지를 어떻게 다루느냐의 문제이다. 미지 혹은 무지 상황이 올 때 기꺼이 수용하는 경험은 어떻게 일어날까? 미지와 무지가 주는 불안이 호기심으로 전환될 수는 없을까? 이것은 T가 스스로 묻고 답을 구해야 하는 질문이다.

과거엔 또래에서 발육이 빠른 친구들이나 동네의 형, 언니들과 어울리면서 자연스럽게 외부 세계를 접할 기회가 많았지만 요즘 시대는 그렇지 않다. 형제나 자매가 없는 경우도 많고, 어렸을 때부터 주로 매체나 컴퓨터와 함께 성장한다. 아이들은 일찍부터 아주 많은 자극에 노출되는데, 성장에 적절한 자극이 아닐 수도 있다. 아이들은 엉뚱한 부분만을 빨리 성장시킬 수도 있기 때문이다.

유아기와 유년기, 특히 5~7세경에 아버지와 보낸 시간이 별로 없었다면 아버지의 인격을 알아차리고 이해하는 데 어려움을 겪게 된다. 내향성이 강한 기질을 타고난 사람들, 수줍음을 잘 느끼는 사람들에게는 외부 세계가 그리 편하지 않게 다가온다. 아버지로 상징되는 외부 세계, 권위 혹은 어떤 질서가 가진 분위기를 불편하거나 답답하게 느끼게 된다. 아이가 그런 기질을 가지고 있는데 아버지가 너무 바쁘거나, 아이의 세계에 관심이 별로 없거나, 어머니와 아버지의 다툼이 심하거나, 실제로 아버지가 부재한 상황이거나 하면 부성의 결핍은 큰 문제의 씨앗이 되곤 한다.

사람들은 아버지를 잘 알지 못하거나 부성이 잘 이해되지 않을 때 권위나 힘, 권력에 대한 거부감이 강해지며 그에 대한 무조건적 회피가 나타나곤 한다. 힘의 문제, 권력의 문제를 풀지 못하면 힘과 사랑을 제대로 분별하지 못하게 된다. 힘을 행사하면서 사랑을 내세우거나, 힘을 써야 하는 장면에서 사랑에만 호소하거나, 완벽주의, 이상주의, 강

몸에 밴 어린 시절의 심리세계탐구

박중 등이 나타날 수도 있다.

이는 내면세계에서 아버지를 대신하는 슈퍼에고 혹은 자아이상ego ideal의 에너지가 지나치게 강해진다는 의미이다. 너무 높은 자아이상과 높은 목표는 인간관계에서도 투사되기 마련이므로, 상대에게 무의식적으로 많은 것을 기대하게 된다. 사실 그런 기대감은 환상인 경우가 대부분이다. 당연히 현실은 기대와 다를 수밖에 없고, 실망과 함께 관계는 틀어지며, 그것에 일조한 자신에 대한 믿음도 함께 무너져 내리고 마는 것이다.

이상주의, 완벽주의, 근본주의가 작동하면 현실의 거의 모든 부분에서 벌어지는 애매한 상황이 항상 힘들게 느껴진다. 관계에서도 그렇다. 선택권이 주어진 듯하면서 사실은 제한적인 선택권일 때, 자유로운 것 같지만 실제론 구속된 상태가 된다. 타협은 유난히 멀어 보이고, 설사 타협 상태에 다가가더라도 왠지 패배나 굴종하는 느낌이 지워지지 않는다. 그러므로 이상을 유지하면서도 현실을 받아들이는 것은, 그 자체로 연금술이며 삶의 예술이라 볼 수 있다.

삶에서의 좌절은 그 자체로 고통을 주지만 한편으론 성장의 기회임을 우리는 알고 있다. 본질적으로 좌절은 내면의 공백을 자극한다. 만약 내면의 공백이 크다면, 좌절로 인한 고통이 증폭되면서 좌절과 시련이 성장의 동력이 되기 어렵게 된다.

내면에 공백이 큰 자아는 그 공백을 채워 줄 것 같은 높고 완벽한 목표를 세우는 경향이 강하다. 목표를 위한 목표, 자기만족과 연민을 위한 목표, 관념적인 목표는 현실과의 간극을 확대하고 필연적으로 공백을 더욱더 크게 키운다. 자꾸 좌절을 겪게 될 가능성이 큰 내적인 구조가 형성되는 것이다. 커다란 좌절은 견디기 어렵고, 결국 단절이 일어나면서 피하게 된다. 이상에서 모든 것을 부정하는 상태from ideal to nothing로, 습관적인 회피가 일어나는 근본적인 기제인 것이다.

심리치료라는 무대에서 T는 자신을 바라보고 있다. 마음이 어떻게 움직이는지에 대한 이해가 '자신'이라는 존재에 대한 이해로 확장되면서 계속 성장하고 있다.

2) "갑자기 공황장애가 왔어요"
해결되지 않은 부성에 관한 감정

L은 40대 중반의 기혼 남성으로, 장남이다. 명문대를 졸업했고, 전문직에 종사하며, 적절한 나이에 결혼하고, 딸을 얻어 아버지가 되었다. 특별한 일 없이 무난하고 순탄하며 성실하게 살아왔고, 주위의 평판도 아주 좋은 편이다.

내원 1년 전 일을 마치고 지하 주차장에서 운전하며 나오다가 갑작스러운 호흡곤란과 빈맥, 식은땀, 그리고 심한 불안 증상이 나타났다. L은 근처 응급실을 방문하였고, 이후 심장내과에서 여러 정밀검사를 받은 후에도 이상 소견은 발견되지 않았다. 공황장애가 의심되어 정신과로 의뢰되었으며, 약물치료를 시작했다. 공황장애와 건강염려증 증상으로 약물과 상담치료를 병행했고, 어느 정도 호전이 있어 이후 약물치료는 거의 중단되다시피 했다. 하지만 아주 간헐적으로 불안, 빈맥, 호흡의 어려움이 생기곤 했다. 몇 차례 더 심장검사를 받기도 했지만, 모두 이상이 없었다.

공황장애가 발병하기 전 L에게는 중요한 두 가지 사건이 있었다. 하나는 발병 1년 반 전에 자식이 태어나서 아버지가 된 것이다. 또 하나는 발병 6개월 전 아버지가 심장마비로 급사한 일이다. 갑작스러운 사건에 경황도 없이 장례를 치르고 일상으로 돌아갔다. 나중에 이 두 가지가 '아버지'라는 매우 중요한 상징을 통해 발병과 치유에 핵심적인 사건이었음을 깨닫게 되었다.

L은 선명하고 인상적인 꿈을 자주 꾸는 편이다. 주로 대학 시절이나 전문직을 시작할 때가 배경이었으며, 뭔가 준비가 덜 된 상황이 펼쳐지면서 불안해하는 내용이었다. 그런데 최근에는 그전과 아주 다른 내용의 꿈이 몇 차례 반

복되었는데, 꿈을 꾸고 나면 미세하게 남아 있던 불안과 건강염려가 눈 녹듯이 사라지는 신기한 경험을 하였다.

내담자   일주일 전 두근거리고 빈맥이 느껴지더니, 기분이 안 좋고 약간 불안했습니다. 그리고 꿈을 꿨는데, 아버지가 등장하는 연속된 꿈이었어요. 꿈속에서 나는 대학생이었습니다. 낮인데도 집에 있었어요. 어머니는 집에 없었고, 아버지와 여동생과 함께 특별한 메뉴의 음식을 먹었습니다. 나는 다 먹었는데 아버지가 너무 천천히 식사하셔서 살짝 짜증이 났어요.

식사를 다 하고 상을 치운 후 방에 들어갔어요. 옷을 갈아입은 후에는 아버지와 집을 나섰습니다. 아버지가 특이한 면 요리를 얘기하면서 그 식당을 알아봐 달라고 했습니다. 핸드폰으로 검색 후 위치를 알아내 알려드렸어요. 그러자 아버지가 택시를 잡아달라고 부탁했습니다. 식당 위치를 어떻게 알려 줘야 하나 고민하면서 잡았는데… 한 대는 그냥 지나갔고, 두 번째 택시를 잡아서 위치를 알려 주며 배웅해 드렸습니다. 그리고 잠에서 깼는데… 그때부터 컨

디션이 아주 좋아졌어요.

이후로 괜찮다가 어느 날 다시 약간 가슴 쪽에 불편함이 있었어요. 그리고 또 꿈을 꾸었습니다. 가족들과 얘기를 하는데, 아버지가 동창회에 갔다고 했습니다. 엄마는 아버지가 동창회에 왜 가느냐고 했고, 저는 엄마에게 아버지가 돌아가셨으니까 그냥 잊으라고 말했어요. 그 꿈을 꾸고 나서 다시 증상이 사라지고 잘 지내고 있습니다. 지난번과 비슷한 패턴으로요.

아버지가 갑작스럽게 돌아가시면서, 생존에 대한 불안이 커졌습니다. 꿈에선 아버지를 보내드리는 내용이 반복되었는데…. 아버지의 죽음이라는 사건과 나의 생존에 대한 불안이 연결되어 있었던 것 같아요. 꿈에서 아버지가 떠나는 걸 보면 불안의 연결고리가 끊어지는 느낌이었어요.

치료자 아직까지 느슨한 연결고리가 남아 있다고 느끼나요?

내담자 그런 것 같습니다. 아버지와 있었던 일들에 대해 많은 생각을 해요. 어려서 함께 산책하던 일들은 좋았던 기억입니다. 안 좋았던 일은 주로 사춘기 때로, 신경질적으로 반응하거나 하지 말라고 했던 일을 한 것들이에요. 가족들에게 툭툭거리고, 대학 때는 하지 말라고 했던 학생 운동을 했어요.

제가 성장할 때는 아버지 세대에 권위적인 것이 많았습니다. 대학 때는 권위주의에 대해 저항했고, 탈권력주의, 무정부주의에 심취했었어요. 아버지와는 큰 부딪침도 없었지만, 그렇다고 살갑고 가까운 부자 사이도 아니었습니다. 그렇게 시간이 흐르고 저도 아버지가 되었는데… 갑자기 아버지께서 돌아가셨어요. 좀 더 열심히 아버지에게도 더 잘했어야 했는데….

일찍 죽는 것에 대한 두려움은 아이가 생기고 나서부터였습니다. 아버지가 되는 것에 대한 책임감과 의무감이 아주 컸던 것 같아요. 아버지가 된 내가 건강하고 문제가 없다는 사실이 입증되기를 바라는 마음이 있는 것 같습니다. 꿈에서 아버지가 등장하면서 떠나는 것이 그런 집착에서 자유로워지는 느낌을 주었어요. 아마 그래서 편안해진 것 같습니다.

몸에 밴 어린 시절의 심리세계탐구

공황발작은 감정, 특히 불안의 폭발이다. 그만큼 감정이 눌리고 눌려서 응축되어 있었다는 의미이다. 그리고 꿈은 그 감정이 '아버지'라는 느낌과 상징이 주는 강력한 에너지와 깊게 연결되어 있었음을 알려 주고 있다. 전혀 의식하지 못하고 있었지만, 갑작스러운 아버지의 죽음이 무의식에 있었던 아버지에 대한 어떤 감정 에너지를 자극하고 폭발시켰다. 독특하면서도 선명한 꿈은 무의식에 있었던 그 감정 에너지를 의식과 연결했고, 의식이 그것을 이해하고 받아들일 수 있도록 도왔다.

L의 사례는 중년의 나이에 발병한 공황발작과 건강염려증의 치유에 아버지와의 관계, 부성상과의 인격적인 관계가 핵심적일 수 있음을 생생하게 보여준다. 자녀가 어머니와 애매하고 양가적인 관계에 놓일 수 있듯이, 부성과의 관계도 충분히 애매할 수 있다. 그럴 때 자녀나 아버지 양쪽 다 관계의 실체를 알기는 쉽지 않다.

L의 경우에서 아버지에 대한 해결되지 않은 감정—아마도 무의식적인 적개심—을 갖고 성장한 남성의 복잡한 무의식 속 에너지를 엿볼 수 있었다. 특정한 상황에 놓이자 그 에너지는 심한 공황발작의 원인이 되었다. 약물치료로 어느 정도 호전되더라도 무의식 속에 풀어야 할 문제가 남아 있다면 증상의 개선은 한계가 있을 수밖에 없다. 꿈은

의식의 한계를 보완하는 상보적 기능을 통해 통합을 돕는 역할을 할 수 있음을 이 사례를 통해 깨달을 수 있었다.

부성 콤플렉스의 기타 문제들

자크 라캉Jacques Lacan은 이런 지적을 했다. 역설은 남자의 행동이 더 '남성적'이 될수록 그가 더욱 여성적인 것, 즉 보여주기 혹은 옛날식의 표현을 쓰자면 허울과 허세의 차원으로 옮아가게 된다는 점이다. 남자가 진짜 남자처럼 행동하려고 하면 할수록 그의 행동은 더욱 거짓되고 정서적으로 나타난다고 한다.[57]

먼저, **부성 콤플렉스를 가진 남성의 연애**에는 문제가 생길 확률이 높다. 부성 콤플렉스를 가진 남성이 자신의 존재 가치나 남성성을 증명하는 방법으로 멋진 여성과 사귀는 것을 최우선 과제로 생각하는 경우가 흔히 있기 때문이다. 특히 내면에 로맨스 에너지가 강할 때는 더욱 그렇다.

내면의 아니마와 인격적인 교류를 하는 것이 아니라, 그냥 투사되어 느껴지는 외부의 아니마 상을 추종하는 경우가 자주 벌어진다. 특히 청소년기나 초기 성인기에는 그럴 가능성이 더욱 크다. 물론 이해할 만한 일이지만, 인격의

---

57 『여자에겐 보내지 않은 편지가 있다』, 대리언 리더, 김종엽 옮김, 문학동네, 2010, p63

성숙과는 멀어지는 결정이므로 잘 살피려는 태도를 잊지 않았으면 좋겠다.

부성 콤플렉스는 아주 강한 여성을 선택하는 에너지로 작용하기도 한다. 강한 여성, 즉 강한 아니마의 에너지로 부성과 맞서려고 시도하는 것이다. 반대로 여리고 약한 여성을 선택함으로써 자신의 상대적 강함을 증명하는 식으로 부성 콤플렉스가 작동될 수도 있다. 그럴 때 상대 여성의 인격 성숙 정도에 따라 연애나 결혼의 과정 및 결과는 상당히 다를 수 있다.

또 다른 문제는 자신이 이미 **이상적인 어른임을 내세우려는 청소년**에게 나타날 수 있다. 과하게 어른임을, 또 충분히 성숙했고 많은 것을 알고 있는 이상적인 성인임을 내세우려는 청소년들이 있다. 청소년 시기를 보면 관념과 이상의 세계에 깊이 빠져들며, 자신만의 논리를 만들고, 강하게 주장해서 주위와 소통이 쉽지 않은 친구들이 있다. 그럴 때는 철학이나 인문학이 의식과 소통하는 주된 대상이 된다. 이들은 **관념의 세계에 머물러 있는 이상주의자다.** 겉으론 그럴듯해 보여도 사실은 과대하고 주관적인 세계관이다.

이런 이들의 대부분은 부성상 혹은 권위와의 관계에서 문제를 갖고 있다. 그들이 보기에 미숙하고 문제가 많은 아버지 대신 스스로가 성숙하고 이상적인 아버지가 되려는 것이다. 오이디푸스 콤플렉스의 반작용이라고 볼 수 있다. 분석심리학적으로 보자면 '부성 콤플렉스가 심해서 **로고스 원형**이 의식을 지배하게 된 상태'이다.

그런데 이런 시도는 성공하기 힘들다. 제대로 된 성숙의 과정이 없기 때문이다. 건강한 의식을 바탕으로 로고스를 찾아가며 받아들이는 것이 아니라, 의식이 일방적으로 로고스에 휘둘리는 것이다. 부성원형의 에너지가 의식을 지배하는 현상이다. 아버지의 부재를 방어하는 과정에서 **대부**big father의 에너지를 이용해서 종교와 철학 혹은 사상의 세계로 빠져드는 것이다. 그렇게 되면 현실성, 물질성을 상징하는 모성의 세계와는 지나치게 멀어진다. 자신의 생존을 위한 어쩔 수 없는 방어이기는 하지만, 과도한 불균형은 인격의 성장을 방해하고 현실의 문제를 해결할 수 있는 능력은 성장하지 못하도록 한다.

앞에서도 언급했던 것처럼 **로고스에 대한 맹목적 추종**은 모성 콤플렉스가 있을 때도 나타난다. 모성 콤플렉스에 압도된 사람들이 거대한 담론과 이상을 통해 모성 콤플렉스를 극복하기 위한 완벽한 아버지의 힘, 로고스를 빌리는 것이다. 그렇지만 실제로는 제대로 성장하지 못하는 결과만 초래된다.

이들의 삶을 방해하는, 성장에 실패하는 가장 핵심적인 문제는 **너무 높은 목표와 거대 담론**만이 의식에서 작동한다는 것이다. 자신에게 또 타인에게 자신도 모르게 높은 기준을 들이대고 요구한다. 목표가 능력이라고 오해한다. 이것은 앞서 언급한 **로고스적 자아이상**이 의식과 인격을 지배하기 때문에 나타나는 현상이다.

자기애가 너무 강하면서 모성 결핍이 심할 때, 외부가 아니라 내면에 이상적인 부모를 만드는 것이다. 높은 목표는 당연히 실패로 귀결되기 쉽다. 현재의 자신은 초라하고 싫어진다. 자기혐오와 자책이 따라오고 기분은 우울과 불안으로 가득 차게 된다. 그래서 이들을 치료하는 작업은 쉽지 않다. 많은 인내를 요구하며 치료적 관계를 맺기까지 오랜 시간이 필요하다. 섣부른 조언은 비난이며 공격으로 받아들이기에 십상이다. 이들에겐 자아이상 대신 다른 뭔가가 필요하다는 감정적인 깨달음이 생겨야 하고, 치료자는 그 사실을 깨달을 수 있도록 도와야 한다.

다른 한편으로 보자면 **모성의 지배**를 탈출하고자 하는 시도인 경우도 있다. **모성 콤플렉스**를 벗어나려는 몸부림이다. 강하고 지배적인 어머니―아버지가 부재할 때 어머니는 강해지기 쉽다―로부터 달아나는 것이다. 이 탈출을 위해서 철학적 이론과 지성적 체계가 사용된다.

사실 모성 콤플렉스와 부성 콤플렉스는 하나의 동전이며, 단지 앞뒤를 이루고 있는 뿐인 경우도 자주 보게 된다. 융학파 분석가인 마리-루이제 폰 프란츠Marie-Louise von Franz는 라틴어 학도들에게서 기이하도록 강하게 나타나는 지성주의와 모성 콤플렉스가 연결되어 있다는 것에 주목한 바 있다.[58]

어머니의 지배에서 벗어나기 위해 어머니가 따라올 수 없는 남성들의 지성의 왕국으로 탈출하는 것이다. 그런 남성은 자신의 작은 세계를 가지고 다른 남성들과 토론하며, 그것이 '여자들은 이해하지 못하는 그 무엇'이라는 즐거움을 느낀다. 문제는 정신적 남성다움은 얻을지 모르나 자신의 남근을 희생시킨다는 것이다. 이때 만들어지는 철학, 신학, 형이상학에는 진짜 질문이 없고 단지 말과 개념들을 갖고 노는 일종의 놀이에 지나지 않게 된다. 얕은 지성만 존재하고 진짜 감정은 사라지는 것이다.

맹목적으로 로고스를 추종할 때는 **과도한 진지함과 무거움**이 나타나는데, 이런 에너지가 인격의 많은 부분을 차지하게 되는 것에 경계심을 가질 필요가 있다. 과도한 진지함과 무거움, 경직됨은 차분하고 건강한 신중함이 아니라

---

58 『영원한 소년과 창조성』, 마리-루이제 폰 프란츠, 홍숙기 옮김, 한국융연구원, 2017, p215

방어적인 것이며, 내면의 약함을 강박적으로 숨기려는 갑옷 같은 것이다. 어느 정도 이해할 수 있는 부분이지만 문제는 움직이기 힘들 정도로 무거운 갑옷을 입는다는 점이다. 거동이 점점 느려지고 답답해짐에도 정작 당사자는 모를 수 있다. 경직된 무거움은 보는 사람을 답답하고 불편하게 한다. 또한 타인의 잘못에 대해서도 관대하지 못한 사람이 되게 할 뿐이다.

3

보다 구체적인 문제들

여기서는 보다 구체적인 문제들에 대해 생각해 보는 시간을 가지려고 한다. 누구나 어느 정도는 가지고 있고, 한때는 고민이 많았던 문제들일 수도 있다. 완벽주의, 나르시시즘, 자기비하와 낮은 자존감, 병적인 우월감, 감정의 기복과 양가감정, 불안, 수동성과 유약함, 인간관계의 문제, 다이어트와 식이장애 등에 대해서 함께 살펴보자.

집착할수록 불안하게 하는 마음 완벽주의

완벽과 이상은 우리를 끌어당기는 힘을 가지고 있다. 우리의 의식은 완벽을 향해, 또 이상을 향해 달려간다. 완벽한 것이 왜 문제가 되겠는가? 여기에서의 문제는 완벽하기가 '어렵다'는 것이다. 완벽과 이상은 그 자체로 욕망이며 이 욕망은 자아에게 힘을 주지만, 한편으로는 압박하며 좌

몸에 밴 어린 시절의 심리세계탐구

절을 선물하기도 한다. 우리 모두 완벽하고 싶은 마음을 느낀다. 완벽함은 영원함과 통한다. 내면의 공백을 완전히 채울 방법이 없는 우리로서는 완벽과 이상, 그리고 영원함에 기대지 않을 수 없을 것이다.

도덕과 도덕주의가 다르고 권위와 권위주의가 다르듯이, 완벽과 완벽주의는 아주 다르다. 완벽은 그 자체이지만 완벽주의는 완벽하려는 마음의 상태, 즉 에너지의 상태가 지속되는 것이다. 추상적이면서 아주 높은 가치들은 때론 어떤 주의가 붙을 때 대개 부정적이고 반대의 결과가 초래되곤 한다. 보이지 않는 것들은 보이는 것들보다 강하고 또 훨씬 높은 가치를 가진다. 사랑, 우정, 명예, 이상, 가치 등이 그런 것들이다.

완벽주의perfectionism는 완벽하려고 노력하고 완벽함에 집착하는 마음 상태이다. 스스로도 간절히 완벽을 원하지만 쉽지 않다는 사실을 알고 있다. 그럼에도 불구하고 자꾸 완벽하려고 하는데, 완벽 자체를 향해 한 걸음씩 다가가는 것이 아니라 집착하고 매달리면서 대부분의 에너지를 소모하곤 한다. 그럴수록 오히려 완벽에서 멀어지고, 멀어져서 불안해지고, 그로 인해 더 완벽하려고 집착하는 악순환의 고리에 갇히게 된다. 완벽주의가 투사되면 관계에 대한 기대만 너무 높아지고, 자신에 대해서는 과하게 채찍질

하면서 괴롭히게 된다.

눈치를 챘겠지만, 완벽주의는 일종의 강박obsession이다. 손 씻기, 점검하기, 정돈하기 등의 고전적인 강박과는 좀 다른 강박이다. 강박의 뿌리는 불안이며 또 내면의 공백이다. 모든 존재는 불안하고, 어느 정도의 불안은 우리를 움직이고 발전시키는 소중한 에너지가 된다. 그런데 견디기가 힘든 심한 불안, 지속적이며 반복되는 불안, 비현실적인 불안, 생활에 지장을 초래하는 불안, 신체적 증상을 일으키는 불안 등은 병적인 불안이다. 강박증은 불안장애의 특별한 형태이다.

완벽주의는 강박이지만 완벽이라는 고귀하고 가치가 높은 상태로 포장되어 있으므로 의식에 등장했을 때 그다지 부정적인 느낌을 주지 않는다. 의식은 완벽주의에 대해 경계하기보다는 오히려 그것을 향해 달려가게 된다. 내면에 불안, 콤플렉스, 좌절이 많을수록 이런 경향은 더욱 뚜렷해진다.

완벽주의의 뿌리는 무엇일까? 크게 두 가지가 있다. 첫째는 자기애narcissism이다. 가지고 있는 에너지가 오로지 자신에게만 향하는 상태가 자기애이다. 출생 직후부터 몇 년간은 자기애가 필요하며 정상적이다. 그래서 유아적 자기애infantile narcissism라고 부른다. 문제는 자기애가 지속되

몸에 밴 어린 시절의 심리세계탐구

고 강해지는 것이다. 모성의 과잉이나 모성의 결핍이라는 상반되지만 어찌 보면 비슷한 두 환경은 아이의 내적 에너지가 자신에게만 머물도록 만든다.

두 번째는 힘에 대한 불안이다. 힘에 대한, 외부 세계에 대한 불안이 크게 느껴질 때 아이는 완벽한 상태를 만들려는 강력한 내적 추동을 갖게 된다. 완벽해야만 만족할 수 있고, 완벽해야만 외부의 공격으로부터 자신을 보호할 수 있다는 느낌을 받는 것이다.

힘에 대한 병적인 불안은 부성과의 동일시에 실패했음을 의미한다. 이럴 때는 아버지와의 관계를 깊이 살펴보아야 한다. 간혹 아버지 역할을 하는 강한 어머니, 즉 아니무스가 강한 어머니와의 관계에서 강박과 완벽주의가 생기는 경우도 있다는 걸 기억해 두면 좋다.

항상 최선을 다하는 것에 집착하고, 더 잘하려는 마음에 자꾸 불안해진다. 실제로 노력하고 성취한 많은 영역보다 부족하고 아쉬운 작은 부분만이 눈에 들어온다. 완벽주의는 강박증으로 발전하는 경우가 많지만, 일 중독, 성취 중독, 시험 불안, 다이어트나 외모에 대한 집착 등 매우 다양한 양상으로 나타난다.

특히 관계에 대한 완벽주의는 친구나 연인이 자신과 완벽하게 동일한 생각과 느낌을 받길 바라는 형태로 나타난다. 이는 주로 관계에 대한 상처를 가진 경계선 인격장애에서 나타나는데, 그들은 자신과 타인 사이에 필연적으로 있을 수밖에 없는 경계와 한계를 인정하지 못한다. 그래서 관계는 항상 틀어지고 실망하게 된다. 구별이 있을 때 관계가 형성된다는 경구를 되새겨볼 필요가 있다.

"완벽해야만 한다" "잘해야만 한다"라는 엄청난 힘을 가진 내면의 목소리는 끊임없이 의식을 자극하고 위협한다. 프로이트는 이런 내면의 목소리를, 처벌하고 위협하는 슈퍼에고라고 하였다. 그 목소리는 유아적 자기애의 목소리이며, 자신을 혼내고 위협하던 부모의 목소리이자, 동시에 그것을 극복하기 위해 자신도 모르게 만들어져 내면 세계의 권력을 장악한 슈퍼에고가 말하는 목소리이다. 이 목소리는 자신에게 별 도움이 되지 않을 뿐 아니라, 실제 목표나 성취와는 동떨어진 곳으로 유혹할 뿐이다. 마치 뱃사람들을 유혹하는 사이렌siren[59]처럼. 이 사실을 깊이 이해하고 깨달을 필요가 있다.

---

59 아름다운 노래로 뱃사람들은 유인해 배를 난파시킨다고 알려진 마녀

1) "강박증 때문에 힘들어요" 양립하기 어려운 에너지의 충돌

O는 20대 중반의 남성으로 형제 중 둘째이다. 어렸을 때부터 영민해서 어머니의 기대를 많이 받았고, 어머니도 공부를 강조하고 압박하였다. 그 압박의 정도가 너무 심했지만, O도 어머니도 그 사실을 인지하지 못했다.

그러다 중학생 때부터 심한 강박증이 발병했다. 머리가 멍해지면서 아무 생각도 할 수 없고 어떤 집중도 할 수 없는 것이 주된 증상이었다. 강박증상은 특히 공부와 연관이 있어서 중학교 3학년 때부터 거의 공부를 하지 못했고, 고등학교도 겨우 졸업할 수 있었다.

졸업 후 시간을 보내다가 부모의 권유로 미국으로 유학을 갔고 현재는 대학교 2학년이다. 대학에 적응하려고 노력하지만 강박증상은 여전해서, 진학과 진로에 대한 고민이 계속되는 상황이다. 이번 학기는 특히 공부가 잘 안되었고 학점이 만족스럽지 않았다. 공부의 수준이 높아지면서 배움의 대상과 거리감이 생긴, 즉 지식의 갭과 단절을 느끼는 상황을 말하였다. 뭔가를 배울 때 항상 겪어야 하는 과정임에도, 넘지 못하고 혼자 고립된 채 고민하면서 불안이 쌓여가고 있었다.

(1) O의 꿈 이야기

내담자 수학과 물리의 수준이 높아지면서 처음보다 이해가 안 되는 부분이 있어요. 그렇다고 교수를 찾아가기는 싫고, 그러다 보니 열심히 하지 않게 되는 것 같아요. 이렇게 답답한 상태에서 희한한 꿈을 꿨습니다.

나와 아버지가 어디론가 가는데, 둘 다 긴 칼을 들고 있었어요. 그리고 가는 길에 만난 사람들을 학살 수준으로 마구 죽였습니다. 죽인 사람들이 죄 없는 사람들은 아니고, 우리에게 다가와서 해하려는 사람들이었어요. 그래도 나는 망설이는 편이었고, 아버지가 앞장서서 죽였습니다. 그러다가 어떤 비행기를 탔고 비행기에서 내린 후엔 버스도 탔는데, 두 군데에서도 모두 사람들을 마구 죽였어요. 이후엔 잠실처럼 보이는 곳에서 내렸습니다. 나는 불안해하는데 아버지는 이렇게 사람을 죽여도 아무 일도 없을 것이라고, 정당한 행위라는 취지로 말을 하더군요.

꿈에서 깼을 때는 '복권을 살까?' 하는 생각으로 인터넷을 찾아봤어요. 거기에선 문제를 해

몸에 밴 어린 시절의 심리세계탐구

결하는 힘을 갖는 좋은 꿈이라고 하더라구요. 그
래도 계속 뭔가 쫓기는 느낌이고 무서웠습니다.

치료자 긴 칼은 어떤 느낌이나 연상을 주나요?

내담자 영화 같은 데 나오는 사람을 죽일 수 있는 칼이
에요. 길어서 아주 멋있었고, 손잡이가 빛나는
황금색이었어요.

치료자 비행기를 생각하면 어떤 느낌이었나요?

내담자 한국으로 올 때 이동 수단이었죠.

치료자 버스도 이동 수단이네요. 비행기와 버스는 이동
하는 것, 즉 움직임과 변화의 과정을 뜻하는 건
아닐까요?

엉뚱하고 잔혹하기도 한 꿈을 이해하기는 쉽지 않지
만, 요약하면 사람을 죽이면서 어디론가 이동하고 있는 꿈
이다. 여기서 꿈은 '상징'이라는 것을 기억할 필요가 있다.

아버지가 앞장서고 있다. 사람을 죽이면서 나아가는
것이 긍정적인 의미일까? 그럴 수도 있고 아닐 수도 있는
데, 이 꿈만으론 알기가 어렵다. 만약 긍정적이라면 꿈은 앞
으로 거침없이 나가는 **아버지의 방식, 아버지라는 인격, 즉
부성의 에너지**가 필요함을 말하고 있다. 대학 공부의 어려
움이나 지식의 단절이라는 로고스와의 대면에서 어려움을

겪고 있을 때 꿈이 나타났다. 아버지처럼 앞으로 나아가는 것을 권하는 것처럼 보인다.

그렇다면 죽인다는 행위는 무엇을 의미하며 대상은 무엇일까? 꿈속에서 죽인 사람들은 자신을 위협한 사람들인데, 강요와 압박을 많이 줬던 어머니에 대한 적개심이 아직 해소되지 않은 것과 연관이 있을 것이다. 여기서 어머니는 현실의 어머니가 아니라, 어머니와의 관계에서 내면화된 O의 무의식 인격이라고 봐야 할 것이다.

이렇게 꿈은 곤경에 처했을 때 해결 방식을 알려 주곤 한다. 칼이 멋있어 보였고 손잡이가 황금색이라는 것은 다행히도 의식의 태도에 약간의 긍정성이 있다는 것을 보여준다. 이후의 면담에서 O는 자신의 공격성에 대해서도 이야기했다.

내담자 분명한 것은 아주 어려서부터 엄청난 억압을 많이 겪었다는 거예요…. 지금은 잘 기억도 안 나지만, 어릴 때는 정말 힘들었던 것 같아요.

치료자 언제, 어떤 억압이었을까요?

내담자 5~6살 무렵… 엄마는 내 자유를 완전히 억압했어요. 게임하고 싶고, 친구와 놀고 싶은 자연스러운 욕망을 완전히 차단했어요. 강아지를 키위 보니까 알겠더라구요. 자유가 얼마나 소중한 지를…. 뭔가 해결되지 않은 공격성이 내재되어 있는 느낌이에요….

(2) 다음 면담 1

내담자 나는 세상의 시선을 너무 신경 쓰는 것 같아요. 대부분 사람들은 그냥 사는데….

치료자 마치 해를 보고 눈 부셔하는 것 같군요. 보통은 해가 있다는 것은 알지만 해를 보려고 하지는 않는데요?

내담자 그런 것 같네요. 내가 해바라기 같기도 해요. 그런데 엄마는 매우 불안해해요. 엄마도 어떤 해를 보고 있는 것이 아닐까 하는 생각이 드네요.

치료자 해를 보려는 것이 어떤 욕망은 아닐까요?

내담자 그런 것 같아요. 그게 내 고유한 욕망인 것 같은 느낌이네요. 이걸 바꾼다면 해결되지 않을까요?

치료자 욕망을 변화시키는 거요?

내담자 네. 그래서 욕망을 감추고 누르려고 했어요. 그래야 좋은 시선과 평가를 받고 생존할 수 있으니까, 욕망을 바꾸려고 했는데….

치료자 그 과정에서 어떤 착오가 생기지는 않았을까요?

내담자 그래서 어렸을 때 강압적으로 대하는 건 안 좋은 것 같아요.

치료자 욕망과 욕망을 누르는 것 사이에서 엄청난 일들이 벌어지고 있네요.

내담자 그래서 차라리 뭔가 큰일이 있었으면 나아지지 않았을까요…. 가령 감방에 갔다 온다든지….

치료자 이미 강박증이라는 감옥에서 오랫동안 있지 않았을까요?

내담자 그러네요. 공격성이 느껴져요. 또 모든 것을 알고 싶고… 지혜롭게 살아야 한다는 마음… 동시에 욕구를 뛰어넘으려는 뭔가가 느껴져요. 뭔가 다른 수준, 더 뛰어난 존재가 되려는 욕구인 것 같아요.

(3) 다음 면담 2

내담자 인간에겐 선천적 특성이나 고유성이 있을 테니까 그대로 살면 편할 텐데…. 억압되어서 억지로 정해진 방식으로 살아야 하니까 강박이 생긴건 아닐까요?

치료자 어떤 선천적 특성이 생각나나요?

몸에 밴 어린 시절의 심리세계탐구

내담자 나에게 있어서는 공격성… 그러니까 악한 부분 이에요. 요즘엔 주로 게임할 때 느껴요. 상대가 나에겐 시비를 걸 때라든가….

치료자 상대가 먼저 공격성을 드러낼 때군요?

내담자 나는 절대로 먼저 공격하지 않기 때문에 화가 나요. 그런데 그 친구들은 진짜 잘하는 아이들 이 아니에요. 어중간한 아이들이 비꼬고 비난하 고 분위기를 망쳐요. 진짜 잘하는 친구들은 도 움이 안 되는 것을 아니까 공격하거나 비난하지 않거든요. 처음에는 화가 많이 나서 나도 똑같 이 화를 내곤 했는데… 요즘엔 무시해요. 어차 피 답이 없으니까.

치료자 또 공격성을 느끼는 상황이 있을까요?

내담자 강박이 심할 때 누가 뭔가를 자꾸 시키면 화가 나요. 엄마가 뭘 시키거나… 강박 때문에 게임 에 지장이 생길 때도 화가 나요. 운동이나 인지 능력도 강박이 떨어뜨리는 것 같아요. 뉴스를 봐도 화가 나고요.

치료자 이해가 되네요. 다른 억압된 것들도 생각나는 게 있나요?

내담자 친구들과 놀기, 이성 친구… 성욕 같은 것들?

어려서는 굉장히 외로웠어요. 학생 때는 어느
날 독서실에 앉아 있다가 너무 외로웠던 기억이
나네요.

치료자 욕구를 많이 눌러야 했군요.

내담자 지금은 환경에서 오는 억압은 많이 줄었는데…
강박이 나를 억압해요.

치료자 욕구를 드러내고 표현하는 것이 아직 무서운 것
이 아닐까요?

내담자 그런 것 같아요. 이건 부모님의 영향이 너무 커
요. 나는 엄마라는 그릇이 나를 담기에는 너무
작다고 생각해요.

(4) 다음 면담 3

내담자 오늘 새벽에 흡연을 하다가 문득 여러 생각이
났어요. 욕망과 강박증에 관한…. 나는 본질적
인 욕망을 강박으로 꽁꽁 막고 없애려고 했어
요. 하지만 나는 공격성이나 이기심 같은 욕망
이 강한 사람 같아요…. 군대에서 화가 심하게
났을 때… 아니면 죽으면 모든 것이 끝이라고
느낄 때 일시적으로 강박이 사라졌어요. 뭔가
무모한 것 같지만, 해탈이라고 할까…. 욕망의

구멍을 막으려는 힘이 엄청 강해요. 욕망과 그 것을 막는 힘 모두 안쪽에 있어요.

치료자 비극적인 충돌 장면이군요. 군대에서 화가 난 순간을 기억해 보면 어떤 순간이죠?

내담자 기억이 정확하진 않은데… 행군을 할 때였던 것 같아요. 엄청 화가 났었어요. 몸 상태도 안 좋은 데 통제를 받으니까…. 지금 내가 이걸 왜 하고 있나 이런 생각을 하면서 화가 났었던 것 같아 요. 강박이 있으면 매우 예민해져요. 군대라는 환경 자체가 통제가 너무 심하기도 했고….

치료자 분노가 강박을 이겼군요.

내담자 그 당시에 군 병원에 갔었는데 진정제를 주더 라구요. 그걸 먹으면 기운이 없고 졸리기만 하 고 행군이 너무 어려웠어요. 군의관이 나의 회 복에는 관심이 없고… 그냥 진정만 시키려고 해 서 불친절하고 무능하다고 생각했어요. 그런 의 사는 정신과 의사를 하면 안 된다고 생각해요. 마치 내 병이 아무것도 아니라는 듯이 얘기했 어요.

치료자 이것도 분노의 이유가 되겠네요.

내담자 네. 엄청 화가 났었어요.

O의 사례는 어린 시절부터 어머니의 심한 공부 압박을 받으면서 성장한 남성의 이야기이다. 결국 청소년 시기에 심한 강박증이 발병하였는데, 첫 내원 시의 주증상은 머리가 멍해지고, 생각이 사라져서 아무것도 할 수 없다는 것이었다. 이후에는 자신과 주변을 계속 확인하면서 완벽히 통제해야 한다는 것으로 변하였다. O는 약물치료와 심리치료를 통해서 자신의 강박증을 이해하고 그것을 견디고 극복하려 노력해 왔다. 그 과정 중에 무의식의 꿈이 등장하여 치료에 도움을 주기도 했다.

이 사례는 원칙과 목표를 최고로 여기며 아들을 통제하며 훈육한 어머니와의 관계에서 어린 시절부터 감정과 욕망을 철저히 눌러야만 했던 남성의 처절한 내면 세계를 보여준다. 가혹한 원칙과 억눌린 욕망으로 인한 적개심과 공격성을 처리하기 힘들었던 O는 결국 청소년기에 심한 강박증이 발병했다. 강력한 억압과 분노라는 양립하기 어려운 에너지는 서로 충돌하면서 점점 더 강해졌고, 마침내 더 이상 의식이 작동하지 않는 느낌에 이르렀다.

필자가 O를 처음 만났을 때가 그 상태였다. 일반적인 방식으론 어떻게 할 수 없었기에 강박증이라는 병적인 방법이 동원되었고, 그것이 마음의 작동방식으로 굳어지면서 만성화되었다. 군에서 분노가 폭발하면서 일시적으로 강박

몸에 밴 어린 시절의 심리세계탐구

증이 사라졌던 경험이 많은 것을 말하고 있다.

심리치료라는 자유로운 대화 속에서, 그리고 꿈의 분석을 통해서 O의 경직된 의식은 여백과 부드러움을 경험하였고, 자신의 내면에 또 다른 에너지가 있음을 느끼게 되었다. 그리고 완전히 눌려서 질식할 것만 같았지만 자신의 욕망도 느끼고 있다.

강박이라는 완벽주의가 아니라 자연스럽고 자유로운 방식으로 자신과 세상을 새롭게 이해하고 받아들이고 있다. 그것은 사랑을 이해하는 것이며, 비극적으로 충돌할 수밖에 없는 이상과 현실이라는 두 에너지가 공존할 수 있는 지혜를 깨달아 가는 경험일 것이다. 사랑과 지혜는 건강한 모성, 즉 아니마의 산물인데, O의 어머니는 원칙, 성실, 솔직함이라는 좋은 인격을 갖고 있었음에도 사랑이나 지혜와는 멀리 떨어져 있는 경직된 아니무스가 강한 모성이었다.

완벽주의와 이상주의를 극복할 수 있을까? 완벽주의와 이상주의는 실패와 좌절을 만들 수밖에 없다. 실패와 좌절 혹은 강박증과 같은 정신병리를 통해서야 문제의 본질에 다가갈 수 있다는 것은 슬픈 역설이다. 비극적인 슬픔은 우선 자신이 그러한 상태에 갇혀 있음을 알아야 함을 요구한다. 그리고 그런 상태가 원래의 자신이 아니라 살아오면서 여러 이유와 상황에 의해 만들어진 상태라는 것을 이해해야 한다.

이런 문제들은 아낌없이 **하강**할 수 있어야 풀 수 있다. 완벽이라는 저 하늘의 세상에서 우리가 살아야 하는 이 땅으로 내려오는 것이다. 물론 정신적인 하강이다. 땅으로 내려오는 작업은 상당한 고통을 수반한다.

영화「그래비티」의 마지막을 보면, 완전히 단절되어 우주에서 홀로 표류하던 주인공이 극적으로 지구로 귀환하는 장면이 그려진다. 하늘에서 내려오는 충격이 너무 커서 결국 의식을 잃었다가 깨어나는데, 영화는 하강하면서 중력gravity과 부딪힐 때의 고통이 얼마나 강한지 생생하게 묘사한다. 정신적인 하강도 마찬가지다. 이상과 완벽을 상징하는 하늘에서 중력이 작동하는 에로스와 관계의 세계로 내려오는 것이다.

하강은 목표의 포기라기보다는 기대로부터 자유로워지는 것에 가깝다. 어떤 기대 아래에는 항상 욕망이 있다. 욕망이 좀 더 이성적으로, 그리고 구체적인 대상이 있을 때 느껴지는 것이 기대이다. 결코 욕망이 사라지지 않는 것처럼 기대도 사라지진 않을 것이며, 또 외부로 투사될 것이다. 그렇다는 것을 알게 될 뿐이다.

완전함이라는 목표를 유보하는 것이 포기가 아니라는 것, 불확실성과 불완전함에도 긍정성이 있다는 것, 싫음이

나 불안과 공존하는 것이 깊은 의미가 있다는 것을 알게 된다. 이 느낌과 에너지를 이해하고 자신의 한 부분으로 받아들여 내면의 공간을 확보하게 된다면, 완벽주의를 넘어서는 경험이 될 것이다.

⑸ 최근 면담 1

O는 자신이 뭔가 근본적이고 완전한 이해를 원한다고 했다. 그동안에도 세상의 이치와 질서에 대해 깊이 알고 싶다는 열망을 자주 피력했다. 그렇지만 현실적으로 어떻게 접근해야 할지는 모르겠다고 했다. 욕망과 현실 사이에서 항상 길을 잃곤 한다. 로고스가 작동하는 철학적이고 근원적인 태도와 현실적인 태도가 충돌하는 장면이다. 누구에게나 이와 비슷한 삶의 숙제가 있다. 하지만 동시에 현실의 삶도 유지해야 한다. 이중적인 과제이다.

사실 우리는 많은 부분에서 모순과 역설, 이중성을 만나야 한다. 목표 세우기와 목표의 실천, 유일한 에너지원이자 허구적인 감정, 현실 속에서 살아야 하지만 가상의 세계, 한계를 가진 인간이 꿈꾸는 영원한 세계… 이러한 것들은 모두 모순적이며 이중적이다.

현실감reality은 그 자체로 무서울 수 있다. 현실을 너무 무시하면 엉뚱한 곳으로 가겠지만 그렇다고 해서 넋 놓고 따르다 보면 껍데기로 살게 된다. 완벽주의와 강박은 이 이중성과 공백을 철저히 부정하는 것이다. 완벽한 이해의 세계와 현실 세계는 평행선으로 달리고 있다.

이번 면담에서 O는 두 세계가 공존하는 방식이 아직 와 닿지 않는다고 하였다. 강박이 머무는 자리이며, 선을 넘지 못하는 핵심 지점이다. 그렇지만 이질적인 두 세계가 섞일 때, 복잡계로서 마음이 제대로 작동하지 않을까? 대화의 끝에서, O는 강박의 탈출구가 살짝 보이는 것 같다며 미소를 보였다.

⑹ 최근 면담 2

내담자 지난번 얘기를 하고 뭔가 마음이 편안해지면서 강박도 줄어드는 느낌을 받았어요. 여기서의 대화는 뭔가 특별한데… 선생님하고만 할 수 있는 대화가 있어요. 혼자 있을 때나 다른 사람과는 할 수 없어요.

치료자 사실 저도 그렇습니다. 우리가 이런 얘기를 나눈다는 건 우리의 관계가 있기에 가능한 거죠. 생각해 보면 강박증치료의 초기는 물론이고 작년에 나누었던 얘기와도 아주 다른 내용이네요. 관계 속에서 새로운 생각과 느낌이 창발하는 건 아닐까 합니다.

내담자 무슨 말인지 공감이 가네요. 강박적으로, 기계
적으로만 생각하는 것에 익숙하다가, 전혀 다
른 방식으로 생각이 흘러가는 느낌이라고 할까
요…. 나는 두려움과 공격성 때문에 강박이 생
겼는데, 그렇다면 사실은 그게 두려움이 아닐
수도 있다는 생각이 드네요. 두려워하거나 두려
워하지 말라는 이분법이 아닌 느낌이죠…. 왠지
미친다면 편해질 것 같다는 생각이 들어요. 물
론 나는 그럴 수 없는 사람이지만요.

치료자 기존의 질서나 경직성에서 벗어나는 것을 미치
는 것이라고 한다면 이해가 되는 표현이에요.
강박은 질서에 대한 집착이라고 볼 수 있지 않
을까요? 벗어난다는 것은 마치 카오스 상태로
의 이동이라고 볼 수 있을 것 같습니다.

내담자 이런 생각이 드네요. 만약 강박이 없었다면 내
가 질서와 카오스를 구별할 수 있었을까? 하는
생각이요.

치료자 강박이 정말 고통을 줬지만, 작은 선물도 주었
네요.

내담자 그렇네요.

우리의 본질은 관계 속에 있다. 관계는 간극과 공백을 전제하지만, 강박은 간극을 부정한다. O의 강박의 뿌리에는 모성이 아들에게 주었던 강력한 압력과 그로 인한 관계의 단절, 간극의 부정이 있지 않았을까?

긴 시간이었고 시나리오도 없는 대화에서 전혀 생각하지 못했던 사고와 느낌이 탄생하고 있었다. 마음과 마음의 관계에서 나오는 창발이다. O는 간극과 관계 속에서 생성되고 창조되는 새로운 사고와 느낌을 경험하고 있다. 창조되는 것, 즉 창발한다면 하나로서 완벽한 실체여야 한다는 강박의 논리가 더 이상 필요 없게 된다.

경직, 고립, 질서, 완벽, 강박, 그리고 관계, 창발, 창조, 카오스. 그리고 그 두 에너지 사이에서 또 다른 에너지가 등장하면서 복잡계가 작동하고 있다. 변증법[60]으로 볼 수 있는 새로운 경험과 에너지 속에서 강박증상과 경직된 에너지가 확연하게 줄어드는 사건을 함께 나누는 것은 놀라운 경험이었다.

---

60 하나의 명제를 세운 후 모순 또는 대립을 근본 원리로 사물의 운동을 설명하려는 방법

환상을 좇는 마음 나르시시즘

요즘은 자기애의 시대라고 볼 수 있다. 누구에게나 어느 정도 자기애가 필요하고, 그렇지 않으면 거대한 세상의 에너지로부터 자신을 보호하기 어렵다. 그러나 무엇이든 과하면 좋지 않은 것처럼 과도한 자기애, 즉 나르시시즘은 결국 고통으로 귀결된다. 타인에게도 향해야 하는 관심과 에너지를 철회시키고 에너지 대부분을 자신에게로 사용하기 때문이다.

결국 나르시시즘은 관계와 사랑으로부터 멀어지게 한다. 연결이 아니라 단절로 향해 달려가는 것이다. 특히 나이가 들면서도 자기애에서 벗어나지 못한다면 노화와 죽음이라는 인생의 궁극적 과제가 성숙의 과정이 아니라 고통뿐인 시간으로 남게 된다.

"사랑의 위기를 초래하는 것은 단순히 다른 타자의 공급이 넘치기 때문만은 아니다. 오히려 문제는 오늘날 모든 삶의 영역에서 타자의 침식과정이 진행되고 있다는 점, 이와 아울러 자아의 나르시스트화 경향이 강화되어가고 있다는 점에 있다. 타자가 사라진다는 것은 사실 극적인 변화이지만, 치명적이게도 다수의 사람들은 이러한 과정이 진행 중이라는 사실조차 눈치 채지 못하고 있다. 에로스적 경험은 타자의 비대칭성과 외재성을 전제한다."[61]

　　나르시시즘은 완벽함과 이상을 향한 에너지가 자신만을 향하는 일종의 완벽주의, 이상주의이다. 이상과 자아가 분별없이 결합한 결과인 비현실적 자신감과 우월감이 나르시시즘의 파편이다. 그리스 신화의 나르시스Narcissus[62]가 이미 증명하였듯, 나르시시즘은 슬픔이고 비극이다. 에너지를 가두기 때문이다. 가둬진 에너지는 순환하지 않고, 생성되지 않으며, 정체된 상태로 부패한다. 필연적인 과정이다.

　　에너지가 넘쳐나는 젊은 시절엔 이러한 내면의 흐름을 부정하며 버틸 수도 있지만, 나이가 들어가면 갈수록 본질적인 문제를 피할 방법이 없다. 처음에는 뜻대로 되지 않는 것에 대한 분노나 불안이 의식되고, 시간이 흐를수록 점점 깊은 무력감과 우울감이 찾아온다. 하지만 그때가 바로 나르시시즘에서 벗어날 기회이다. 힘과 통제의 세계에서 사랑과 관계의 세계로 대이동할 시간인 것이다.

61　『에로스의 종말』, 한병철, 김태환 옮김, 문학과지성사, 2015, p18
62　그리스 신화에 등장하는 미소년으로, 물에 비친 자신의 미모에 반해 사랑에 빠지고 결국 물속에 빠져 숨을 거둔다. 나르시스가 있던 자리에서 꽃이 피어났고, 그 꽃이 바로 수선화narcissus다.

하지만 자신을 버린다는 것이 어디 쉬운 일일까. 사실 자아에 대한 맹목적인 사랑인 자기애는 본질적으로 환상이라고 할 수 있다. 그래서 자기애는 더욱 강하고 내려놓기 매우 어렵다. 환상을, 자기애를 내려놓는 과정은 엄청난 고통과 시련의 시간이 될 것이다. 전에 느끼지 못했던 깊은 슬픔을 만나야 하고, 슬픔을 받아들이는 애도 속에서 절망감과 바닥에 떨어지는 아픔을 요구받기도 할 것이다. 많은 경우에서 자신을 구속하고 있던 자기애를 벗어던지고 성장할 때 현실적인 좌절이나 실패가 선행되는 것도 그런 이유일 것이다.

자신을 이해하고 자기애를 벗어나기 위한 안전한 방법은 분석치료를 받는 것이다. 물론 자기애가 크게 손상되기 전에는 대부분 치료 결정을 내리지 못한다. 그래서 자각하게 되었다면, 조금이라도 빨리 치료를 받는 게 가장 좋을 것이다.

나를 혐오하는 마음 자기비하

사람이 살며 가장 고통스럽다고 느끼는 아픔 중 하나는 스스로가 싫은 것, 바로 자기에 대한 혐오이다. 어느 누구와도 다르게, 결코 멀어질 수 없는 자기 자신이 너무 싫다고 느껴진다면 얼마나 괴롭고 불안하겠는가? 자신을 드러내야 하고, 가치를 증명해야 하며, 동시에 많은 타인의 모습들을 봐야 하는 자기애의 시대에 자신을 사랑하고 자존감을 유지하는 것은 중요하고도 어려운 일이다.

누구나 스스로를 소중히 여기고 싶고, 자신의 가치를 믿고 싶어 한다. 그래서 발전하려 노력한다. 그런데 왜 우리는 자신을 비하하고 부끄러운 존재로 여기는 것일까? 왜 자존감이 중요하다는 사실을 알면서도 건강한 자존감을 갖지 못할까? 아무리 긍정적으로 생각하려고 해도 잘 안 되는 이유는 무엇일까? 왜 자신을 바라보는 시선이 자주 부정적일까? 여기에는 몇 가지 이유가 있다.

첫째는 자신을 잘 알지 못해서다. 등잔 밑이 어둡다는 말처럼, 오히려 내가 더 나를 모르기 쉽다. 왜 자신을 잘 알기 어려운 걸까? 스스로를 있는 그대로 보는 일은 매우 높은 수준의 자기 이해와 수련을 요구한다. 나를 바라보는 내부의 시선은 경험이나 욕망에 의해 항상 굴절되어 있기 때문이다. 나르시시즘은 너무 좋게만 보려는 렌즈를 갖고 있으며, 자존감이 낮은 경우는 스스로를 부정적으로 보는 시선을 갖고 있다. 마치 볼록렌즈와 오목렌즈처럼 두 가지 모두 자신을 왜곡시킨다.

내면의 부정적인 시선은 대부분 부모, 특히 어머니의 시선에서 기인하는 경우가 많다. 항상 자신을 벌주려 하고 스스로에게 냉혹한 시선이 몸에 배어 있는 경우, 그 시선이 유년기부터 동일한 방식으로 자신을 대하고 바라보았던 어머니의 시선임을 문득 깨닫게 되는 사례도 있다. 그런데 실제 어머니의 시선과 아이가 느끼는 어머니의 시선이 항상 동일하지는 않다.

부정적인 시선에는 자신의 단점을 현미경처럼 찾아내어 일부에 불과한 부정적인 에너지를 전부로 여기는 **자학적 태도**, 내면세계의 한쪽만을 보거나 장점을 보지 못하는 **무지 혹은 강박적 태도**가 있다. 또 모든 기준을 타인의 시선에 맞추려고 하는 **의존성**, 자신에게 너무 높은 기준을 강요하는 **완벽주의**가 있다.

'나를 바라보는 나'의 시선을 왜곡시키는 내면의 시선이며 태도들인데, 스스로는 이 사실을 잘 알지 못하는 경우가 대부분이다. 그래서 내면의 본질적인 문제를 깨닫고 수용하는 것이 자기 이해의 중요한 기반이 된다.

또 다른 중요한 이유는 너무 빠르고 쉽게 스스로를 판단하려는 태도와 습관이다. 단기간에 좋은 결과를 보기란 매우 힘든 일임에도, 실제 결과가 좋지 않으면 자신을 부정적으로 보려는 에너지가 생기기 쉽다. 조급함의 이면에는 더 뛰어나고 이상적인 존재여야 한다고 스스로를 몰아붙이는 맹목적 목적성이 앞선다. 목적 자체가 너무 앞서가면 실행하는 자아와의 간격만 넓어지므로, 자아의 실제 힘이 약해진다. 조급함과 맹목성은 대부분 무의식 속의 에너지가 충동질하기 때문에 생겨난다.

낮은 자존감과 자기 비하로 고통받는 사람들은 대부분 자신을 믿을 수 없다는 다양한 근거를 댄다. 자신에게 본질적으로 문제가 있고, 그런 자신이 마음에 들지 않는다고 한다. 자기 불신을 객관적 사실처럼 말하지만, 이는 사실보다는 태도이며 시선이다. 이 태도는 오래된 습관이며 무의식에서 나오는 것이라서, 쉽게 바뀌지 않으며 오히려 고착하려는 성향을 보인다. 이들에게 섣부른 조언이나 지지를 건네면 오히려 불신을 가중시킬 수 있다.

자기비하가 심한 사람들은 자신의 열등감과 콤플렉스를 매우 나쁘고 불편한 것으로 확신한다. 물론 그럴 만한 경험과 기억이 있기는 하다. 때로는 열등함이 아니라 열등감이라는 것을 분별하지 못하는 경우도 많다. 이들은 자신의 열등감과 콤플렉스를 반드시, 그리고 최대한 빨리 없애려고만 한다. 물론 자신의 희망처럼 없어지거나 완화되지 않고 더 강해진다. 그래서 또 실망하고 좌절한다. 사랑과 미움이 동전의 앞뒤인 것처럼 자기혐오와 자기비하는 자기애와 우월감의 뒷면이라고 볼 수 있다.

1) "사람들이 나를 쳐다보는 눈빛이 너무 무서워요"
낮은 자존감

P는 30대 중반 미혼 여성으로 20대 초반부터 시작된 오래된 우울증과 심한 불안, 그리고 대인기피증으로 치료 중이다. 실제로 매우 고통스러웠던 트라우마도 있었다. 그런데 불안과 대인기피 증상의 이면에는 자신을 바라보는 타인의 시선에 대한 심한 공포와 두려움이 있다. P는 타인의 시선에 대해 이렇게 얘기했다.

"그 눈은 엄청나게 강하고, 차가우며 무섭고… 가혹하게 평가하는 눈이에요. 그 눈이 나를 자꾸 공격해요. 사람들이 나를 쳐다보는 눈빛이 너무 무서워요. 그렇게 생각할 필요가 없다는 걸 알지만 자꾸 이런 생각이 들고 조절도 어려워요."

그런데 외부에서 자신을 쳐다보는 그 눈은 마음 깊은 곳에서 자신을 평가하는 내면의 눈이기도 하다. 그 사실을 잘 모르는 의식의 입장에선 내면의 그 눈은 너무 낯설고 이질적인 존재다. P는 자신의 내면에 스스로를 부정적으로 바라보는 거대한 눈이 있음을 깨닫게 되었다. 내면에 있는 눈과 그것이 밖으로 투사된 타자의 시선은 P의 약한 자아, 즉 내면의 어린아이를 사정없이 공격한다. P는 자신을 지키지 못하면서 자존감 역시 계속 손상되고 있었던 것이다.

계속 면담이 진행되면서 P에게는 비슷한 맥락을 가진 과거의 기억들이 떠올랐다. 첫 번째는 유치원 때 운동회에서 자신을 쳐다보던 시선이 의식되어 벌벌 떨었던 기억이었고, 두 번째는 스무 살 때 지하철에서 많은 사람이 자신만 쳐다보는 것 같았던 기억이다. 너무 압도되어서 힘들었고 집에 와서 펑펑 울었지만, 누구에게도 이 감정들을 표현하지 못했었다.

자기비하, 자신감 부족, 낮은 자존감 등은 어떻게 해결할 수 있을까? 무엇이든 시작이 어려운 법이지만, 낮은 자존감을 가진 사람들에게 긍정의 시작은 특히 어려운 일이다. 마음과 뇌는 항상 작동하던 익숙한 방식을 고수하려고 하고, 에너지의 메인 방향성을 바꾸는 것은 몇 배의 에너지를 요구하기 때문일 것이다.

긍정을 향한 변화의 시작은 자신을 부정하고 비난하는 내부의 시선과 목소리로부터 자신을 분리하고 보호하는 것이다. 강력하지만, 그 목소리와 시선이 진실이 아닐 수 있음을 알아차리는 것이다. 여러 가지 중 하나의 주장일 뿐이며, 어쩌면 그것이 허구일 가능성도 있다. 살다 보면 굳게 믿었던 것이 사실이 아닌 경우가 얼마나 많은가? 남들도 다 하는 생각의 전환을 나라고 하지 못할 이유는 없다.

몸에 밴 어린 시절의 심리세계탐구

자신을 바라보는 태도와 시선에 어느 정도 객관성을 주려고 결심하고 구체적인 노력을 기울여 보자. 이런 변화를 시도할 때 자신을 객관적으로, 그러나 애정을 갖고 바라봐 주는 존재가 큰 도움이 된다. 그들은 지저분하고 왜곡된 거울이 아니라 편평하고 맑은 거울로 비춰 주기 때문이다. 처음에는 새로운 거울에 비친 자신이 낯설어서 받아들이기 어려울지도 모르지만, 따뜻한 시선으로 바라봐 주는 것이 어떤 것인지 경험할 필요가 있다.

그다음에는 구체적인 두 가지 핵심 과정을 경험해 보길 권한다. 첫째, 비록 작은 것이라도 꾸준히 뭔가를 하면서 믿음의 자산, 신뢰의 근거를 쌓아가는 것이다. 해야 하는 것, 거창한 것보다는 할 수 있는 것을 선택해야 한다. 예를 들자면 일정한 시간에 일어나기, 하루에 한 번은 산책하기, 자기 공간을 정리하기, 체조나 스트레칭하기, 엘리베이터 대신 계단을 이용하기, 차분한 마음으로 지식에 접근하기, 사소한 집안일 중 한가지 맡기, 메모하는 습관을 들이기 같은 것들이다.

둘째, 첫 번째가 축적되면서 시간이 흐르면 적절한 시기가 온다. 그때 자기비하, 낮은 자존감을 던져 버리고 과감하게 긍정과 믿음을 선택하는 것이다. 적절한 때에 자신을 긍정하려는 과감한 결심이다.

변화의 동력은 열등감과 콤플렉스가 자신의 진정한 발전을 위한 에너지가 될 수 있다는 깨달음과 믿음에서 온다. 그것이야말로 자신을 온전히 성장시키는 위대한 동력이라는 것을 깊게 느끼고 아는 것이다. 미운 오리 새끼가 백조가 되고, 아기 사자가 라이온킹이 되고, 평범한 판다가 무술의 달인이 되고, 애벌레가 나비가 되는 이야기가 모두 그러한 서사다. 믿음이 생기고, 작지만 새로운 경험이 태어나 자라나기 시작하면 열등감과 콤플렉스는 더 이상 문제가 되지 않음을 경험적으로 알게 될 것이다.

2) "어릴적 트라우마에서 벗어나기 쉽지 않아요"
애착의 문제와 함께 겪은 트라우마

Q는 필자와 오랫동안 심리치료라는 환경에서 대화를 나누어 온 30대 초반의 남성이다. 전문직 부모의 장남으로 좋은 환경에서 성장하였지만, 내면적으론 애착의 문제와 부성 콤플렉스, 그리고 유년기의 트라우마로 정말 힘든 시간을 겪었다. 청소년기에 조울증이 발병하였고, 이후에 받은 불안장애, 해리장애, 주의력결핍장애 등의 여러 진단명은 Q가 얼마나 길고 힘들었던 시간을 겪어야 했는지 말해 준다.

주기적으로 심하게 엄습하는 불안과 우울, 그리고 주

의력 분산이 주된 문제였지만, 특히 Q는 자신의 생각과 느낌에 대해 확신하는 일이 너무 힘들었다. 그럼에도 Q는 자신을 솔직하게 드러낼 수 있는 용기를 가진 사람이었다. 내면의 따뜻함과 포기하지 않고 견딜 힘도 갖고 있었다. 필자는 치료자이자 Q 곁의 한 인간으로서 함께하였다. 모두에게 기나긴 시간이었지만 조울증은 완치되었고 관련 약물도 중단하였다.

최근 Q는 자신이 인터넷에 쓴 글을 보내왔다. 긴 시간을 함께하고 바라봤던 사람으로서 인상 깊었던 글이다. 자기비하와 트라우마를 겪고 있는 사람들에게 많은 위로와 도움이 될 것 같아, Q의 허락하에 그가 쓴 글 그대로 소개한다.

초등학교 6학년 내내 매일 학급 내에서 조리돌림을 당했어요. 정말로 괴로웠던 점은 그 1년이 지나가는 동안 친했던 친구들도 하나하나 가해자들과 하나가 되어, 마지막엔 학급 전체가 저를 힘들게 했던 겁니다. 저는 1학기 때 반장이었기 때문에 항상 교실 앞에 서야 했고, 뒷줄에 앉은 아이들의 장난감이 되었습니다. 누구 이름을 적으라면 적어야 하고, 그러지 않을 시에는 보복이 뒤따랐습니다.

중-후반기에는 여러 명에게 사지를 붙잡혀 바닥에 눕

혀진 뒤 성기가 발로 짓눌렸던 경험이 여러 번 있었죠. 여자아이들이 보는 앞에서요. 한두 명에게 완벽하게 제압되어 바닥까지 농락당하고 나면, 누구에게나 이용 가능한 장난감이 됩니다.

그 녀석(최초 가해자)은 5학년 때까지 조용히 지내다 6학년 때 뜬금없이 발현한 역대급 빌런이었습니다. 그 덕분에 반이 쑥대밭이 되고, 선생님도 학급이 통제되지 않아 울면서 밖으로 나가곤 했습니다. 다음 해에는 1학년을 맡으셨죠. 참 운이 좋지 않았다고 생각합니다. 돌이켜보면 그 친구도 폭력적인 가정에서 자란 것으로 보이기 때문에, 전적으로 그 녀석을 탓할 문제는 아니긴 합니다.

아마 담임 선생님은 저에게 미안하게 생각했겠지만 제 얼굴을 다시 보고 싶은 생각이 들진 않을 겁니다. 괴로웠던 1년이 하나의 덩어리가 되어 그와 관련된 모든 이의 기억을 억압하고, 불편하게 느껴지도록 할 테죠. 저도 마찬가지니까요.

매일매일 하루에 수도 없이 의자를 들어서 그 녀석의 머리를 내리쩍는 상상을 했습니다. 가해자의 기분에 따라 예측할 수 없는 타이밍에 폭력적인 상황에 놓이기 때문에 학교에 있는 내내 만성적인 위기감과 지속적인 긴장 상태였습니다. 또, 이에 동반하는 강박적인 생각들 – 예를 들면 의

　　　　　　　　몸에 밴 어린 시절의 심리세계탐구

자로 머리를 찍는 - 에 시달립니다.

만약 찍어버렸으면 어떤 상황이 왔을는지 모르지만, 음… 아직 저는 그걸 행동으로 옮겼어야 했다고 생각하곤 합니다. 그때 어떤 행동도 실행하지 않았던 선택이 이후 저의 삶에 끼친 영향을 되돌아 보며….

학창 시절 트라우마의 여파가 쉽게 가시지 않는 이유는, 워낙 어렸을 때 겪은 경험이라 그것이 저라는 사람의 주춧돌이 되어버렸기 때문이죠. 그때 얻은 심리/행동 패턴 위에서 성장하고, 체습한 약육강식의 구도에서 습관이 형성되었습니다. 많은 시간이 흐르고 나니, 너무 깊숙한 곳에 있어서 어느 부분을 따로 떼어내 고칠 수 있는 상황이 아닙니다.

대학생 때 여친이 어렸을 때 친구들 돈 좀 뺏었다던 친구였는데, 제가 옛날 얘기할 때마다 괴로워하더군요. 피해자가 이렇게 오래 고통받을 줄 몰랐다면서, 당시에는 그저 세 보이고 싶었대요.

저는 20대 중후반까지도 제가 약자라고 생각하면서 살았습니다. 건강하지 못하고, 약한 사람이라는 생각을 기저에 두고 살았었는데, 20대 후반 즈음 그제야 누군가에게 상처를 줄 힘이 제 손에도 쥐어져 있다는 사실을 알게 되었습니다. 제 안에서 「토이 스토리」에 나오는 갓난아이 같은 모습을 발견했죠. 내 감정의 소용돌이가 누군가에게 우디와

버즈가 느끼는 정도의 위협을 끼칠 수 있다는 사실을 깨닫고 나니 스스로를 다스릴 필요성을 자각하게 되고 성장하게 되더군요.

나의 힘을 깨닫는 것. 그것만으로 피해자라는 울분이 상당 부분 가시고 스스로를 속박하던 굴레에서 벗어날 수 있었습니다. 폭력을 당하는 시점에 난 분명히 약자였지만, 그 상황에서 벗어나고 나면 나 역시 남들과 마찬가지로 타인에게 상처를 줄 수 있는 사람이 됩니다. 그만큼 나에게는 힘이 있는 겁니다. 쓰면서도 아이러니하다는 생각이 듭니다.

폭력이 주는 가장 고약한 피해는 나 자신을 피해자로 각인시키는 것이라고 생각합니다. '내가 피해자'라는 구도가 오히려 나를 가해자로 만듭니다. 권선징악이라는 정의로운 형태로 말이죠. 피해자로서는 그것이 정말, 레알, 진심으로 억울한 겁니다. 하지만 저는 나름대로 피해자로서의 딜레마를 상당 부분 극복했다고 생각합니다.

그런데, 이 성장은 왜 내가 해내야 하는 걸까요? 왜 내가 그들보다 너 깊세 성찰하지 않으먼 안 되는 걸까요? 헛웃음이 나오네요. 그냥 저는 피해당한 것만도 억울한데, 죄인으로까지 몰려서 온 세상을 적으로 돌리고 싶지 않았을 뿐입니다.

　　　　몸에 밴 어린 시절의 심리세계탐구

많은 흉악범이 피해망상에 이끌려 범죄를 저지릅니다. 그런데 그 피해망상은 그들이 원했던 것일까요? 그중에 상당수 – 대부분에 가깝다고 생각합니다 – 는 실제로 피해자였고, 불행하게도 딜레마에서 스스로 빠져나올 기회가 없었을 뿐입니다.

"모든 피해자가 범죄자가 되진 않잖아."라는 말은 너무나 가혹하고, 오만한 말이라고 생각합니다. 범죄자가 되지 않은 게 다행인 거라고 생각합니다. 전 흉악범죄자가 무기징역을 선고받을 때 법정 밖에서 눈물을 흘리는 사람들이 좀 더 많은 세상이었으면 좋겠습니다.

숨 쉬기도 힘든 답답함 인간관계의 갈등

인간에겐 공기와 같은 '관계'에서 자주 갈등을 느낀다는 것은 숨 쉬기가 힘들어지는 느낌처럼 답답함과 불편함을 준다. 인간은 관계에서 에너지를 얻어야 한다. 인간관계 문제들은 대개 이런 것들이다. 사람들과 마음이 통하지 않는 느낌, 자신만 동떨어진 느낌, 약자라고 느껴지는 상황에서 자꾸 공격받는 느낌, 신경 쓰고 배려한 만큼 돌아오지 않는 느낌, 억울하고 부당한 대우를 받는 느낌, 인간관계가 삶에서 그다지 중요하지 않은 느낌, 세상이 온통 부정적인 것으로 가득한 느낌 등. 가끔씩 생기는 문제들이야 삶의 일상이며 당연한 부분일 수도 있지만, 지속적이거나 반복적으로 이런 일을 겪는다면 마음의 건강을 유지하기 쉽지 않을 것이다.

그런데 관계의 문제에서 가장 심하고 또 어려운 갈등은 많은 경우 가족 내에서 생겨난다. 실제로 정신과를 방문하는 환자들의 대부분이 가족과의 관계에서 겪은 아픈 상처를 갖고 있다. 가깝기에 상대에 대한 기대도 높기 마련이다. 또 편하기에 여과 없이 본성의 많은 부분, 특히 공격성이 드러나면서 구성원에게 상처를 줄 수 있다.

가정은 가장 안전하면서도 동시에 가장 취약할 수 있는 곳이다. 어머니, 아버지와의 관계는 인간관계의 기본 모형이고, 틀을 만들며, 우리는 자신도 모르게 그 틀을 통해서 사람들을 보고 관계를 맺는다. 그러므로 인간관계에서 심한 갈등을 겪고 있다면 가족 내에서의 관계가 어떠했는지를 돌아볼 필요가 있다.

인간관계의 어려움은 여러 모양을 갖고 있지만 크게 보자면 기대했던 사랑, 우정, 배려가 오지 않는 것, 그리고 과도한 통제나 공격성을 견뎌야 하는 것으로 나뉠 수 있다. 자신이 정말 원하는 것을 상대에게 전달하고 요구하는 건 쉽지 않은 일이며, 어느 선까지 해야 하는지도 알기 어렵다. 사람이나 상황마다 정도나 기준이 일정하지도 않고 달

몸에 밴 어린 시절의 심리세계탐구

라지기 때문이다. 특히 자신이 화가 났거나 화가 난 상대를 대하는 것, 즉 공격성을 처리하는 것은 항상 어려운 과제가 된다.

의사 표현을 모호하게 하면서 상대방에게 충분히 이해받기를 바랄 수도 있다. 좋은 사람으로 보이려고, 또 좋은 사람이 되어야 한다는 생각으로 배려하고 양보만 하다 보면, 돌아오는 보상이 없다는 섭섭함이 쌓이는 걸 모를 수 있다. 책임을 맡고 헌신하면서 그만큼 인정받지 못한다는 생각에 자신도 모르게 짜증을 내고 있을지도 모른다.

사랑에 대한 환상을 갖고 있거나, 특정 성향의 사람에 대한 불안이나 미움이 무의식에 남아 있다면 인간관계의 함정에 빠질 수 있는 심리적 약점을 갖고 있다고 볼 수 있다. 이런 내면의 약점을 자극하는 상대를 사회에서 만나게 된다면, 비로소 문제가 터져 나온다.

1) "남편과 대화가 잘 통하지 않아요"
해결되지 않은 부모와의 갈등

R은 20대 후반의 기혼 여성으로, 1남 1녀 중 둘째다. 어린 시절엔 부모의 불화가 심했고, 공격적인 성향의 오빠와도 원만하게 지내기 어려웠다. R은 웬만하면 부딪히지 않고 갈등 상황을 만들지 않는 성격으로 불안정한 가정의 중

재자 역할을 하며 성장하였다. 20대가 되며 남자 친구가 생겼고, 남자 친구의 적극적인 구애에 용기를 내서 결혼을 선택하였다.

남편과의 좋았던 관계는 결혼하고 시간이 갈수록 조금씩 어긋나기 시작했다. 갈등은 대립으로, 또 싸움으로 발전하였고, R은 원原가족으로부터 받았던 스트레스를 다시 느끼게 되었다. 그로 인해 울렁증이 생겼고, 심할 땐 구토증을 일으키기도 했다. 간헐적인 폭식 증상이 나타나면서 체중도 증가했다. 상황을 잘 모르는 시부모는 R에게 체중에 대해 언급하기 시작했고 더욱 스트레스를 받아야 했다.

크게 싸우지 않으려고 남편에게 에둘러 얘기하면 잘 이해하지 못하는 느낌이었다. 제대로 전달되지 않아서 그렇다고 생각한 R은 좀 더 분명하게 남편에게 생각을 전달하였다. 그런데 남편은 오히려 더 정색하며 강하게 반박하듯 얘기했고, R은 남편으로부터 공격받는 느낌을 받았다. 그렇게 시간이 지나면서 왠지 어떤 방법도 소용없다는 느낌이 들기 시작했다. 무기력해지면서 우울해졌다.

R의 사례를 보면, 처음에는 '답답하다' '서운하다' 정도였던 느낌이, '할 수 없는 것 같다' '안 될 것 같다'는 결이 완전히 다른 에너지로 자신도 모르게 전환되고 있는 걸 알

몸에 밴 어린 시절의 심리세계탐구

수 있다. 보이지 않는 이 과정은 매우 중요한 핵심이다. 그 느낌은 매우 익숙한 에너지이다.

'답답하다'와 '무기력하다'는 얼핏 비슷한 느낌이지만 포도가 포도주로 바뀌는 것처럼 실상은 완전히 다른 에너지이다. R은 희망이 사라지고 무기력한 느낌, 즉 포도주가 해결되어야 한다. 그런데 남편에겐 포도주가 보이지 않고 포도만 보일 것이다. 그래서 공감에 한계가 생긴다. 그래서 R은 체념하고 만 것이다. 체념하면 더 이상 상처받지 않기 때문이다.

(1) 여섯 번째 면담

친정 문제가 다시 등장했다. 자신을 괴롭히고 학대했던 오빠가 일방적인 결혼 소식을 전했다. 어찌 보면 반가운 일이기도 했지만, 오빠는 결혼을 위한 현실적인 준비는 되지 않은 상태이므로 어머니에게 의지하고 요구하는 것이 많아졌다. 어머니는 오빠에게 끌려다니며 힘들어한다. R은 어머니가 힘들어 보였고, 어머니를 무시하고 자기 마음대로 행동하려는 오빠는 못마땅했다.

> **내담자** 엄마에게 오빠를 내보내라고 했는데, 대화가 잘
> 안 돼요. 너무 답답하고…. 이번이 삐뚤어진 관

계를 바로잡을 수 있는 마지막 기회가 아닐까 해서…. 제가 그 역할을 하려고 했어요.

R은 어머니와 오빠 관계에 개입해서 중재하려고 하지만, 힘이 없는 어머니는 딸의 제안을 받아들이지 못 하는 중이다. 그 때문에 R은 스트레스를 받으면서 소화불량과 울렁증이 나타났다.

R은 겉으로는 중재자이지만, 사실은 집안의 어머니 역할을 하려고 한다. 어머니와 오빠의 관계는 당사자들이 풀어야 하는데, 본인이 나서서 어려운 일을 하려고 한다. 더구나 어머니는 힘이 없고 오빠는 고집만 부리는 상황이므로, 아무리 R이 개입해도 문제를 푸는 데 한계가 있을 수밖에 없다. 안 되는 일에 너무 많은 책임을 느끼는 것이 R의 우울함을 만드는 것일 수도 있다.

⑵ 일곱 번째 면담

인간관계의 갈등은 다시 남편에게로 돌아왔다. 스트레스를 풀기 위해 친한 지인이 사는 곳에서 며칠 쉬고 오기로 했다. 그런데 일정이 하루 더 늘어나게 되고, 남편이 그것을 문제 삼으면서 싸우기 시작한 것이다. 사실 사적인 관계에서 남편은 요구가 많으며, R은 그것을 수용해 왔다.

친정의 요구도, 남편의 요구도 대부분 받아들이다 보니 가족들은 R에게 뭔가를 요구하는 것을 당연하게 여긴다. R은 자신도 모르게 너무 많은 것을 감당하면서 주위의 기대를 잔뜩 높여 놓았다. 그러다 보니 요구를 들어주지 않으면 주위에선 너무 서운해하며 R에게 죄책감을 느끼게 했다. R은 그런 감정이 매우 불편하게 느껴졌다.

인간관계의 어려움은 기대했던 사랑, 우정, 배려가 오지 않는 것, 그리고 과한 통제나 공격성을 견뎌야 하는 것에서 온다고 한다. 그러므로 기대를 어느 정도 내려놓는가를 정하는 것이 중요하다.

우선 자신의 기대 수준이 어느 정도인지 알아야 하는데, 이 부분이 어려운 이유는 무의식적인 기대가 상당 부분을 차지하기 때문이다. 또 기대를 내려놓는 과정에서 자칫 냉담해지기 쉬운데, 이 두 가지 차이를 잘 구별하는 것도 고민해야 한다. 냉담cold anger은 분노라는 에너지가 다른 에너지로 변환되면서 해결되는 것이 아니라, 분노의 온도만 일시적으로 내려간 상태이기 때문이다.

통제와 공격성을 견디기 위해선 우선 상대를 잘 이해하고 파악해야 한다. 자신의 내면에 문제가 적어야 이것이 가능하다. 자신의 과거를 이해할 수 있을 때 상대도 이해할 수 있기 때문이다. 그리고 공격적인 상대에게 지혜롭게 거리를 두거나, 적절하게 자기주장을 하는 방식을 익히고 실천하는 것이 다음의 과제가 될 것이다. 이때 그런 행동이 구체적으로 어떻게 표현되는지를 주위에서 찾아보고 참고할 만한 사람을 발견한다면 실제적인 도움을 받을 수 있다.

목표에 대한 광적인 집착 다이어트 강박증 · 식이장애

앞서 언급한 것처럼, 완벽주의는 자신의 외모를 향할 수 있다. 사회적 동물이자 자신을 실제로 보지 못하는 존재인 인간에게 타인의 시선은 인정과 확인이라는 매력적인 에너지로 느껴진다. 한편으로는 두려움과 위협의 에너지로 동시에 작동하기도 한다.

타인의 시선은 거대한 에너지로 우리를 끌어당기기도 하고 또 밀어내기도 한다. 타인의 시선에 첫 타깃이 되는 외모와 신체는 관계에 있어서 에너지를 받아들이고 동시에 발산하는 관문이 된다. 당연히 신경이 쓰일 수밖에 없는데, 자기애가 넘쳐나고 SNS 등 시각적 이미지가 엄청난 영향력을 가지고 있는 시대에는 더할 것이다.

만약 외모와 관련된 개인적인 스토리가 있다면 원하는 외모를 향한 압력은 더욱 강해지고, 그 에너지는 어떻게 해서라도 다이어트를 성공시켜야 한다는 강박과 집착으로

몸에 밴 어린 시절의 심리세계탐구

발전하기 쉽다. 더 나아가 폭식과 식사 거부가 나타나는 식이장애까지 생길 수 있다.

만약 지금 하는 다이어트가 너무 많은 에너지를 소진하는 다이어트, 생활의 균형이 깨지는 다이어트, 뭔가 극심한 다이어트, 괴로운 다이어트, 무리한 다이어트, 건강이 상하는 다이어트, 금지된 약물을 사용하는 다이어트라면 분명히 병적인 다이어트가 될 가능성이 크다.

병적인 다이어트는 일시적으로 목표 근처에 다가가게 하지만, 결국은 반복되는 요요와 좌절감, 자기비하, 체념적인 과식과 체중 증가 등 수많은 후유증을 예약할 것이다. 결국 주기적으로 폭식하고, 억지로 구토를 하고, 설사약 혹은 구토제를 남용하고, 병적인 식욕부진 등이 반복적으로 나타나는 식이장애eating disorder로 발전하기 쉽다.

다이어트에 실패하고 식이장애를 겪는 사람들의 마음을 살펴보면 너무 절박한 목표와, 목표에 대한 광적인 집착, 완벽주의가 있다. 어린 시절에 대한 이미지와 정서는 자신이 뭔가 미미하고 나약한 존재라는 느낌이다. 대개 어머니와의 관계가 원만하지 않고, 눈에 띄게 드러나는 학대는 아니더라도 무심하거나 자신의 기준으로 자녀를 야단치고 공감하지 못하는 어머니들이 많은 편이다. 또한 어머니들의 기질이 대부분 강한 편이다.

음식은 어머니와의 공감에 실패한 아이가 정서적으로 인상적인 경험을 하게 하는 일종의 매개물이 된다. 자신을 통제하려는 어머니에게 맞서지 못하는 무기력한 자신에게, 음식은 그나마 포만감을 주거나 조절할 수 있다는 환상을 만족시키는 상징적인 대상이 되는 것이다. 음식이 중요한 대상이 되는 것이다.

그에 따라 음식과 식사 행위의 심리적 의미와 지위가 격상되며, 인격성을 갖게 된다. 여기서 강박과 집착이라는 에너지가 음식에 주입되고, 자연스럽고 편하게 음식을 즐기며 조절하는 느낌은 제한되면서 성장하게 된다.

실제로 음식을 먹으면서 경험하는 미각과 만족감이라는 구체적이고 강력한 감각은 아이의 내면에서 작동하는 무력감, 두려움, 열등감, 불안감이라는 감정을 덮어 버리기에 충분한 자극이 된다. 아이는 그 감각을 통해 내면의 불편한 감정들을 피하게 된다.

이를 통해 음식을 먹는 행위가 일종의 의식ritual이 되기 시작한다. 먹는 것은 결핍된 욕망을 만족시키는 의식이고, 무력한 자신에게도 어떤 통제력이 있음을 느끼게 하는 거룩한 의식이다.

그렇지만 의식이 성장하면서 감각에만 의지하는 그러한 방식은 일시적이고 표피적인 만족뿐이라는 것을 서서히

몸에 밴 어린 시절의 심리세계탐구

깨닫게 된다. 또한 욕망 자체에 대한 부정적인 느낌―이 부정적인 느낌의 상당 부분도 어머니와의 관계에서 경험한다―도 먹는 행위에 대한 부정성negativity을 높이게 된다. 결핍에 따른 과도한 집착과 충동적인 행위 후에 따라오는 후회와 자책이 그것이다. 폭식 후에 구토하거나 설사약을 사용해서 억지로 배설시키려는 시도가 나타나는 이유이다.

이때 욕망과 자책 사이에서, 자기만족과 통제 사이에 끼어 있는 자아의 의식이 자신의 상태와 심리적 위치를 제대로 느끼지 못한다면 양극단을 오가는 병적인 다이어트와 식이장애 증상이 점점 심해진다.

다이어트에 실패해 왔다면, 정말 성공적인 다이어트를 원한다면 반드시 자신의 내면을 들여다봐야 한다. 과거부터 일정한 방식과 패턴으로 반복되고 있을 자신의 마음과 감정을 이해하는 능력을 키워야 한다. 그럴 때 음식을 음식으로, 몸을 몸으로 대하는 마음의 중심이 생겨날 것이고, 그것이 당신을 원하는 방향으로 이끌어 줄 것이다.

대개 일어나지 않는 일에 대한 걱정 불안

많은 문제에 대해 얘기했는데, 이 문제들의 한 가지 공통된 현상을 찾으라고 한다면 바로 '불안'이다. 우울과 슬픔, 절망과 무기력, 분노와 적개심, 불안정과 혼란 등 마음의 문제들은 모두 불안을 공유한다.

이쯤에서 어떠한 이유에서든지 불안할 때 위안과 힘을 주는 얘기를 하고 싶다. 물론 충분하지는 않겠지만, 불안을 다스리는 지혜로운 경험이라는 커다란 나무로 자랄 작은 묘목이 되기를 바라는 마음이다.

마음과 뇌는 생존하고 편안하기 위해, 또 만족하기 위해 항상 예측하려고 한다. 그러나 삶이란 불편한 것과 계속 만나는 일이며, 현실은 마음과 멀어지면서 자주 예측을 빗겨 간다. 불편함은 싫음을 만들고, 싫음은 회피를 만든다.

우리는 불편함과 싫음을 외면함으로써 일시적인 마음의 편안함을 얻곤 한다. 하지만 외면은 결국 평온함과 기쁨에서 멀어지게 하며, 삶의 본질적인 가치에서도 멀어진다. 불안은 자신이 불편함을 느끼고 있고 그것을 피하려고만 한다는 것을 우리에게 알려 주는 신호이다. 이 신호를 받아들이고 그 신호를 이해하며 소통할 수 있다면, 불안은 불편이 아니라 삶을 인도하는 등대로 변화할 것이다. 그러한 변화의 경험이 삶의 기적이다.

4

내면에 남은 과거의 상흔

슈퍼에고

그동안 슈퍼에고, 즉 초자아를 자주 언급하였다. 어린 시절의 경험, 특히 부모와의 관계에서 생긴 느낌과 이미지는 **내면 아이**의 마음에 깊이 새겨지게 된다. 아이를 대하는 부모의 태도와 방식, 정서가 합쳐져 아이의 마음속에선 부모와 연관된 정서적인 기억이 만들어진다. 그것들은 아이의 욕망, 유아적 소망과 부딪히면서 서로 영향을 주고받게 된다.

이 과정에서 아이의 내면 깊은 곳에서는 부모의 그림자와 같은 또 다른 내면의 존재이자 에너지가 만들어진다. 프로이트는 그것을 '슈퍼에고'라고 불렀다. 흔히 양심, 도덕, 책임, 이상 등을 생각할 때 떠오르는 마음의 느낌이 바로 슈퍼에고의 에너지이다.

현실을 부정하며 거칠게 날뛰는 욕망에 대항하면서 적절하게 생존하기 위해선 조절 장치가 필수적이었을 것이다. 부모는 이미 내재된 조절 장치를 수면 위로 끌어올려 활성화하고 작동시키는 존재이다. 처음 사용할 때는 뻑뻑하고 작동이 원활하지 않으므로, 조절 장치도 처음에는 조심스럽고 천천히 다루는 것이 좋다.

그런데 부모의 성향이나 상황 때문에 어렵고 완벽한 기준을 아이에게 요구하게 될 수 있다. 또 성급하게 다룰 수도 있다. 슈퍼에고를 너무 자극하는 것이다. 그렇지만 많은 부모는 대부분 자신들이 자녀에게 그렇게 하고 있다는 것을 알지 못한다.

전통적으로 5~6세에 해당하는 오이디푸스 시기는 슈퍼에고가 형성되는 중요한 시기로 알려져 왔다. 슈퍼에고가 본격적으로 의식에 고개를 내미는 것은 그 무렵이지만, 임상 경험으로는 슈퍼에고가 구체적으로 형성되는 시기와 계기는 개인에 따라 꽤 차이가 있는 것으로 보인다. 20대를 넘어서야 슈퍼에고가 드러나는 사례도 있기 때문이다. 또, 개인에 따라 슈퍼에고의 개성이나 성향에도 많은 차이가 있다.

욕망과 함께 움직이는 슈퍼에고는 사실상 마음의 지배자인 경우가 많다. 기본적으로 슈퍼에고는 의식을 억압

몸에 밴 어린 시절의 심리세계탐구

한다. 슈퍼에고는 욕망과 충동을 지배하려고 하는데, 심하면 그 자체를 부정하고 없애려고 할 때도 많다. 사이코패스와 같은 특별한 병리가 있는 경우가 아니라면, 개인은 슈퍼에고로부터 결코 자유로울 수 없다.

슈퍼에고는 부모의 존재, 부모의 시선, 부모의 언어로 작동되기 시작하고 내재화된다. 처벌하는 힘을 가진 부모의 목소리와 시선은 아이의 내면에 제어 장치로 뿌리를 내리기 때문이다. 내적 충동이 강할수록 슈퍼에고도 강해지는 경향은 분명해 보인다.

현재에 반복되는 과거 전이

슈퍼에고는 양심, 도덕, 이상, 목표, 성취와 같은 마음의 높은 위치를 점하며 의식의 상층부와 개념적인 가치를 만들어 내고 자아를 지켜보고 감시하는 주체이다. 개인이 겪는 정신적 고통의 상당한 부분은 슈퍼에고와의 관계에서 생겨난다. 문제나 증상은 슈퍼에고의 문제이기도 하다.

심각한 증상은 대부분 과거라는 깊은 뿌리를 갖고 있는데, 과거의 사건은 부모와의 관계이며 동시에 슈퍼에고의 특성이고 파생물일 때가 많다. 부모를 대신하는 슈퍼에고와 현재 자신과의 관계에서 생기는 불협화음이 증상의 많은 부분을 이루는 것이다.

증상은 과거이고, 동시에 슈퍼에고이며, 또 동시에 현재의 관계에서 반복된다. 이를 정신분석에선 **전이**라고 부른다. 과거의 경험과 그 주체인 내면 아이는 현재의 경험과 이를 사실상 지배하는 슈퍼에고의 문제와 동일하다. 그러므로 문제를 이해하는 것은 자신의 슈퍼에고를 이해한다는 것이며, 문제를 해결하는 것은 슈퍼에고와의 관계를 재정립하는 것이다.

'나의 슈퍼에고는 어떤 인격을 갖고 있는가?' '나의 슈퍼에고는 어떤 가치와 당위를 어떤 방식으로 주입하고 요구하며 통제하려고 하는가?' '슈퍼에고는 충동이나 욕망의 조절자이며 협력자인가, 아니면 강력한 브레이크이며 봉인일 뿐인가?'

슈퍼에고는 오랜 진화의 산물일 것이다. 자연으로부터 배워온 지혜일 수도 있고, 신과 초월자의 인격이 내재된 것일지도 모른다. 그래서 슈퍼에고는 문자 그대로 아주 강하다. 그렇지만 슈퍼에고의 활동은 예상과 달리 대부분 무의식적이다. 그래서 자신의 슈퍼에고를 제대로 의식하는 일은 절대 쉽지 않다. 개인의 의식은 단지 슈퍼에고에서 나오는 에너지를 느끼는 것일 뿐이다.

불안장애, 강박증, 우울증, 피학증, 분노조절장애 등 여러 종류의 신경증의 뿌리에는 개인의 의식과 슈퍼에고의 원만하지 않은 관계가 숨어 있다.

1) "순간적으로 폭발하는 분노를 참기 어려워요"
부성에 대한 분노

U는 회사 고위직에 있는 50대 초반의 기혼 남성이다. 수년간 지속되는 답답함과 울적한 느낌, 순간적으로 폭발하는 분노로 대표되는 충동적 행동, 그리고 그런 자신에 대한 자책감을 호소하며 내원하였다. 감정을 조절해야 한다는 사실을 너무나 잘 알지만, 참을 수 없는 억울한 느낌이 들 때 견디기가 힘들다고 하였다. 그럴 때마다 화가 나는데, 가끔은 폭발하기도 해서 자신에게 어떤 문제가 있는 것 같다고 하였다.

평소에 U는 타인을 배려하고 정도 많은 성격인데, 중학생 때는 불쌍해 보이는 낯선 사람을 집에 데려와 밥을 차려 주면서 눈물을 흘리기도 했다고 한다. 그러나 억울하다는 느낌이 들기 시작하면 상대에게 적개심이 강해지고 보복하고 싶은 생각이 들어서, 그게 행동으로 튀어나올까 봐 격정스럽다고 하였다.

면담을 진행하며 문제의 뿌리가 폭력적이고 강압적인 아버지와의 관계에 있음을 알게 되었다. U의 아버지는 공무원이었는데, 집에서 무소불위의 힘을 휘두르는 폭군이었고,

폭력도 자주 사용했다고 한다. U는 형제 중 둘째였는데 그런 아버지를 보면 너무 답답하고 또 화가 났으나 무서워서 감정을 표현하지 못했다. 고등학교 졸업 무렵 지병으로 돌아가셨는데, 이후로는 마음속에 아버지에 대한 연민도 많이 생겼다고 한다.

독실한 기독교 신자인 U는 자신에게 배려심 많고 타인을 존중하는 천사 같은 면과 화났을 때 나타나는 악마 같은 이중성이 있다고 했다. 신앙생활을 통해 자신의 문제를 해결하려고 노력했지만 신통치 않았다고 한다.

내담자 돌아가신 지 벌써 30년이 지났는데도 아버지에 대한 느낌이 여전히 나에게 영향을 많이 주고 있다는 것이 너무 놀라워요. 분노를 없애려고 너무 애쓰지 말고 어떤 지점에서 느끼고 지켜보라는 말에 대해 많이 고민했습니다. 그러다가 분노를 지켜본다는 것이 트림이나 방귀를 참아야 하는 상황에서 참는 것과 비슷한 것이 아닐까 하는 생각했습니다. 생리적 현상과 분노가 비슷한 게 아닐까? 하고요. 그랬더니 참아지더군요.

나에게 일방적으로 참으라고 하는, 그러면

몸에 밴 어린 시절의 심리세계탐구

서 결국 화를 나게 하는 그것이 '나 자신'이 아니라 슈퍼에고라는 것을 알게 되니까 이해가 돼요. 화가 날 때 그 감정과 거리를 둘 수 있게 되더라구요. 그러면서 화가 조절되니까 너무 신기했습니다. 이런 느낌은 처음 느껴 봤어요.

U의 대극성은 소심함과 동시에 적극적이고 충동적인 성격으로 나타나고 있다. 어린 시절부터 청소년기까지 거칠게 권력을 휘두른 아버지 앞에선 참아야만 했는데, 인내심은 점차 억울함과 분노로 변하였다. 악마도 기독교적 관점에서 보면 타락한 천사인 것처럼, 이질적인 두 가지가 같은 뿌리를 가진 것이다. U는 착함을 위해 억지로 참는 것이 억울함과 분노와 같은 뿌리인 것 같다는 필자의 해석을 수긍하고 깨닫게 되었다.

U의 분노 폭발은 아버지의 영향을 받은 내면의 슈퍼에고가 자신의 의식과 자아를 지배하면서 생겨난 것이었다. 그동안 분노는 특정한 사람이나 상황 때문인 것처럼 느껴졌지만, 사실 분노를 일으킨 대상이나 상황이 내면의 슈퍼에고가 밖으로 투사된 것임을 깨닫고 있다.

깨달음은 분노가 외부와의 문제가 아니라 나와 나의 문제라는 통찰을 주었다. 자꾸 스스로에게 매우 강하게 벌을 주려는 슈퍼에고에 억눌렸던 자아와 내면의 어린아이가 참지 못하고 드러내는 저항과 반항이 분노였던 것이다.

다시 말해, **아버지의 영향을 받은 슈퍼에고에 대한 자아의 불만과 분노, 즉 아버지와 아버지상에 대한 분노였던 것이다.** 자신의 슈퍼에고를 건드리는 대상에 대한 분노도 슈퍼에고가 투사된 또 다른 부성상에 대한 분노라고 볼 수 있다.

2) "저도 제가 마음에 들진 않아요" 무의식의 반감

V는 재수해서 대학 입학 예정인 20살 남성이다. 고등학교 시절은 여러 가지로 만족스럽지 않았고, 재수를 했는데도 원하는 대학에 가지 못했다고 했다. 근본적으로 자신의 생활 태도를 바꾸고 싶다는 기특한 이유로 내원하였다. 밤낮이 바뀌어 있으며, 게임 하는 시간이 너무 많아 아무래도 중독 같다고 말했다. 이 문제들을 고치기를 강하게 원하고 있었다.

> **내담자** 뭔가 꼬인 것 같은데… 부모님 앞에서 뭐든 잘하고 싶은 마음이 들지 않아요. 놔버리고 싶은 마음만 들어요. 이런 마음이 몸에 밴 것 같은데…. 사실 아버지는 나를 좋아하는 게 아니라,

잘하는 행동을 좋아하는 것 같았어요. 내 본질이 아니라 껍데기를 좋아한다고 할까요. 그래서 더 싫어지는 것 같아요. 사실 나도 뭔가 잘하고는 싶은데, 그런 것이 귀찮아요. 나 자신도 모순인 것 같아요.

V는 뭔가 생산적인 활동을 해야 한다는 것을 잘 알고 있다. 그럼에도 게임이나 인터넷을 하는 데 너무 많은 시간과 에너지를 소모하고 있었다. 스스로 중독이라고 생각하고 인정하고 있으면서도 딱히 변화는 없다. 문제를 아는데도 왜 변하지 않고 오히려 심해지는 것일까?

V의 경우, 자신을 설득하는 데 실패하고 있는 모양새다. 변화를 원하지만 그러지 못한 자신이 매우 한심하다고 하였다. 자신을 대하는 방식이 마치 아버지가 V를 대했던 방식과 닮았다. 아버지에 대한 반감이 있으므로, 자신을 설득하는 자신에게 무의식적인 반감이 생기고 그것이 풀리지 않는 매듭을 만들고 있었다. 변화의 주체가 자아나 자기가 아니라, 아버지의 대행자인 슈퍼에고가 자아에게 일방적으로 요구하는 상황이다.

(1) 여섯 번째 면담

내담자 뭔가 좋아지고 편안해졌어요…. 뭐가 문제인지 알았으니까 해결해 나가야 하는데, 솔직히 이런 마음이 들었어요. 여기에 오는 것을 좋아했는데, 이제 문제를 발견했으니까 만약 진전이 없다면 선생님이 실망하지 않을까? 하는 생각이 들고 걱정이 돼요. 선생님은 안 그럴 것 같은데… 무의식적으로 그런 생각이 들더라고요.

치료자 아버지를 의식하고 나를 의식하는데… 그것도 어쩌면 자신을 의식하는 게 아닐까요? 왜냐하면 내가 그러지 않을 거라고 생각하고, 실제로도 그렇지 않다는 것을 확인했으니까요.

내담자 어려서 나의 주체는 부모님이었어요. 엄마에 대해선 동정심이었고, 아빠에 대해선 공포심이었지요…. 두 분의 말을 듣고 살아왔어요. 그러다 보니 나 자신이 없는 것 같아요. 뭔가 자아가 없는 느낌…. 힘들었어요. 부모님은 정해놓은 틀에 나를 맞추려고만 노력했어요. 아버지가 말씀하시길, 남들은 결과만을 본다고 했지요. 그래서 신경을 많이 썼어요.

치료자 그래서 여기서도 그렇게 느껴지는구나. 마음의

몸에 밴 어린 시절의 심리세계탐구

느낌을 잘 살펴보고 지켜보는 습관을 가져 보면 어떨까요?

나를 잘 알지 못하는 타인은 나의 결과를 볼 수밖에 없다. 그런 면에서 아버지의 얘기가 100% 틀렸다고만 볼 수는 없다. 그런데 나와 나의 관계는 다르다. 결과를 위해 구체적으로 실행해야 하는 주체는 '또 다른 나'이다.

'실행하는 나'라는 존재가 결과를 지나치게 신경 쓰면 어떻게 될까? 마치 힘을 잔뜩 주고 축구공을 차는 현상이 일어날 것이다. 힘을 주는 것, 결과에 신경 쓰는 것에 많은 에너지가 소모되면서 결과를 만드는 과정에 집중하지 못하고 에너지는 분산될 것이다.

결과와 목표는 중요하지만, 그에 다가가고 얻는 것은 전혀 다른 차원이다. 목표를 세우는 것과 목표를 달성하는 것은 전혀 다른 세계라는 이중적인 구조를 이해할 필요가 있다. 슈퍼에고는 그러한 이중적인 구조를 이해하지 않으려는 일방적인 에너지이다.

V는·아버지가 많이 무서웠다고 했다. 그리고 필자 역시 자신에 대해 실망할 것이라고 느끼고 있었다. 결은 조금씩 다르지만, V에게는 아버지와 치료자, 그리고 슈퍼에고가 동일 선상에 있는 에너지인 것이다. 면담에선 이 부분이 충

분히 고려되어야 할 것이다.

V는 치료자와의 관계에서 유연하고 자유로운 정서 소통을 경험할 필요가 있고, 그런 가운데 자신의 슈퍼에고와의 관계도 비슷한 흐름을 따라 유연하게 변화할 것이다. 그렇게 된다면 슈퍼에고가 지금처럼 변화의 걸림돌이 아니라 함께하는 협력자가 될 것으로 기대할 수 있다.

욕망과 함께 움직이는 인간 슈퍼에고에 대한 이해

슈퍼에고는 욕망과 함께 움직인다고 하였다. '욕망하는 인간'은 동시에 슈퍼에고적 인간이며, 슈퍼에고는 인간의 또 다른 본능이다. 슈퍼에고는 욕망과 샴쌍둥이이자 달의 앞면과 뒷면 같은 관계이다. 지구에선 달의 뒷면을 볼 수 없듯이, 개인의 의식이 자신의 슈퍼에고를 제대로 보기는 어렵다.

정신적 증상 혹은 고통의 원인은 많은 경우에서 자아와 슈퍼에고와의 관계 설정으로부터 생긴 문제이다. 자아-슈퍼에고의 문제는 아이-부모의 문제와 많은 부분에서 겹치곤 한다. 왜 특정한 사람들은 불편할 정도로, 더 나아가 병을 일으킬 정도로 슈퍼에고가 강해지고 엄격해지는걸까?

슈퍼에고는 부모상, 즉 부모와의 관계 경험과 떨어질 수 없다. 부모가 너무 강하고 무섭게 느껴지는 경우, 슈퍼에

고도 강해지기 마련이다. 이때 슈퍼에고는 부모의 대리인이며, 감시하고 처벌하는 존재이다. 부모가 너무 강하면 그런 부모를 이기려는 과정에서 슈퍼에고가 강해지기도 한다. 이때는 유아적 자기애와 자아이상이 합쳐진 에너지가 슈퍼에고로 발전한다.

부모의 부재나, 혹은 부모가 있더라도 그 역할을 제대로 못 할 때도 슈퍼에고가 강해질 수 있다. 만약 그런 상황이 어린 나이에 벌어진다면 부모를 대신할 수 있는 어떤 대상이 필요할 수밖에 없는데, 그 절박함이 내면에서 또 다른 부모상을 만들어 낸다. 이때는 내면 깊숙한 곳에 숨어 있던 부모 원형이 활성화되면서 그 에너지가 의식에 작용한다.

정말 원하는 욕망이 계속 좌절될 때, 나도 모르게 심한 억압이 작동하고 있을 때, 있어서는 안 될 것 같은 다양한 결핍이 있을 때, 가까운 관계에서 너무 심한 상처를 받을 때, 그리고 견딜 수 없는 트라우마를 겪을 때 슈퍼에고는 강하게 자극된다.

이런 상황들에서 슈퍼에고는 비대해지고 또 경직된다. 존재를 돕는 에너지가 아니라 지배하고 통제하고 위협하는 에너지만 자아에게 주입하고, 힘이 약한 자아는 자신과 그것을 구별하지 못하고 끌려다니게 된다.

앞서 설명했던 것처럼 마음과 뇌는 일정한 패턴을 만

들려고 하고, 또 그것을 반복하려고 한다. 애착과 동일시 과정에서 문제를 겪었을 때, 유아기와 유년기라는 중요한 시기의 과거는 현재라는 무대에서 반복되려고 한다. 해결되지 못한 에너지가 처리되지 못한 쓰레기처럼 쌓여서 문제를 만드는 것이다. 그래서 증상이나 고통이 생겨난다. 증상과 고통은 현재에 재연되는 과거의 경험들이라 봐도 무방하다.

욕망하는 존재인 인간은 욕망의 만족과 조절 사이에서 살아가는 이중적인 존재이다. 만족과 조절, 충족과 통제 사이에서 비밀스러운 조율이 일어난다. 이 과정은 유전자처럼 과거의 흔적 속에, 그리고 암묵적 기억 속에 코드화되어 뇌 속에 남는다. 이렇게 슈퍼에고와 연관된 과거의 코드는 과거의 나로 인도하는 비밀의 문이 된다.

만족과 조절, 욕망과 현실 사이에서 일방적인 억압이나 경직된 통제의 언어만 작동하는 것은 비극이다. 만족과 조절 사이의 균형이 깨지면 찡그리고 왜곡된 표정을 가진 슈퍼에고가 출현하고 자리잡게 된다. 경직되고 처벌하려는 슈퍼에고, 방임하는 슈퍼에고, 무시하는 슈퍼에고, 히스테리적 슈퍼에고, 강박적 슈퍼에고 등은 문제를 일으키는 슈퍼에고의 대표적인 얼굴들이다.

성장, 성숙, 자기치유는 과거의 자신과 관계 맺기에서 시작된다. 그리고 그것은 현재의 인간관계로 발전하고, 필요하다면 전이 관계도 경험해야 한다. 그리고 자신의 슈퍼에고를 확인하는 것으로 심화된다. 내면과 현재, 그리고 정서 경험이라는 무대 위에서 문제의 해결과 성장은 시간이라는 에너지를 요구한다.

정신분석psychoanalysis과 **분석심리학**analytic psychology은 슈퍼에고라는 문제의 본질에 다가가게 하는 힘이 있다. 모든 중요한 것들이 그러하듯, 본질은 아주 어두운 곳에 감춰져 있어서 밝은 빛을 비추지 않으면 그 실체를 볼 수가 없다. 문제의 본질은 마치 심연처럼 매우 깊어 쉽게 접근을 허용하지 않는다.

너무 가까이 가면 갑작스러운 깊은 소용돌이나 폭풍우가 생기거나, 어쩌면 운석 같은 것이 날아와서 자아를 손상시킬 수도 있다. 그러므로 깊은 곳에 안전하게 다가갈 수 있는 탐사선이 필요하다. 또한, 본질적으로 무의식의 영역이므로 의식의 언어로는 충분히 이해할 수 없게 암호화되어 있다. 암호 해독기가 필요한 이유다.

프로이트와 융이라는 위대한 정신과 의사로부터 시작되어 지금까지 이어져 온 정신분석과 분석심리학은, 무의식이라는 암호의 해독기로서 인간의 이해라는 영역에 한 획을 그었다. 그러나 정신분석과 분석심리학이라는 지도를 통해 한 인간과 그 정신병리를 이해할 때, 과도한 환원주의reductionism[63]에 빠지는 것은 경계해야 한다. 문제의 기원, 증상의 뿌리를 부모와의 관계와 양육으로만 제한시키는 오류를 조심해야 하는 것이다. 정신분석, 분석심리학의 본질도 부모와의 관계로의 환원이 아니라 인간의 성장과 발달을 이해하는 것이다.

과거를 돌아보고 이해하는 일은 결코 원망의 대상을 찾기 위한 여정이 아니다. 해결되지 않은 적개심을 쏟아부을 가해자를 확인하는 일도 아니다. 물론 지금까지 살펴왔듯이 부모와의 관계의 중요성은 인간의 에너지가 작동하는 장이며 실제 무대이므로 아무리 강조해도 지나치지 않는다.

그렇지만 부모의 영향 자체보다는 '부모와의 관계에서 혹은 가족이라는 무대에서 한 개인의 정신 에너지가 어떻게 시작되고 자극되었으며 또 움직여왔는가?', 그리고 '부모의 에너지가 한 개인에게 어떻게 영향을 주었는가?' 하는 질문을 잊지 말아야 한다. 또 의식의 본질, 정신 에너지의 흐름과 정신 활동의 메커니즘, 감정과 사고의 형성, 다양한 정신병리의 원인 등에 대해 여전히 우리는 무지함을 인정해야 할 것이다.

---

63 복잡한 사물은 자신을 구성하고 있는 가장 단순한 것으로부터 이해될 수 있다는 입장

III

과거의 나를 마주하는 용기와 지혜

어린 시절의 나, 그리고 부모와의 관계를 돌아보는 것은 시간 여행이자 동시에 마음의 구조를 이해하는 여정이다. 이질성의 복합체이자 복잡계로 작동하는 정신은 어느 정도의 균열과 **대극성**을 만들어 낼 수밖에 없다. 또한 마음의 중심에는 **공백과 결여**의 공간이 있을 수밖에 없다.

나라마다 각각의 지형과 기후가 있듯이, 개인도 자신만의 내면과 대극성의 구조가 있다. 외향성과 내향성, 남성성과 여성성, 주관성과 객관성, 감성과 이성, 나와 타인, 개인과 사회, 질서와 카오스, 이상과 일상, 사랑과 힘, 의존과 독립, 나아가는가 물러나는가, 연결과 단절, 의식과 무의식 등이 대표적인 대극성이다.

여태껏 언급해 온 것처럼, 중요한 문제들은 대극성 사이의 커다란 간극에서 생겨난다. 커다란 간극은 지층의 균열이나 지진처럼 넓고 깊은 것이고, 또 대립하는 에너지 사이의 큰 고저 차이이기도 하다. 우리의 마음은 자연스럽게

몸에 밴 어린 시절의 심리세계탐구

그 간극을 없애고 또 공백을 지워버리고 싶어 한다. 커다란 간극과 공백이 불안을 자극하기 때문이다. 간극을 없애는 것, 대극의 소멸은 궁극적인 욕망이다.

그런데 과연 간극을 없애는 일이 가능할까? 만약 간극이 없어진다면 완전히 하나가 되는 것이며 대극성도 사라지는 것이다. 그러나 간극이 없어지고 에너지의 경사가 사라진다면 움직임도, 또 에너지의 흐름도 함께 사라지는 상태가 될 것이다. 이는 완전한 고요함이며, 열반과 죽음의 상태라고 봐야 한다.

그러므로 생명을 가진 존재에게 간극을 없애는 것은 영원한 욕망이면서 불가능을 욕망하는 것과 같다. 공백의 소멸은 불가하며, 죽음만이 그 상태에 가까워질 뿐이다. 간극을 없애는 욕망은 불가능한 욕망이지만, 이 욕망을 욕망하지 않는 것도 불가능하다.

프로이트는 죽음에 대한 욕망, 죽음으로 향하려는 에너지를 타나토스thanatos라고 했으며, 이 타나토스가 리비도의 쾌락원리pleasure principle와 대비되는 열반원리nirvana principle를 추구한다고 했다.

간극을 없애려는 욕망이 너무 강해지면 무력감과 패배주의로 이어지기 쉽다. 불가능하기 때문이다. 공백을 채울 수 없다는 자각은 허무주의로 이어질 수 있다. 때가 되면 등장하는 타나토스는 리비도에 끌려만 가는 의식에 경종을 울리고 균형을 잡아준다. 하지만 만약 분화되지 않은 타나토스가 일방적으로 의식을 지배하면, 간극을 파괴하고 소멸시키려고만 할 것이다. 그럼에도 간극은 소멸되지 않을 것이고 오히려 존재가 소멸하는 방향으로 흘러갈 것이다.

우리는 현재를 살아야 한다. 하지만 과연 현재 이 순간을 살고 있는가? 많은 이가 갖가지 방법으로 연습하고 수련하지만, 사실 쉽지 않다. 오롯이 현재를 사는 일이 어려운 이유는 우리의 마음과 의식이 과거에 사로잡혀 있기 때문이다. 또 무의식의 에너지가 우리를 포획하기 때문이다.

우리는 모두 어느 정도 과거의 포로이다. 과거는 원래 그런 힘을 가졌다. 인간은 과거를 통해 현재를 볼 수밖에 없다. 에너지의 효율성에도, 생존에도 유리하기 때문이다. 과거가 데이터가 되고 정보로 활용되면 다행이지만, 과거의 힘이 현재를 왜곡할 정도로 특별하게 강해질 때가 있다. 해결되지 않은 과거일 때, 그로 인해 감정이 우울해질 때 과거의 에너지는 강해진다.

나의 '마음과 정신'을 이해하기 위한 긴 여정을 걸어왔다. 특히 어린 시절이라는 과거의 시간을 통해 더 많이 또 깊이 이해하려고 애써왔다. 그렇지만 그 과정은 잘 보이지 않으며 경험하기도 쉽지 않다.

　마음에 대한 이해와 더불어 용기와 지혜는 과거의 나를 마주하고 몸에 밴 어린 시절을 넘어서게 하는 핵심적이고 실천적 에너지이다. 이때 용기는 극복하는 것이 아니라 피하지 않는 것이며, 지혜는 목적을 향해 가는 것이 아니라 지켜보는 것이라고 말하고 싶다. 용기와 지혜를 키워주는 구체적인 방법, 그 세 가지 에너지로 그동안의 여정을 마무리하고자 한다.

1

파도가 밀려와도 견디는 시간

홀딩

용기와 지혜를 향한 첫 번째 단계는 **홀딩**holding이다. 홀딩은 대극성 사이에 서는 것이다. 대극성이 부딪히는 지점은 다양한 모양을 갖고 있으며, 간극의 정도도 모두 다르다. 마음을 이해하고 의식이 명료해지면 자신의 내면을 바라볼 힘이 생겨난다. 그때 자신의 의식을 대극성이 대립하는 곳, 지진의 진원지 같은 **바로 그 지점**에 머무르게 하는 것이다.

그러기 위해서는 마음의 지도를 통해 대극성의 좌표, 즉 문제가 되는 지점을 확인해야 한다. 어린 시절의 자신을 알아야 하는 이유이다. 그 지점에서 자리를 잡고 견디는 것이 홀딩이다. 홀딩을 위해선 양쪽에서 오는 압력을 견딜 힘이 있어야 한다.

몸에 밴 어린 시절의 심리세계탐구

대립하는 에너지를 느끼면서 양쪽을 볼 수 있는 지점은 대부분 바닥이 고르지 않아서 발을 둘 곳이 마땅치 않다. 보이지 않는 구덩이나 늪처럼 빠져들기도 쉽다. 또 경사가 아주 급하고 바람이 세차게 불어서 서 있기 힘든 곳이기도 하다. 의식이 쉽게 미끄러지는 것이다.

의식이 미끄러지면 에너지는 한쪽에 갇혀 버리게 되고, 대극성의 한쪽 면만이 의식을 지배하게 된다. 의식은 시야가 좁아지고 마음도 급해진다. 또한 소외된 반대쪽 에너지는 자신도 모르게 강해지면서 거칠게 반발하고 의식은 다시 휘둘리기 쉬운 상태가 된다.

홀딩을 방해하는 것은 여러 가지 불편한 감정들과 너무 많은 생각들이다. 이런 감정들의 뿌리는 과거와 닿아있는 경우가 대부분이다. 해결되지 않아 응축되어 강한 에너지로 남아 있는 과거, 그리고 스트레스가 너무 많아 심해진 불안과 우울은 기본 모드 신경망DMN을 과하게 자극하여 활성화시킨다. DMN의 활동이 너무 강해지면 내면에서 올라오는 불필요한 잡념과 생각들이 많아진다고 알려져 있다. 적절한 홀딩을 위해선 스트레스 관리와 정서 조율, 그리고 자기 이해가 필요하다.

생각이 많을 때 그 간극들을 자세히 살펴보면 이런 것들이 있을 것이다. 시도하려는 마음과 해 봤자 안 될 거라는 두려움의 간극, 변화하고 싶은 마음과 그 과정이 힘들고 관두고 싶은 마음의 간극, 가까운 사람과의 갈등을 해결하고 싶은 마음과 오히려 상처만 받을 것 같아서 체념하고 싶은 마음의 간극, 배우려는 마음과 모르는 것에 대한 공포의 간극, 깨끗하게 치우려는 마음과 귀찮은 마음의 간극, 사랑하고 싶은 마음과 미움의 간극, 충동으로 가득 차 욕망대로 행동하려는 마음과 그 욕망을 질책하려는 마음의 간극, 습관을 바꾸려는 의지와 소용이 없을 것 같은 냉소적 마음의 간극, 어떤 욕망과 심한 죄의식의 간극 등등.

개인에 따라 수많은 간극이 존재하지만, 그 현상은 대부분 자아와 슈퍼에고의 간극, 욕망과 현실의 간극이며, 의식과 무의식의 간극이다. 유년 시절에는 아이와 부모 에너지 사이의 간극이었을 것이다. 물리학적으로 표현하자면 높은 엔트로피와 낮은 엔트로피 사이의 간극이라고 볼 수 있다.

마음에서 간극이 느껴졌을 때 바로 그때가 중요하다. 핵심은 극복하고 해결하는 것이 아니라 두 가지 마음, 두 에너지가 부딪히는 바로 그 지점에 그냥 서는 것이다. 대립과 충돌의 파열음, 갈등과 불안의 파도가 밀려올 때 그 파도에 휩쓸려 갈등의 주변부로 떠밀려가지 않는 것이자, 의식이 미끄러지지 않고, 갈등의 중심에 머무르면서 **견딤의 시**

간을 갖는 것이다. 견딤을 수행하는 것, 그것이 '홀딩'이다.

그렇게 시간이 지나간다. 그동안 자아를 압박하고 덮쳐오던 거대한 파도와 파열음이 어느 순간 줄어들면서 약해지는 것을 느끼기 시작한다. 그러다가 거대한 압력이 미세하지만 살아있는 떨림과 진동으로 변화되는 것을 느끼는 순간이 온다. 그 순간의 희열은 화살을 떠나보내는 활의 떨림처럼 내면을 울리게 된다.

그때 커다란 간극은 작은 사이로, 괴리는 경계로 변환되기 시작한다. 작은 기적이 일어나는 것이다. 가파른 경사길은 넓은 광야로, 좁은 평균대처럼 보였던 땅은 평평한 마루가 되어 굳건히 설 수 있는 자리, 통합을 향한 여정의 시작에 이정표가 세워진다. **홀딩은 대극성을 이해하는 것이고, 서야 할 자리를 아는 것이며, 그 자리에서 미끄러지지 않고 견디는 것이다.**

중요한 것은 꾸준히 뭔가를 경험하는 것이다. 홀딩은 그 자체가 목적이 아니다. 충분히 홀딩한 다음 움직이기 위한 것이다. 세상의 모든 것은 변화한다. 고정과 멈춤은 사실 존재하지 않는다. 그렇다고 믿고 착각하는 것뿐이다. 소유한다는 것도 변화라는 사실에서 보면 순간의 느낌이며 착각이다. 그런데도 우리의 의식은 좋은 것에, 행복이라는 느낌에, 성공이라는 착각에 멈춰 있으려고 한다. 간극이 존재하지 않는다고, 공백이 사라졌다고 믿고 싶은 것이다. 하지만 세상 모든 것에는 속도의 차이가 있을 뿐 움직이고 변화한다는 걸, 홀딩 후 움직이기 위한 것이란 사실을 기억해 두는 게 좋다.

몸에 밴 어린 시절의 심리세계탐구

2

고통을 향한 목적 없는 응시

바라보기

용기와 지혜를 향한 두 번째 단계, 용기와 지혜를 일깨워주고 자라게 하는 에너지는 **바라보기**observation이다. 문제가 생긴 지점, 고통의 자리를 확인하고 홀딩하게 되었다면, 그다음은 발견한 자리에 서서 바라보는 것이다. 응시와 시선이라는 근원적 에너지를 양쪽 모두에게 주는 것이다. 홀딩과 바라보기는 그 자체로 대상과의 연결이다. 주의력을 가지고 보는 것, 바라보는 것은 보는 자와 보이는 대상 사이에 빛의 연결을 만들고 에너지가 흘러가게 한다.

우리는 '본다'는 행위로 외부를 지각하고 현실을 받아들인다. 봄으로서 보이는 것과 연결이 만들어진다. 보는 것은 믿는 것이며, 에너지를 주는 것이다. 좋은 에너지로 주의 깊게 바라보는 것은 대상에게도 좋은 에너지를 주는 것이다. 눈이 눈을 보지 못하므로, 존재는 타자의 시선과 바라봄에 자신을 의탁할 수밖에 없다. 우리는 모두 타자의 시선으로만 존재가 가능한 비극적 운명의 존재이다. 이 때문에 우리는 타자의 욕망을 욕망하는 존재일 수밖에 없다.

한편, 보는 것은 보는 자와 피사체의 관계를 만든다. 보는 자와 보이는 자, 주체와 객체, 지배자와 피지배자라는 권력관계로 발전할 수도 있다. 애착과 동일시의 문제가 있을 때 이 부분에서 민감성이 증가한다.

보는 것은 쾌락과 동시에 고통을 준다. 영화 보기, 관음증 등은 보는 쾌락의 대표적인 행위이지만, 무엇을 보는가에 따라 죄책감이 느껴질 수 있다. 그래서 시선과 관심은 항상 이중적이다. 각자에겐 있는 그대로 봐야 하는 과제가 생긴다. 이 부분에 문제가 있으면 타인의 시선이 지나치게 불편하게 느껴지면서 시선회피, 시선공포, 대인기피가 생기게 된다.

바라보기에서 생기는 또 다른 문제는 본다는 행위에 필연적으로 수반되는 **관점**과 **목적성**이다. 이것은 자동적이며 본능적 행위이다. 자아는 관점에 의존하며, 관점은 인격의 핵심이다. 기본적인 좌표이자 기준으로서 관점은 필요하고, 그것이 있어야 자아가 성장하고 영역을 확장할 수 있다.

그러나 관점은 인식을 제한하고 현실을 가두는 감옥이 되기도 한다. 특정한 관점을 고집하거나 병적인 세계관을 갖고 있을 때 그렇게 된다. 우울증이나 불안장애를 겪는 사람들은 그러한 관점으로 바라보는 습관이 생긴 사람들이다. 새로운 관점을 만드는 것은 그 자체로 자기치유이자 위대한 창조이며 예술이다.

바라보기는 주의력을 기울이지만 목적성은 최대한 버리는 것이다. 목적 지향적인 자아는 항상 무엇인가를 원하고 어디론가 향한다. 과한 목적성과 성취에 대한 압력은 수정체를 비틀고 볼록하게 만들어 시야를 좁히고 대상을 있는 그대로 보지 못하도록 한다. 그래서 목적성을 너무 앞세울 때, 원하는 목적과 오히려 멀어지는 결과가 생기는 것이다.

근원적이고 본질적인 목적일수록 이 현상은 두드러진다. 바라보기는 목적성을 받아들이지 않으려는 내면의 결단이다. 바라보기는 특정한 관점에서 벗어나는 것이다. 목적성을 버리면서도 목적으로 향하는 것이며, 간절히 원하지만 집착하지 않는 것이고, 성취와 성취하는 느낌을 구별하는 것이자, 내면의 상징과 표현되는 언어를 분별하는 것이다.

바라보다 보면 뭔가 다르게 보이고 느껴지기 시작한

다. 새로운 것들이 눈에 들어오기 시작한다. 나를 불편하게 하고 불안하게 했던 갈등이 생각을 깊게 만들고 대립하는 가운데 또 다른 에너지가 된다는 것을 깨닫게 된다. 그리고 자신을 힘들게 했던 갈등도 하나의 긍정적인 에너지가 될 수 있다는 경험으로 이어진다.

자신이 세운 목표를 달성하지 못해 심하게 자책하는 청년이 있었다. 멋있는 몸을 만들고 싶은데 자꾸 먹게 된다고 하면서, 어떻게 해야 하냐고 묻는다. 함께 생각하다가 갈등을 더 겪으라고 답했다. 갈등이 있어야 에너지가 생겨나기 때문이다. 그런데 현재 상태는 막연한 목표만 있고 갈등이 별로 없어 보였다. 우선 맑은 마음으로 양쪽을 충분히 바라보길 권하였다. 먹고 싶어 하는 것은 당연한 본성이고, 충분한 이유가 있을 것이다. 또 덜 먹으려고 하고 복근을 만들려고 하는 것도 마찬가지로 이유가 있을 것이다. 그런데 둘 사이는 멀고, 추구하는 방향은 정반대이다. 완전히 다른 두 에너지의 충돌은 곧 문명의 충돌과 같은 게 아닐까?

바라보다 보면 더 많은 것이 보이고 갈등도 더 느끼게 될 것이다. 갈등은 얼핏 불편하게 느껴지지만, 진짜 갈등은 고민과 숙성을 통해 새로운 에너지를 만들어 낸다. 마음에 들지 않았던 글도 반복해서 쓰고, 읽고, 보다 보면 맞춤법에 서부터 표현이나 문장의 교정, 맥락의 교정으로 발전하는 것과 마찬가지다. 갈등을 통해서 양쪽 에너지를 이해하고 상반된 두 에너지를 포용할 수 있게 된다. 그럴 때 새로운 문명이 창조된다.

바라보기는 사실 하나이지만 서로 다른 것처럼 보이는 두 세상을 연결한다. 우리는 보면서 동시에 응시의 대상이 된다. 입자이기도 하고 파동이기도 한 양자는 관찰자에 의해 그 성상이 변화한다. 바라보기는 대상과 관계를 변화시킨다. 중요한 것은 바라보는 에너지가 어떤 상태인가 하는 것이다. 에너지와 에너지는 공명하기 때문이다. 그래서 선행되어야 하는 게 자신의 마음과 의식의 상태를 이해하고 알아차리는 것, 즉 내면을 바라보는 것이다.

본다는 것은 몸을 움직이고, 또 시선을 움직이며 주의력을 기울이는 것이다. 그러므로 에너지를 드러내고 사용하는 것이며 대상이 주는 에너지를 느끼는 것이다. 진정한 바라보기는 본다는 것이 주는 부담을 견뎌내는 것, 그리고 목적성이 주는 압력을 견디는 것이다.

바라본다. 그냥 본다. 가끔은 응시할 수도 있다. 단, 관심을 두고 주의를 기울여 바라본다. 그러나 목적성에 휩싸이지 않도록 경계한다. 깊은 느낌이 찾아올 때까지, 이해라는 마음이 생겨날 때까지, 패턴이 발견되면서 느낌이 생길 때까지 그 자리와 그 지점에서 있는 그대로 바라본다. 재미가 없거나 답답할 수도 있지만, 어느 정도 견뎌보는 게 중요하다. 그렇게 바라볼 때 관찰력observing power, 진정한 힘을 갖게 될 것이다. 사랑과 힘이 연결되는 것이다. 그리고 언젠가 우리는 존재의 공백을 마주하고 바라보게 될 것이다.

　마음 훈련을 하면 몇 가지 부위에서 신경 변화가 일어난다는 것이 과학적으로 밝혀졌다. 첫째, 전전두피질의 여러 기능이 자란다. 이는 주의력 및 감정 조절 강화라는 측면에서 에너지와 정보 조절이 증진된다는 주장을 뒷받침한다. 신경통합을 통해 생겨나는 조절 능력은 감정과 기분, 주의력과 생각, 관계와 도덕성 형성을 돕는다. 두 번째 부위는 변연계이다. 명상을 하면 해마가 자란다. 해마는 넓게 분포된 뇌의 다른 영역들을 연결하고 기억의 처리를 돕는 신경 교점交點의 역할을 한다. 해마는 감정 조절에도 관여한다. 명상 수련을 하면 비대해진 편도체가 다시 작아진다고 한다. 세 번째 뇌 부위는 좌뇌와 우뇌를 연결하는 뇌량이다. 두뇌가 더 통합적으로 변해가는 것이다.[64]

64 『알아차림』, 대니얼 J. 시겔, 윤승서·이지안 옮김, 불광출판사, 2020, p201~202

3

마음으로 보는 마음
알아차리기

마지막은 **알아차림**awareness이다. 마음과 정신의 가장 위대한 능력은 마음이 작동하는 것을 아는 능력이다. 알아차림과 비슷한 표현들이 있다. 마음추론, 마음을 헤아리는 마음mind-mindedness, 정신화mentalization, 메타인지metacognition, 마음보기mindsight 등이다. 개념에서 미세한 차이는 있지만 모두 의식이 무엇인가를 느끼고 경험하는 것을 아는 마음의 상태를 표현하는 용어다.

눈은 눈을 보지 못하지만, 마음은 마음을 본다. 스스로 보면서 보고 있음을 인지하는 것이다. 깊은 알아차림은 보지 못함을 아는 것이며, 모르고 있음을 아는 것이다. 여기서 앎은 알고 있다는 자족 상태에 안주하는 것이 아니라, 알고 있지만 저 건너에 또 다른 것이 있음을 깨닫는 앎이다. 이

때 의식은 앎의 한계이자 무지와의 경계에 서 있게 된다. 알아차림으로써 그 한계와 경계를 건너가고 새로운 관계가 열린다. 알아차림은 지혜로 이어진다.

알아차림은 깨달음이고 자각이다. 몰랐던 것을 알게 되는 것이며, 모르고 있음을 알아차리는 것이다. 나의 마음이 중심에서 벗어나 단순한 감각의 에너지에 휩싸여 있었음을, 감정적인 에너지에 사로잡혀 있었음을 깨닫는 것이다. 알아차림은 나의 현재가 단순한 현재가 아니며, 나의 과거와 미래가 함께 있음을 아는 것이다. 이것은 새로운 차원으로의 이동이며 동시에 의식의 확장이다. 보지 못했던 세계가 있음을 보는 것이며, 듣지 못했던 대상이 있음을 아는 것이고, 타인이 존재함을 느끼는 것이다. 정지되고 죽어 있는 것처럼 보였던 것에도 움직임이 있고 생명 현상이 진행되고 있음을 알아차리는 것이다.

이것을 경험한 많은 사람들은 자신과 대상 사이에 일시적으로 경계가 사라지는 희열과 흥분, 그리고 충만함을 느낀다고 말한다. 알아차림을 훈련하면 실제로 뇌에서 여러 변화가 생겨난다. 명상, 마음 훈련, 알아차림에 대한 여러 연구가 있지만 공통적인 결과는 전전두엽의 기능이 발달하며, 뇌파에선 감마파와 같은 변화가 나타난다는 것이다.

몸에 밴 어린 시절의 심리세계탐구

알아차림은 하나의 씨앗이다. 그 씨앗에서 의식은 성장하고 확장된다. 알아차림은 의식이 무의식의 존재를 느끼고 수용하는 것이며, 외현外現적 기억과 암묵적 기억이 만나는 것이다. 의식이 기존의 영역을 넘어 확장될 때 느낄 수 있는 짜릿한 경험이자 체험이다.

알아차림은 알고 있다는 주관적 상태와 그 상태를 객관적으로 바라보는 또 다른 의식이 만나는 것이다. 그래서 알아차림은 주관성과 객관성의 연결이며 통합적인 경험이다. 만약 알아차림이 두 사람 사이에서 생기면 두 사람 모두에게 신선하고 좋은 에너지를 준다.

심리치료에서 그러한 경험이 자주 일어난다. 내담자의 의식이 확장되면서 인식의 변화가 일어나고, 이런 변화는 치료자에게도 아주 좋은 경험을 준다. 무의식에 대한 접근이나 꿈의 분석이 알아차림을 위한 좋은 재료가 된다. 누구에게나 알아차리는 능력이 내재되어 있다. 융은 그것을 **자기원형**self archetype[65]이라고 하였다.

알아차림은 알아차리는 의식과 알아차림의 대상이 만나는 것이다. 연결이며 관계이다. 알아차리는 의식은 자기원형에서 나오는 오염되지 않은 맑은 의식이다. 다르게 표

---

65 개인으로 하여금 다른 사람이 아닌 그 자신의 전체가 되도록 자극하는 원형 에너지. 『분석 심리학』, 이부영, 일조각, 2011, p112

현하자면 마음의 중심core과 공백의 가운데에서 생겨나서 서서히 확장되는 에너지이다. 의식은 안과 밖의 끊임없는 자극에 노출되고 상호작용하면서 그 에너지가 변화하고 요동친다. 지금 자신의 의식이 안과 밖의 무엇과 연결되어 있는지, 의식의 주의력이 어디로 흘러가는지를 알아차리는 훈련은 맑고 고요한 의식 상태를 유지하는 데 큰 도움을 준다.

알아차림의 구체적인 대상은 의식을 둘러싼 모든 관계이다. 그 범주에는 감각과 지각, 감정과 사고, 그리고 세상과 타인이 있다. 감각에는 신체에서 오는 내부감각, 기본 모드 네트워크와 외부 자극이 주는 감각이 있다. 호흡이나 걷기와 같은 몸의 움직임을 통해서 신체감각에 주의력을 기울이다 보면, 현재의 감각과 느낌을 알아차리게 되며 의식이 맑아지는 것을 경험할 수 있다.

감정과 사고는 다소 복잡할 수 있다. 감정을 일으키는 이유와 기제는 상당히 복잡하고 무의식이 작동하기 때문이다. 단순한 잡념들처럼 어디서 생겨나는지 알 수 없는 생각도 많다. 그럼에도 그 느낌과 생각을 따라가다 보면 감정이 고요해지고, 생각이 줄어들다가 사라지는 순간을 만나게 된다. 공백의 근처에 도달하는 것이다.

알아차림의 본질은 마음과 의식에서 일어나는 에너지

몸에 밴 어린 시절의 심리세계탐구

의 흐름을 아는 것이다. 어떤 에너지가 어디에서 나와서 어떤 방식과 패턴으로 흘러가는지 알고 이해하는 것이다. 자신의 욕망을 제대로 아는 것이며, 그 욕망이 어떤 방식으로 자신을 움직이는지를 깊게 이해하는 것이다. 그리고 때가 되면 욕망의 발원지인 마음의 중심과 공백을 알아차리는 것이다. 유레카나 돈오頓悟[66]처럼 갑자기 깊은 깨달음이 찾아오기도 하지만, 연습하고 준비가 되었을 때 나타날 확률이 더 커질 것이다.

'지금 나의 관심과 주의력은 어디로 왜 향하는가?' '지금 나는 무엇을 보고 있고 듣고 있는가?' '지금 나의 내면에선 어떤 느낌이 일어나고 있는가?' '자주 느껴지는 감정은 어떻게 표현할 수 있는가?' '그런 느낌은 어떤 연유와 맥락에서 생겨나는 것 같은가?' '나의 생각은 무엇을 지향하는가?' '나는 무엇을 원하고 무엇을 욕망하는가?' 이와 같이 알아차림을 돕는 질문들을 통해 욕망을 이해하고 마음의 중심을 찾아보기를 바란다.

---

66 참선과 수양을 통해 어느 순간 진리를 깨닫는 것

에필로그

우리는 관계이며 삶은 사랑의 여정입니다. 그러므로 우리는 먼저 자신을 사랑해야 합니다. 자신과의 관계에서 첫 번째로 사랑을 경험해야 하는 겁니다. 그렇지만 자신에 대해서도, 또한 사랑에 대해서도 잘 알지 못하는 우리는 나를 사랑하는 데 실패하기 마련입니다.

어린 시절의 경험과 정서적 습관은 자신을 이해하고 사랑하는 것을 가로막는 대표적인 방해물입니다. 그래서 우리는 어린 시절의 나와 나를 둘러싼 어머니와 아버지를 이해해야 합니다. 자신의 마음 깊은 곳에서 사랑과 힘의 에너지가 어떻게 움직이고 흘러왔는지를 알아차려야 합니다.

프리드리히 니체Friedrich Nietzsche는 자신을 사랑한다는 것은 나의 운명을 사랑하는 것Amor Fati이라고 말했습니다. 칼 구스타프 융Carl Gustav Jung 역시 자신의 삶은 무의식의 자기실현의 역사였다고 말합니다. 나를 사랑하는 것은 나의 운명을 사랑하는 것이며, 나의 운명은 무의식과 과거의 경험에서 시작되는 이야기입니다. 그리고 그 뿌리에는 원형이 있습니다.

사랑은 빛이자 바라보는 것입니다. 대극성의 압박으로 찌그러지고 컴컴한 그곳에 서서 견디고 바라보는 것이 사랑입니다. 나의 운명을 결정하는 과거와 무의식에 밝은 빛을 비추는 것이 사랑입니다. 빛과 사랑을 통해 자신의 과거와 무의식을 이해하고 받아들일 때 비로소 삶은 운명적으로 다가올 것입니다.

이 책이 나오기까지 관계 속에서 도움과 사랑의 에너지를 주었던 분들에게 감사를 드리고자 합니다. 헌신과 사랑, 그리고 용서와 믿음을 알려 주신 부모님, 가정이라는 관계 속에서 이해와 성장의 시간을 함께 걸어 온 아내와 잘 자라 준 두 아들에게 사랑과 감사를 전합니다. 존경하는 장인께 감사드리고, 돌아가신 장모님께도 감사가 전달되기를 바랍니다.

정신의학을 통해 만나서 30여 년을 함께 일하고 즐기면서 지내 온 도규영 선생님, 양내윤 선생님, 김석범 선생님께 감사드립니다. 또 수년째 함께 공부하고 있는 '마음의 신경과학 연구회'의 김보연 선생님, 김정호 선생님, 김지원 선생님, 김평호 선생님, 김홍근 선생님, 나규일 선생님, 박여진 선생님, 박희관 선생님, 이승민 선생님께도 감사드립니다. 더불어 이 책의 산파가 되어 주신 한언 출판사와 좋은 에너지로 집필을 도와 주신 손성문 팀장과 김세민 과장께도 감사드립니다.

무엇보다 치료자와 내담자라는 관계 안에서 믿음으로 기꺼이 자신을 드러내고 함께 소통해 온 내담자들에게 사랑과 감사를 전하고 싶습니다. 자신의 내밀한 이야기를 표현하는 자와 그 이야기를 듣는 자라는 특별한 관계에서, 에너지와 에너지가 만나는 시공의 장 속 새로운 관점과 신선한 에너지가 솟아나는 마음의 본성을 함께 경험할 수 있었던 건 저를 믿어 준 내담자들 덕분입니다.

끝으로 이 책을 읽는 독자들과도 이와 같은 좋은 에너지의 교류가 일어나기를 소망합니다.

몸에 밴 어린 시절의
심리세계탐구

2021년 8월 1일 1판 1쇄 펴냄

지은이 | 김정수
펴낸이 | 김철종

펴낸곳 | (주)한언
출판등록 | 1983년 9월 30일 제1-128호
주소 | 서울시 종로구 삼일대로 453(경운동) 2층
전화번호 | 02)701-6911 팩스번호 | 02)701-4449
전자우편 | haneon@haneon.com 홈페이지 | www.haneon.com

ISBN 978-89-5596-913-9 (03180)

만든 사람들
기획 · 총괄 | 손성문
편집 | 김세민
디자인 | 박주란